사회적경제, 풀뿌리로부터의 혁신

Trente ans d'économie sociale au Québec
: Un mouvement en chantier

사회적경제, 풀뿌리로부터의 혁신

퀘벡 사회적경제 이야기 ────────

낸시 님탄
지음

홍기빈
옮김

추천사

1

　낸시 님탄Nancy Neamtan이 이 비망록을 저술한 것에 감사할 수 있는 기회가 주어져서 영광입니다. 지난 40년 동안 낸시는 사회적경제의 배후에서 설계자 역할뿐만 아니라 협력의 촉매자 역할까지 맡아온 분입니다. 덕분에 사회적경제는 우리의 경제와 우리 삶의 질을 끌어올리기 위한 퀘벡의 독특한 전략이 되었습니다. 이는 인간주의에 기반한 접근이었을 뿐만 아니라 그 독창성과 가치는 이제 퀘벡 안에서는 물론 국제적으로도 높은 존경을 받고 있습니다.

　저는 시민들과 여러 공동체가 스스로의 운명을 일구어나가도록 하는 데 있어서 사회적경제가 큰 도움이 된다는 것을 금세 깨달을 수 있었습니다. 저도 마을활동가로 훈련을 받은 바 있었고, 그 경험이 바탕이 되었음은 말할 것도 없습니다.

　이 책에서 펼쳐지는 놀라운 모험이 담긴 이야기에 저도 연관이 있다는 것을 무척 자랑스럽게 생각합니다. 제가 처음으로 푸앵트생샤를Pointe-Saint-Charles 지역을 방문하여 복지 개혁 프로그램을 발표했을 때 벌어진 일입니다. 지역주민위원회는 그날 내가 해야 할 일은 떠드는 것이 아니라 입을 다물고 시민들 이야기를 경청하는 것이라고 요청했고, 그래서 제가 단상에 오르자 점잖게 말해서, 상당한 소란이 일었습니다.

저는 이러한 행동이 위험한 것이라고 생각했지만, 다른 한편 시민들 스스로가 비판을 넘어서서 새로운 아이디어와 구체적 프로젝트를 제안하는 것은 중요하고도 참신한 일이라는 생각도 들었습니다. 그래서 낸시 그리고 그녀를 지지하는 조직가들과 기꺼이 입장을 같이 했습니다. 그들은 '행동 연구 프로젝트'를 설계하도록 도와달라고 요청했습니다. 이것은 마을 스스로가 가진 여러 힘들을 기반으로 경제적인 것과 사회적인 것을 연계해 여러 사업체들과 마을 단체들을 함께 묶어내는 프로젝트였습니다.

그다음 날 낸시가 나타났습니다. 그녀는 제가 어떤 반응을 보일지 너무나 걱정했기에 제 비서실장과 만나 자신들의 이야기가 어떤 맥락인지 그리고 일부 활동가들이 어째서 그렇게 적대적인 태도를 보였는지에 대해 설명했습니다. 하지만 그녀가 몰랐던 것이 있습니다. 저는 오히려 그러한 열띤 반응 속에서 이 프로젝트가 유효하다는 확신을 얻었다는 것을 말입니다.

기술관료들과 내 동료들 일부는 이 모든 이야기를 아마도 꿈같은 소리라고 여겼을지 모릅니다. 하지만 제가 확신을 가졌던 것은 공동체 부문에서 저 나름대로 경험한 바가 있었기 때문이며, 그래서 이 프로젝트가 한편 무모하지만 무척 흥미롭다고 여겼습니다.

이 프로젝트가 진전을 보이기 위해서는 당연히 자금이 필요했습니다. 우리는 소득보장부의 예산으로 이 자금을 마련할 수 있을 것이라 보았지만, 이런 종류의 활동을 지원하는 프로그램은 없었습니다.

낸시와 다른 활동가들은 자신들의 제안이 얼마나 현실에 맞는 것인지 그리고 이를 실현하기 위해 자신들이 얼마나 헌신적으로 움직일 것인지에 대해 제게 믿음을 주었습니다. 그들에게 확신이 선 저는 인내심을 가지고 방법을 찾기 시작했습니다. 그래서 재무위원회에 있는 동료들에게 리스크가 있더라도 대담한 혁신을 하기 위해서는 이들의 프로젝트를 지원해야 한다고 설득했습니다. 복지수당을 받아 살아가는 사람들이 (당시에는 사회부조 수혜자들이라고 불렀습니다) 독립하여 자기들이 살아가는 공동체의 경제적·사회적 삶에 통합될 수 있도록 하는 프로젝트들을 장려해야 한다고 강조했던 것입니다.

정부 쪽의 반응은 예상한 그대로였습니다. 그들은 제게 쓴웃음을 지었습니다. 제 부서의 관리자들은 이 프로젝트에 대해 강하게 반대했기에 저는 이를 떠맡을 다른 정부 부서를 물색해야만 했습니다. 결국 지원을 찾아낸 정부 부서는 '퀘벡 경제계획 및 발전국OPDQ'이었습니다.

저는 푸앵트생샤를로 돌아와서 이 모험을 출범시키기 위한 상당 액수의 자금을 준비했다고 공표했습니다. 열렬한 환영을 받았습니다. 3개의 시험 프로젝트가 일단 받아들여졌습니다. 여러 사업체들이 창업했고 또 일자리들이 생겨 공동체 전체에 가치 있는 서비스들을 제공했습니다. 푸앵트생샤를은 마을 부문에서 정말로 하나의 작은 혁명이 되었습니다. 이는 1985년 11월 선거 전 퀘벡당 정부가 추친한 마지막 프로젝트 중 하나였습니다.

그다음에 벌어진 일은 잘 알려져 있습니다. 1996년, 뤼시앵 부샤르Lucien Bouchard가 의장을 맡았던 '경제 및 고용을 위한 대표자회의'에서 선택된 아이디어의 하나가 영유아 돌봄센터 네트워크의 창설이었습니다. 이는 1985년에 처음 시도되었던 사업을 모델로 설계한 것이었습니다. 이 워킹그룹은 나중에 '샹티에Chantier'라는 이름의 조직으로 발전하며, 이것이 퀘벡 전역을 휩쓸어서 노인 돌봄, 사회 주택, 환경 돌봄, 심지어 여행업까지 포괄하는 프로젝트들을 전개하게 됩니다.

2011년에 저는 퀘벡의 재무부 장관으로 일하면서, 지역과 공동체의 특정한 요구에 맞도록 설계된 새로운 자본화 도구인 '퀘벡사회적투자네트워크RISQ'를 도입하고 자금을 지원하여 마을 단위 행위자들의 높은 기대에 부응할 수 있었습니다.

후에 저는 퀘벡 주지사로 취임했고, 취임 즉시 퀘벡 지역에서 탄생한 이 멋진 혁신을 지속하기 위해 필요한 조치들을 취했습니다. 2013년 10월 10일, 퀘벡 의회는 만장일치로 '사회적경제기본법'을 통과시켰습니다. 이 법의 목적은 사회적경제의 발전을 증진, 지원, 장려하는 것입니다. 초안과 문서 작성은 자치행정부 장관 실뱅 고드로Sylvain Gaudreault가 맡았습니다.

참으로 먼 길을 왔습니다. 낸시가 힘과 열정을 불어넣은 덕에 몇몇 사람들이 굳은 결의와 의지를 갖게 되었고, 그 덕에 진정 퀘벡의 것이라 할 만한 프로젝트가 나타났고, 이를 통해 무수한 사람들의 삶을 바꾸어놓게 되었다고 말해도 결코 과장이 아닙니다. 사람들에게 확신을 불어넣고, 그들을 움직이고 성공으로 이끌기 위해서는 비전과 대담함이 필요했습니다. 낸시 님탄이라는 이 놀라운 인물은 이 프로젝트를 어깨에 지고서 감당해온 분입니다. 우리 모두는 그녀가 응당히 받아야 할 칭송과 감사를 드리고자 합니다.

—폴린 마루아 Pauline Marois, 퀘벡 주지사(2012~2014)

추천사

2

제가 낸시 님탄을 처음으로 만났던 것은 1992년이었습니다. 당시 그녀는 몬트리올 남서부 지역 재생 활동에 몰두하고 있었고, 저는 라살에마르LaSalle-Émard 지역구의 캐나다 연방의원으로 정치 이력을 시작하던 참이었습니다. 그녀는 저를 보자마자 정부가 온갖 사회문제를 다 해결하려 하는 전통적 접근법에서 생겨난 문제점들을 쏟아 놓으면서 자신들에게 새로운 사업 방식을 창안할 권리가 있다고 주장했습니다. 저도 그러한 도전을 받아들이기로 동의했고, 그녀와 그녀의 조직인 '남서부 경제·사회 재생연합RESO'과 협력하기로 했습니다. 당선된 후부터 지금까지 그러한 결정을 한 번도 후회한 적이 없습니다.

그다음 몇십 년 동안 우리 각자가 걸어온 길은 아주 달랐지만, 진부한 전통에서 이탈하기 위한 실험들에서 함께 협력할 수 있는 기회가 몇 번 있었습니다. 이러한 협력은 항상 우리의 공동체들에 더 잘 복무하고자 하는 공통의 바람에 기초한 것이었으며, 그 과정에서 우리는 수많은 장애물을 넘어야 했습니다. 저는 연방의회의 의원, 장관, 캐나다 수상 등을 역임하면서 이 새로운 접근법들을 시험해볼 수 있었으며, 이를 통해 많은 이들이 큰 깨달음을 얻었습니다. 그 첫 번째 예가 바로 저입니다. 이 협력 작업에서 저는 아주 많은 것을 배웠으며, 사회적경제가 몬트리올 남서부뿐만 아니라 퀘벡, 나아가 캐나다 전체로 발전해나간 성과를 무척 자랑스럽게 생각합니다.

오늘날 복합적인 사회적 도전에 대응함에 있어서 '사회 혁신'에 대한 이야기가 점점 더 많이 나오고 있습니다만, 이 책에서 낸시 님탄이 '남서부 경제·사회 재생연합' 그리고 '샹티에사회적경제Chantier de l'économie sociale'에서 자신이 경험했던 바를 풀어놓은 이야기는 그야말로 움직일 수 있는 수단과 자유만 주어진다면 지역의 공동체들이 스스로 혁신하고 문제의 해법을 찾아나갈 역량이 있음을 열정적으로 증명하고 있습니다. 이 책에 나오는 퀘벡 사회적경제의 역사는 단지 공동체 기반 행위자들뿐만 아니라 정부 기관 안에서 일하는 이들에게도 풍부한 교훈을 담고 있습니다. 우리 각자의 직업 이력이 어떻게 되든 우리 공동체들을 위해 협력하기로 마음만 먹는다면 엄청난 집단적 힘을 발휘할 수 있음을 보여줍니다. 이 교훈은 1992년에도 그리고 오늘날에도 똑같이 유효한 교훈입니다.

—폴 마틴Paul Martin, 캐나다 수상(2003~2006)

추천사

3

오랜 동지이자 친구인 낸시 님탄의 《사회적경제, 풀뿌리로부터의 혁신》 한국어판 출간을 축하하며 기쁘게 생각합니다. 포용과 협력, 연대와 평등의 30년을 기록한 이 책이 배제와 불평등이 심화되는 상황에서 해결책과 대안을 고민하고 모색하는 모두에게 매우 중요한 시사를 줄 것으로 생각합니다.

저자 낸시 님탄은 여성운동, 노동운동의 리더로서 불평등과 차별 철폐, 대안적 경제를 앞세운 '빵과 장미의 행진'을 이끌었으며, 그 행진의 결과로 탄생한 정부, 경영자, 노조, 시민사회 등이 참여하는 연석회의에서도 위원장으로서 주도적인 임무를 수행한 운동가이자 훌륭한 이론가이기도 합니다.

낸시는 연석회의에서 대안적 경제로서 사회적경제를 제안했으며, 퀘벡 사회적경제 조직의 네트워크인 '샹티에'를 설립하고 초대 대표를 지냈습니다.

낸시의 경험과 통찰력이 담긴 《사회적경제, 풀뿌리로부터의 혁신》을 통해서 '코로나19'로 촉발된 사회·경제적 위기를 극복해나가는 데 공공과 민간, 정부와 시민사회가 어떻게 힘을 모아야 하는지, 사회적경제는 어떤 자리에서 어떤 역할을 할 수 있는지에 대한 영감과 교훈을 얻을 수 있기를 기대합니다.

퀘벡 사회적경제의 30년 발자취를 살피면서 중요하게 관심 두기를 부탁하는 분야는 사회적금융입니다. 오늘날 전 세계적인 모델이 된 퀘벡의 사회적경제를 든든하게 떠받친 가장 강력한 힘은 바로 노동자와 시민사회, 지방정부가 협력하여 조성한 사회적금융의 역할이었습니다.

우리나라 사회적경제의 도약을 위해 가장 핵심적이고 긴요한 분야가 바로 사회적금융이라는 것은 주지의 사실입니다. 2019년 한국 최초의 사회적금융 도매기금으로 설립된 '한국사회가치연대기금'도 우리나라 사회적경제 생태계가 더 높은 수준으로 발전하도록 계속 노력하겠습니다.

퀘벡과 한국의 사회적경제는 지난 수십 년간 교류를 통해 깊이 있는 우정을 쌓아왔습니다. 《사회적경제, 풀뿌리로부터의 혁신》의 한국어판 출간도 서로의 경험을 공유하고 협력해온 상호 신뢰의 한 증표로서 그 의미가 크다고 생각합니다. 이 소중한 기록의 출간을 통해 우리나라 사회적경제 발전에 큰 영감을 준 낸시를 비롯한 퀘벡의 사회적경제 동료들과의 교류와 우정이 더욱 깊어지리라 기대합니다.

이 책의 한국어판 출간을 허락해준 낸시와 이 책이 세상에 나올 수 있도록 큰 역할을 해주신 (재)아이쿱협동조합연구소에 진심으로 감사의 인사를 전합니다.

—송경용, 재단법인 한국사회가치연대기금 이사장

서문

퀘벡에서 펼쳐온 사회적경제운동의 이야기는 캐나다 안에서 뿐만 아니라 심지어 퀘벡의 많은 지역에도 거의 알려지지 않았다. 이는 참으로 이상한 일이다. 퀘벡의 사회적경제 모델은 전 세계 모든 대륙의 여러 나라와 국제기구들에게 큰 관심을 불러일으켰으며 지금도 여전히 그러하기 때문이다. 물론 사회적경제라는 개념 자체가 아직도 많은 이에게 모호한 것으로 남아 있으며, 그저 빈곤을 '관리'하는 사회운동가들의 활동과 결부되어 이해될 때가 많아서 그럴 수도 있다. 하지만 이는 현실과는 전혀 동떨어진 잘못된 통념이다. 퀘벡 내에서만 7000개 이상의 협동 사업체들이 다종다기한 부문에서 경제활동을 벌이고 있는 게 현실이다. 사회적경제는 이제 우리의 사회경제 시스템의 구조 자체에 필수 불가결의 한 부분이며, 퀘벡 안에서도 꾸준히 성장하고 있을 뿐만 아니라 전 지구적 발전 전략 자체를 점점 바꾸어

놓고 있다. 사회적경제의 실제 모습과 그것이 사회에 가져오는 영향은 실로 다종다기하며, 이를 주제로 하여 체계적이고 학문적인 많은 연구가 이루어지고 있으며, 그 분석 또한 다각도에서 이루어지고 있다. 전반적으로, 사회적경제는 인간 세상을 더 좋은 곳으로 만드는 것이라는 긍정적인 평결을 얻고 있으며, 거기에서 발생하는 가지가지의 혜택들은 질적 연구와 양적 연구 모두의 모습으로 갈수록 더 많은 문헌을 낳고 있다.

하지만 사회적경제는 단순히 비슷한 조직 형태를 띠고 여러 부문에서 활동하는 협동 사업체들을 그냥 모아놓은 것 이상의 의미가 있다. 퀘벡의 사회적경제를 이해하는 데는 사업 거래액, 투자 총액, 자본 총액 등과 같은 숫자들을 나타낸 표들만 늘어놓아서 되는 것이 아니다. 사회적경제의 역사란 무엇보다도 구체적인 사람들의 이야기이기 때문이다. 경제를 민주화하는 운동을 만들기 위해 헌신했던 구체적인 사람들, 공동체들, 사업가들, 소비자들, 투자자들이 빚어낸 살아있는 이야기이다. 이 운동은 퀘벡의 여러 지역 마을이라는 특정 공간을 틀로 삼아서 1970년대에 처음 수면 위로 떠올랐지만, 이미 그 이전의 여러 세대가 오랫동안 이루어놓은 성과물들을 바탕으로 삼고 있는 것이기도 했다. 처음에는 시민들이 자신의 공동체 내에서 벌어지는 경제개발 방식을 바꾸기 위한 목적으로 모이기 시작했다. 하지만 시간이 지나면서 점차 사회적경제와 협동 사업체는 지구적 경제의 틀을 바꾸어놓을 수 있을 것이라는 비전이 자리 잡게 되었다. 좀 더 민주적이고 포용적인 경제를 만들어내겠다는 결심을 이러한 방법으로 전 세계로 확장하는 것이 왜 불가능하단 말인가?

지난 몇십 년간 사회적경제의 역사는 실로 흥미진진한 이야기이며, 나 개인적으로는 이 운동에 30년 이상 몸담으면서 그 이야기를 현장에서 생생하게 보고 듣고 경험할 수 있었다. 물론 이 30년 동안 퀘벡의 사회적경제가 어떤 발전을 이루었는지를 다룬 연구서가 여러 권 나와 있지만, 이런 책들은 엄밀한 학술 서적의 성격을 가질 수밖에 없으니 현장의 생생한 이야기들을 모두 담기에는 한계가 있다. 협동과 집단이라는 방식으로 경제발전을 이루는 대안적인 접근법을 구축해보겠다고 현장에 뿌리를 박고 땀을 흘린 활동가들의 관점에서 할 수 있는 그런 이야기 말이다. 활동가들의 관점에서 보자면 지난 30년의 발전 과정은 한 줄로 쭉 뻗어나가는 단선적인 이야기가 결코 아니다. 잘될 때도 있었고 아주 안 좋을 때도 있었으며, 빛나는 승리를 거둘 때도 있었고 처절한 실패를 경험할 때도 있었다. 좌절의 연속이었을 때도 또 큰 보상을 받을 때도 있었다. 이 운동을 구축하는 데에 몸을 던진 그 많은 개인 및 단체들마다 무수한 사연과 일화가 넘쳐난다. 이것 때문만이라도 이들의 이야기를 한번 엮어서 풀어낼 필요가 있다고 생각했다.

하지만 이 책에서 이야기만 풀어놓으려는 것은 아니다. 나라는 활동가의 지극히 개인적인 관점에서 이러한 운동의 구축 과정에서 얻은 성과물과 교훈들을 모으고 종합해보고자 하는 목적도 있다. 내가 20년간 최고경영자CEO로 봉직했던 '샹티에사회적경제Chantier de l'économie sociale'는 새로운 기회와 출구를 찾아내기 위해 일단 저질러

놓고 보자는 무리수도 마다하지 않고 갖은 방법을 다 써보았다. 어떨 때는 믿기 힘들 정도의 성공을 거두기도 했지만 또 당연히 온갖 장애물과 처절한 실패를 만나기도 했다. 오랜 시간이 축적되면서 우리도 여러 교훈을 축적하게 되었고 그래서 점점 더 지혜로워졌다. 이 책으로 퀘벡의 사회적경제 경험을 더 잘 알고자 하는 독자들에게 이렇게 해서 우리가 얻은 지혜도 함께 나누고자 하는 소망이 있다.

그런 목적에서 이 책은 옛날에서 지금으로 이야기를 죽 훑어오는 방식으로 구성했다. 전체 이야기를 시대 구분에 따라 다섯 장으로 나눴는데, 각 장마다 말미에는 우리가 얻었던 교훈들을 짧게 요약하고 장래에 닥쳐올 도전들에 대한 생각과 성찰을 덧붙였다. 이 책을 쓴 나의 바람이 있다. 퀘벡에서, 캐나다에서, 그리고 세계 곳곳에서 우리의 지구와 여기에 살고 있는 모든 생명체를 보호하고 존중하는 방향으로 경제발전 모델을 전환하고야 말겠다는 우리의 결심과 함께하는 모든 이들에게 이 책이 쓸모가 있기를….

— 낸시 님탄^{Nancy Neamtan}

한국어판 서문

사회연대경제가 전 세계에 걸쳐 더 정의롭고 사회적이며 생태적인 이행으로 가는 하나의 경로로서 갈수록 더 존재를 부각시켜가고 있는 지금, 지난 30년간 퀘벡의 경험은 활동가들이나 정책 입안자들 모두에게 똑같이 풍부한 교훈을 담고 있다. 퀘벡 '모델'은 시민사회의 자발적인 움직임과 또 정부와의 지속적인 대화 및 협력 관계를 기초로 삼고 있으며, 이를 통해 굉장한 성과를 거둔 바 있다. 더욱 포용적이며 더욱 지속가능한 경제발전을 꿈꾸는 여러 공동체들의 필요와 열망에 이렇게 사회적경제가 호응할 수 있는 큰 잠재력을 가지고 있다는 사실을 퀘벡 모델이야말로 많은 면에서 여실히 보여주고 있다.

이 책은 퀘벡에서의 사회적경제운동이 어떻게 건설되었는지, 어떤 도전들에 부닥쳤으며 어떤 성과들을 이루었는지의 이야기이다. 나는 감사하게도 이 운동이 출현하고 성장하는 과정을 연구자로서뿐만 아니라 적극적 참여자로서 직접 목격할 수가 있었다. 이 책에서도 이야기하고 있지만, 그 과정은 단선적인 것이 아니었다. 이 운동은 여러 사회운동으로부터 출현했으며 지역의 공동체들의 활동과 적극적인 시민 참여에 깊게 뿌리를 박고 있다. 또한 이 책의 저자인 낸시 님탄 Nancy Neamtan이 발휘했던 강력한 지도력이 큰 힘이 되었으니, 그녀는 다양한 행위자들이 폭넓은 동맹으로 모여 강력하고도 역동적인 운동을 조직하는 데에 있어서, 또 혁신적인 여러 접근법들이 자라날 수 있도록 수많은 장애물들을 부수어내는 데 핵심적인 역할을 했다. 퀘벡의 사회연대경제가 걸어온 20년 이상의 역사는 경제민주주의와 사회정의에 대한 낸시 님탄의 비타협적인 헌신에 큰 빚을 지고 있다.

퀘벡의 경험은 또한 국제적 교류를 통해서 끊임없이 그 내용을 풍부하게 가꾸어왔다. 우리가 스스로 만들어낸 프로젝트의 다수는 전 세계에 걸친 여러 나라에서 존재하는 모범적 사례들로부터 영감을 얻은 것이었다. 이 책이 한국어판으로 출간되는 것 또한 한국의 사회연대경제 활동가들, 단체들, 연구자들, 정책 입안자들과의 오랜 협력을 통한 결실의 연장선 위에 있는 일이다. 낸시 님탄은 퀘벡의 사회연대경제에 대해 실로 값진 역사를 서술했거니와, 이 책이 한국어판으로 나온다면 한국에서도 큰 관심을 불러일으킬 것이며, 한국과 퀘벡 사이의 지속적인 대화에도 큰 기여가 될 것이라고 믿어 마지않는다.

—**마르게리트 멘델**Marguerite Mendell

차례

1 장	1983~1989

정체성 선택

스스로를 공동체 경제발전에 참여하는 경제주체로 정의하라

2장   **1989~1996**

개발 전략 컨설팅

경제발전의 주체로 인정받기 위해

3 장   1996

'대표자회의'를 향하여

사회적경제라는 아기에게 이가 돋다

공동체에 기초한 집단행동

사회적경제의 새로운 추동력

5 장   2004~2015

깊게 뿌리를 내린 사회운동은
엄혹한 시기에도 튼튼히 버텨낸다

스스로를 공동체 경제발전에 참여하는 경제주체로 정의하라

정체성 선택

1983
-
1989

배경 : 실업률 폭등과 사회적 배제

1980년대 초는 '영광의 30년'이 확실하게 종언을 고한 때였다. 제2차 세계대전 이후 '영광의 30년'은 서방국가들이 지속적인 번영과 사회 진보를 경험했던 기간이었다. 이 시대의 특징은 정부, 대기업, 노동조합이 서로 협상을 벌여 사회적 화해를 만들어냈고 이에 따라 비교적 경제도 안정되고 사회적으로도 평화로운 분위기가 조성되었다는 점이다. 이는 1970년대에 들어오면서 이미 무너지기 시작했지만, 정말로 붕괴가 시작된 것은 1982년의 경제위기 직후였다. 도시와 농촌 지역 모두에서 빈곤과 배제의 현상이 극심해졌던바, 이는 몇십 년만에 처음 나타난 사태였다.

탈공업화로 퀘벡의 주요 도시들은 큰 타격을 입었지만, 특히 심했던 곳이 몬트리올이었다. 세인트로렌스수로*가 열려 미국과의 무역관계가 더 긴밀해진 데다가 기존의 공업 인프라가 노후화되면서 제

---

* 몬트리올을 관통하는 세인트로렌스강과 시카고 등이 접해 있는 5대호를 연결하는 수로. (옮긴이 주)

1980년대 내내 고용자·인구의 비율은 특히 낮았다. 캐나다의 빈곤하한선(LICO)에 따른 가구 빈곤율은 약 17.2퍼센트였다.

조업이 서쪽으로 옮겨간 때문이었다. 이 시기 세계적으로 벌어졌던 도시의 무계획적인 폭발적 팽창 속에서 퀘벡도 도시들의 중심가는 공동화가 발생하면서 경제가 쇠퇴하고 그 주민들 다수가 심각한 빈곤화를 겪게 되었다.

　한편 정치판은 1980년대를 기해 미국에서는 로널드 레이건, 영국에서는 마거릿 대처, 캐나다에서는 브라이언 멀로니가 집권하게 된다. 이 세 정권 모두 국가의 역할을 크게 줄이면서 자유시장이야말로 사회적 규제 및 재분배의 이상적 메커니즘이라고 전폭적 신뢰를 보내는 정책을 강력히 추진했다. 이른바 '낙수효과'라는 개념이 태어났다. 이에 따르면 부의 창출을 극대화하려면 민간기업들의 활동에 제약을 최소화해야 한다. 그러면 (최소한 이론상으로는) 이렇게 생겨난 부가 저절로 사회의 다른 부분으로 침투하여 결국 모두가 이익을 보게 된다는 것이다. 또한 이 시대는 국가 간 자유무역협정을 통하여 경제의 지구화가 가속화되었던 것을 특징으로 한다. 1987년에 있었던 캐나다와 미국 자유무역협정도 그중 하나였다.

퀘벡에서는 1980년대 초 경기후퇴로 인한 높은 실업률 때문에 사회운동 또한 고용, 빈곤, 사회적 배제 등의 문제에 활동의 초점을 두었다. 우선 노동조합운동 진영이 움직였는데, '퀘벡노동자총연맹FTQ'에서 1983년 '연대기금Fonds de solidarité'을 만들었다. 청년 조직들 또한 청년 복지 수급자들이 당하는 차별과의 싸움에 나섰다. 마을 공동체들 또한 사회적 대화에 당당한 한 주체로 인정받기 위한 싸움을 시작했다. 이러한 움직임의 절정은 1989년 11월에 있었던 '고용포럼'이었다. 이에 앞서 12개 지역에서 포럼들이 줄줄이 먼저 열렸고, 이를 통해 퀘벡의 모든 사회경제적 이해당사자들이 동원되어 모든 배경과 지역을 포괄하는 1500명 이상의 사람들이 한자리에 모였다.

몬트리올 시정부 차원에서도 중요한 정치적 변화가 있었다. 장 드라포Jean Drapeau 시장의 고도로 중앙집권화된 체제에서 1986년 장 도레Jean Doré가 이끄는 '몬트리올시민운동RCM'이 권력을 잡자, 공공 여론과 시민 참여에 더 많은 힘을 부여하는 정치 체제로 넘어간 것이다.

몬트리올 남서부에서 벌어졌던
마을경제개발운동의 짧은 역사

빈곤과 사회적 배제 : 사회운동의 역할은 무엇인가?

1983년 당시 푸앵트생샤를은 캐나다의 도심 지역 중 가장 가난한 곳이었다. 몬트리올의 다른 예전 노동계급 주거지들과 함께 이곳은 이른바 빈곤의 'T'자─세인트로렌스강의 강둑과 라신운하를 따라 동쪽에서 서쪽으로 그리고 몬트리올의 '메인 스트리트'인 생로랑을 따라 북쪽으로─를 이루는 한 부분이었다.

몬트리올 남서부의 푸앵트생샤를 등의 마을은 한때 캐나다의 산업 중심지였다. 담배, 유리, 섬유, 완구, 매트리스, 그 밖의 여러 제품들을 생산하는 공장들과 철도 야적장 등이 있었기에 일자리도 많았다. 그래서 젊은이들은 학교를 일찍 그만두고 어린 나이에 일을 시작하는 경우가 많았다.

하지만 세인트로렌스수로가 열리고 미국과의 무역이 증가하면서 제조업 활동이 미대륙 서부로 빠져나가 버렸다. 몬트리올에서는 공장들이 줄줄이 문을 닫았고 1983년이 되면 아주 큰 기업들(임페리얼타바코Imperial Tobacco, 시엔야즈CNyards 등) 몇 개만 빼고 텅 빈 공장 건물과 주차장이 지배적인 풍경이 되어버린다. 그러자 각종 기간시설이 황폐화되고 도시 구조 자체가 제약이 되어 그때까지 가동 중이던 공장들도 미래가 아주 어두운 상태였다.

실제로 일자리를 유지하고 있는 이들은 대부분 교외로 빠져나갔고, 이에 도시가 공간적으로 마구 팽창하고 있었다. 이에 따라 푸앵트생샤를 인구는 1951년 3만 명에서 1986년에는 1만 3000명으로 줄어든다. 여기에 살고 있는 가족들 중 절반은 사회복지 수급자들이었고 성인 인구의 46퍼센트는 9학년조차 마치지 못한 저학력 상태였다. 공식적으로 집계된 실업률만 31퍼센트에 달했다.

하지만 푸앵트생샤를에는 아주 귀중한 자산이 있었으니, 그 지역의 사회적 구조와 마을공동체 정신이었다. 이 지역의 마을공동체는 몬트리올에서 가장 역동적이었으며, 수많은 사회 혁신을 낳은 산실이기도 했다. 퀘벡 최초의 마을 법률상담소와 최초의 공동체 사회주택을 위한 기술자원 집단이 여기에서 나왔고, 또한 최초로 마을 진료소가 나온 곳이었다. 이는 퀘벡주가 몇십 년 동안 자랑으로 여기는 '지역공동체 서비스센터CLSC'의 전신이기도 했다.

이렇게 탄탄한 마을이 있었지만, 당시에 닥쳐온 사회문제는 엄청난 것이었고, 1980년대 위기를 겪으면서 더욱 심각해졌다. 마을 주민들의 처지를 개선하기 위한 여러 사회적 개입이 있었지만 워낙 실업과 빈곤이 심각하여 헤쳐나가기 쉽지 않았다. 게다가 이 지역은 몬트리올 도심과 인접해 있기 때문에 젠트리피케이션의 표적이 되었고, 옛날의 산업 지역에는 (동네 주민들로서는 도저히 엄두도 내지 못할) 고급 콘도미니엄을 짓는 건설 현장들이 들어섰다. 이러한 흐름과 맥락이 지역 주인들에게 엄청난 불안감을 안겼다.

이에 푸앵트생샤를의 주민들 중 나를 포함한 소규모 마을활동가

집단이 그동안에 이루었던 시민 역량 강화에 기초한 농촌 활성화 혹
은 마을 만들기의 경험에 영감을 얻어 상황을 정면 돌파하기로 했고,
경제개발이라는 문제에 대해서도 마을 만들기의 관점으로 접근하기
로 했다. 정부나 영리 부문이 문제를 풀어주기만을 기다릴 것이 아니
라 지역 주민들에게 직접 혜택을 줄 수 있는 경제개발의 과정을 만들
고 선도하기로 결정했던 것이다.

경제의 중심부에서 시민운동이 시작되다

이러한 결정은 기존의 전통적인 마을 만들기의 접근법 및 활동으
로부터 크게 전환하는 것이었다. 과거에는 우리 활동가들의 임무라
는 것이 주로 가장 급박한 사회적 필요에 대응하는 것이었다. 일자리
창출은 말할 것도 없고, 사회적 안전망을 유지하는 일 또한 그 전에는
어디까지나 정부가 할 일이라고 여겼었다. 하지만 이제 우리는 다른
노선을 택했다. YMCA, 푸앵트생샤를 보건소, 가톨릭 마을회관, 주
거지원단체Regroupement Information Logement, 마을 법률상담소, 마을
교육센터 등 다양한 마을공동체 조직 및 단체 출신의 활동가들이 비
록 소수이지만 단단한 핵심을 구성했고, 다른 곳에서의 마을 경제개
발의 경험들을 배우기 위해 북미 전역으로 도움을 구하는 손을 뻗었
다. 그 결과 열 번이 넘는 포럼을 개최했고, 북미 전역을 순회하면서
현장 방문도 행했으며 무수한 문서들을 수집할 수 있었다. 이를 통해

서 우리는 곳곳에서 주민들 스스로가 시작한 다양한 프로젝트들이 있다는 것을 알게 되었다. 세인트로렌스강 하류 지역에서는 위기에 처한 여러 마을들을 구해내기 위한 '존엄을 위한 작전Opération Dignité' 프로젝트 경험이 있었고, 미국의 여러 도시의 낙후된 마을들에서는 마을기업을 만든 경험도 있었으며, 캐나다 노바스코샤에 있는 케이프브레턴Cape-Breton섬에서는 '새로운 새벽New Dawn'이라는 프로젝트가 있었고, 캐나다 알버타주의 원주민 공동체에서는 '키차키 기업Kitsaki Corpoation' 같은 것도 만들어졌었다.

이렇게 마을과 지역에서 경제개발 과정에 적극 개입하기로 결정을 내리자 곧바로 1984년 '푸앵트생샤를 경제 프로그램PEP'이 만들어졌다. '푸앵트생샤를 경제 프로그램'은 미국의 경험에서 영감을 얻어 만들어졌으며, 캐나다 도시 지역에서 만든 마을 발전 기업으로서는 최초임을 자처했다. '푸앵트생샤를 경제 프로그램'이 내건 임무는 명쾌했다. "푸앵트생샤를 주민들 스스로가 마을의 삶의 조건을 개선하기 위한 공동체 경제개발 작업을 떠맡을 수 있도록 한다." 그 창립 멤버로는 8개의 마을공동체 조직 및 단체들이 참여했다.

이렇게 '푸앵트생샤를 경제 프로그램'은 야심찬 목표를 가지고 있었지만 재원은 전혀 없었다. 그리하여 주정부의 지원을 얻어내기 위해 노동·소득보장부 장관이자 우타웨 지역발전 장관이었던 폴린 마루아Pauline Marois에게 초청장을 보냈다. 우리 지역을 직접 방문하여 주민들이 미래에 대해 가지고 있는 불안과 염려의 목소리를 들어달라는 요청이었다. 마루아 장관은 그래서 푸앵트생샤를 YMCA 강당을 꽉 채운 청중들 앞에 서게 되었고, 우리 '푸앵트생샤를 경제 프로그램'의 활동가들은 마을의 대변자로서 주정부가 복지 수급자들에게 유일한 선택지로 내놓은 복지 프로그램들에 날카로운 비판을 쏟아놓았다. 우리는 그런 일방적인 복지 프로그램 대신 우리 주민들이 스스로를 위해 경제개발, 일자리 창출을 수행하는 책임을 맡겠다는 의사를 뚜렷이 밝혔다.

마루아 장관은 이러한 제안에 대해 열린 자세를 보였고, 우리도 무척 놀랐다. 몇 달 후 그녀는 다시 우리 마을을 방문하여 같은 장소에서 간담회를 열었다. 큰돈은 아니었지만, 그래도 우리 마을 스스로가 자체적인 경제발전 전략을 개발할 수 있도록 자금을 마련했다는 것이 그녀의 대답이었다.

본격적으로 일이 시작되었다. 하지만 우리는 무슨 일부터 어떻게 해야 할지 막막했다. 우선 본능적으로 들었던 생각은 '전문가들'을 믿어보자는 것이었다. 퀘벡 몬트리올대학UQAM에서 최근에 학위를 받은 한 경제학자를 고용했다. 다른 수가 있었겠는가. 그때는 경제학이라는 게 '전문가에게 맡겨야 할 주제'라고 생각할 수밖에 없었으니까. 하지만 이러한 환상은 금방 깨지고 말았다. 우리의 목표는 지역의 필요를 충족하면서도 그 혜택이 지역 주민들에게 돌아갈 수 있는 경제개발이었는데, 그가 대학에서 받은 경제학 교육은 이러한 작업에는 아무짝에도 쓸모가 없었다. 사람들이 서로 직접 만나는 마을 규모에서 작동하는 종류의 경제에 대해서는 대학의 경제학과에서 전혀 가르치는 바가 없었던 것이다.

푸앵트생샤를 경제 프로그램(PEP)의 창립자 모임. 1984년 푸앵트생샤를의 YMCA에 모인 루시 크라소우스키(Lucy Krasowki), 미셸 수티에르(Michèle Soutière), 낸시 님탄, 프랑스 클라베트(France Clavette), 폴린 마루아.

믿을 수 있을지 모르겠지만, '우리의' 경제학자가 자신이 배운 경제이론에 근거하여 내놓은 전략은 오로지 하나, 즉 이 동네에서 가난을 아예 제거해버리라는 것이었다. 젠트리피케이션에 박차를 가하여 집세와 가겟세를 더욱 올려서 가난한 사람들로 하여금 이 동네를 떠나게 하라는 것이었다. 그래서 가난한 사람들이 사라지면 빈곤도 없어진다는 것이다. 그의 말대로 하면 우리 마을 빈곤문제는 다른 곳으로 장소를 옮길 뿐이리라. 가난한 사람들이 그나마 기댈 수 있는 자산이라는 건 오로지 서로 의지하며 연대하는 동네 공동체 주민들끼리의 강고한 사회적 조직인데, 이렇게 이들이 뿔뿔이 흩어지면 그나마 그

정체성 선택 : 스스로를 공동체 경제발전에 참여하는 경제주체로 정의하라

또한 사라질 수밖에 없을 것이다.

'푸앵트생샤를 경제 프로그램'을 구성한 마을 단체 및 조직들 다수는 젠트리피케이션의 위협에 맞서서 가열찬 투쟁을 벌였던 이들이니, 이런 식의 제안에 분통을 터뜨리는 게 당연했다. 그래서 그 경제학 전문가는 바로 해고되었고, 우리는 결국 우리의 전략을 스스로 만들어내기로 결심했다. 우리가 살고 있는 마을과 지역의 구체적 환경에 대한 지식과 여기서 어떤 미래를 만들어낼 것인가의 우리의 비전을 기초로 삼는 수밖에 없었다.

1985년에 제출한 문서 〈푸앵트생샤를, 우리에게는 마음이 있습니다Á la Pointe, on a du cœur〉에는 우리 '푸앵트생샤를 경제 프로그램'의 주요 목표들이 명확하게 제시되어 있다.

1. 마을과 지역의 통제 아래 경제를 활성화한다.
2. 지속가능한 좋은 일자리를 창출한다.
3. 실업자들에게 훈련을 제공한다.
4. 충분한 자금 지원을 얻어낸다.

행동이 활기를 띠면서 배움도 빨라지다

'푸앵트생샤를 경제 프로그램'은 이제 마을 주민들과 단체들의 대표로 이루어진 새로운 이사진을 갖추게 되었고, 목표들을 달성하기

지역 개발 계획을 논의 중인 YMCA의 낸시 님탄, 마을의원(Clinique Communautaire)의 미셸 수티에르, 주거정보센터의 조제 코리보(Josée Corriveau).

1985년 PEP 첫 번째 전체회의 모습.

위한 다양한 활동에 착수했다. 가장 중점을 두었던 것은 창업 지원을 통한 일자리 창출이었다. 훗날 이를 기본적인 틀로 삼아서 최초의 마을 투자기금을 설계 및 설립하게 되었으며, 이것이 1988년 퀘벡주 전역에 걸친 마을 기금의 네트워크인 '몬트리올일자리발전기금FDEM'의 모태가 되었다. 이를 가능케 했던 것은 퀘벡 주정부의 기부뿐만 아니라 퀘벡노동자총연맹 연대기금의 투자 덕분이었다. 이후 퀘벡노동자총연맹은 이러한 마을 기금에 많은 투자를 했다. 우리가 받았던 투자가 퀘벡노동자총연맹의 첫 번째 투자였다.

하지만 우리처럼 활기를 잃고 사람들의 교육 수준도 낮은 지역에다 사업을 전망하고 돈을 건다는 것은 분명한 한계가 있는 일이었다. 그래서 기존의 여러 가게들과 업체들을 하나로 합치는 데에 주로 투자를 할 것이며 특히 주민들의 기술 및 삶의 숙련(이른바 '고용가능성em-polyabilité')을 향상시키는 데에 투자하겠다고 결정했다. 이런 생각들은 당시로서는 아주 새로운 것이었고, 사람들이 공인된 자격증을 따도록 이끌어 노동시장으로 통합될 수 있게 한다는 전략도 흔한 것이 아니었다. '푸앵트생샤를 경제 프로그램' 역시 이 분야에서 여러 가지 중요한 혁신을 이루었다. '실업자지원센터' 그리고 노동력 통합 사업체인 '포메탈Formetal' 등 그때 만든 두 조직은 지금도 여전히 활동하고 있다.

'푸앵트생샤를 경제 프로그램'이 참여했던 영역은 실업자 지원과 창업만이 아니었다. 정부는 창업자들을 지원하는 데에만 힘을 쏟고 있었지만, 우리는 이미 시작부터 동네와 지역을 다시 활성화하고 주민들에게 일자리를 제공하기 위해서는 아주 넓은 범위의 다양한 문제들을 풀 필요가 있음을 충분히 이해하고 있었다.

일이 진행되면서 곧 도시계획의 문제가 아주 중요한 우선 과제로 떠올랐다. 젠트리피케이션의 위협이 한 발씩 다가오면서 동네 분위기가 흉흉해졌기 때문이다. '푸앵트생샤를 경제 프로그램'은 이에 대한 대응으로 재개발구역 지정과 토지 사용 계획 문제 등에 대해서 분명한 우려를 표하는 데에 상당한 시간과 에너지를 쏟아야 했다. 몬트리올 시청에서 도시개발계획을 최초로 채택한 것이 1987년이라는 점을 기억하기 바란다. 1987년 '몬트리올시민운동'이 선거를 통해 시 정부를 구성하면서 도시개발계획을 채택하기 이전에는 개발구역이 마구잡이로 결정되어 기업체나 시민이나 황당한 사태에 처할 때가 많았다. 상황이 이러했으니, 주민들로서는 도심도 가깝고 또 수로 교통(라신운하)과도 가까운 이 지역이 곧 산업 지역에서 해제되고 옛날의 공장들이 없어지면서 그 자리에 고급 콘도미니엄 아파트가 들어오는 게 아니냐는 두려움을 가질 수밖에 없었다. 이를 위해 '푸앵트생샤를 경제 프로그램'과 여타 마을 조직들이 함께하여 이 지역 주민들의 자체적인 지역개발계획을 작성하는 과정에 착수했다. 이 문서는 《동네는 발전하고, 주민들은 존중받고 *Un quartier à améliorer, une population à respecter*》라는 제목으로 1986년에 출간되었다.

이렇게 지역개발계획 문제를 놓고 주민들을 교육하는 적극적인 과정을 만들었던 것은 상당한 충격을 주었고, 이는 그로부터 몇 년 뒤 몬트리올시에서 채택한 도시개발계획에 잘 드러나 있다. 이 계획에

는 산업지구를 보호하여 일자리를 보존 및 창출할 것을 약속하고 있
으며, 이는 다시 시청과 연계된 부동산업체인 몬트리올산업개발공사
SODIM가 적극적으로 활동하면서 현실화되었다. 나도 개인적으로
'푸앵트생샤를 경제 프로그램' 운영진의 한 사람으로서 이 몬트리올
산업개발공사의 이사회에 참여한 적이 있다. 그래서 그들의 여러 선
택과 지향성에 마을 주민들의 이해와 염려가 반영되도록 노력했다.

풍부한 지역 활동을 위해 국제적 연계 맺기

사실 당시에 '푸앵트생샤를 경제 프로그램'이 푸앵트생샤를 지역
의 일자리와 빈곤문제 해결에 준 영향은 그다지 대단한 것이 아니었
다. 하지만 이것이 중장기적으로 갖는 충격은 상당한 것이었다. '푸앵
트생샤를 경제 프로그램'은 시작할 때부터 단지 한 마을이나 한 지역
의 운동이 아니라 전국적으로, 나아가 국제적으로 진행될 큰 운동의
일부로 스스로를 자리매김했다. 지역개발에 있어서 중요한 것은 지
역 주민들이 자기 지역공동체를 스스로 개발할 수 있도록 그들의 '역
량을 강화'하는 것이라는 생각은 캐나다뿐만 아니라 다른 나라 곳곳
에서도 이루어지고 있던 것이었기에, 우리는 다른 곳들의 실천 경험
으로부터 영감을 얻고자 했던 것이다. 그리하여 인적 교환, 인턴십, 단
체 현장 방문 등을 통해 캐나다, 미국, 프랑스에서 지역개발에 몰두하
고 있는 단체들 및 네트워크들과 접촉을 늘려갔다.

1987년 나는 '지역개발전국연합ANDLP'으로부터 연락을 받았다. 전혀 예상치 못한 일이었다. 이 연합은 프랑스 전국에 걸쳐 지역개발 활동가들의 (시민사회와 각급 의회 의원들을 포함한) 전국 조직이었다. 그 전 해에 '프랑스·퀘벡 청년청OFQJ'의 후원으로 조직된 프로젝트에 참 여하여 '지역개발전국연합'의 회원들 몇 명을 만난 적이 있었다. 그 프로젝트를 통해 프랑스에 있는 우리 이웃들이 최근에 이룬 여러 혁 신들에 대해 알게 되었다. 그리고 전국연합의 한 회원에게 우리 몬트 리올 쪽 접근법이 자신들과 공통점이 있다는 이야기도 들었었다. 그 런데 그 회원이 마침 몬트리올을 방문할 기회가 생겨서 나에게 불쑥 연락을 했던 것이다. 그를 만나 들은 제안에 나는 깜짝 놀랐다. 그들 은 유럽과 북미 전역에서 벌어지는 지역개발의 문제를 주제로 준비 하는 콘퍼런스를 몬트리올에서 개최하고자 했으며, 그 사업을 위해 선택한 첫 번째 단체가 바로 우리였던 것이다.

몬트리올의 한 작은 지역에서 막 생겨난 지역 주민들의 자생적 모 임에서 갑자기 이렇게 양 대륙을 아우르는 대규모 행사를 치르는 일 을 맡겠다고 나서는 것은 결코 만만한 일이 아니었다. 그 뒤에 벌어졌 던 일들은 '푸앵트생샤를 경제 프로그램'이 얼마나 모험 정신에 충만 한 겁 없는 자들의 조직이었는지를 잘 보여준다. 우리는 이런 규모의 행사를 조직한 경험이 전혀 없었고, 이런 일을 조직이 감당할 때에 필 요한 여러 지원 인프라도 전혀 없었다. 우리의 초라한 사무실은 캐나 다에서도 가장 가난한 빈민 지역 중 하나에, 그것도 완전히 황폐화된 상가 지역의 조그만 상점에 더부살이로 들어 있는 판이었으니, 이런 큰 행사를 조직할 만한 장소가 전혀 아니었다. 우리의 예산은 쥐꼬리만 했으며 상근 인원은 3명뿐이었다. 하지만 외부로 손을 뻗어 더 많이 배우고 또 정책 입안자들에게 우리 운동의 존재를 알릴 수 있는 기회이기도 했으니, 뿌리치기에는 너무나 탐이 났다. 우리는 그래서 해보자고 결정했다. 그러자 몬트리올 상공회의소, 몬트리올 시청, 퀘벡 주정부, 퀘벡노동자총연맹 연대기금 등 여러 파트너들에서 연락이 왔다. 이들은 모두 우리가 파트너로서 참여하겠다는 제안에 기꺼이 응했다. 이 프로젝트는 워낙 큰 것이라 '푸앵트생샤를 경제 프로그램'으로서는 모종의 합법적 '외피'가 필요했고, 우리는 '마을경제개발훈련 기구IFDEC'를 창설했다.*

이 '지역과 마을에서의 행동'이라는 행사는 마침내 1988년 11월에 개최되었는데, 그 규모는 모든 이들을 깜짝 놀라게 할 만했다. 유럽과 북미의 25개국에서 700명이 모여 도시 지역은 물론 농촌 지역에서의 모범 사례들을 토론했다. 저명한 발언자들도 연단에 올랐다. 보스턴 시장, 유럽연합 집행위원회European Commission의 대표들, 경제협력개발기구OECD의 여러 국가 대표들 등이 모두 참여했다. 그러자 세상의 반응은 그야말로 즉각적이었다. 개회식에서 몬트리올 시장은 지역 및 마을의 경제발전 정책을 채택할 것임을 천명했다. 그리고 이 행사에 참여하고 있었던 퀘벡 정부와 캐나다 정부, 다른 두 수준의 정부

---

* 마을경제개발훈련기구(IFDEC)는 이후 발전을 거듭하여 1997년에는 마을의 경제개발 훈련 프로그램을 제공하는 기구로 완전히 자리를 잡는다.

또한 곧바로 그 뒤를 따랐다. 그리하여 2013년까지 '지역 및 마을 경제개발 법인CDEC' 네트워크가 공공자원의 지원을 받게 되었다.

지역 기반 경제개발에서 노동조합운동과의 동맹 형성

이 지원 사업의 초반기가 끝나갈 무렵에서 한 획을 그었던 주요한 사건이 노동운동과의 강고한 동맹을 형성한 것이다. 악명 높은 공장 폐쇄가 줄줄이 이어져 1000개 이상의 제조업 일자리가 사라지는 사태가 벌어지자 퀘벡노동자총연맹FTQ과 연계된 노조들을 대표하는 몬트리올노동위원회CTM는 공장 폐쇄 및 제조업 일자리의 추가적인 소멸을 막기 위해서 '남서부 긴급행동Urgence Sud-Quest'이라는 연맹체를 세운다. 우리 또한 여기에 참여하여 적극적으로 활동했고, 그 과정에서 노동운동과 동맹을 형성하여 오늘날까지도 퀘벡에서는 이러한 동맹이 사회적경제의 중요한 특징으로 자리 잡고 있다.

그러나 처음 몇 년간 이러한 동맹은 그저 지역 차원에 국한되어 있었다. 전국적 수준에서 보자면 마을과 공동체가 일자리 및 경제문제의 논의에서 새로운 역할을 맡았다는 소식은 그저 주변적인 관심거리를 면치 못했다. 한 사례로 1989년에 있었던 일자리 포럼—이는 아주 큰 행사였다—에서 마을개발운동에 참여한 지역활동가들은 그저 구경꾼에 머물렀을 뿐이었다.

하지만 마을과 지역 차원에서 보면 노조운동과의 동맹이 곧바로 효과를 가져왔다. '남서부 긴급행동'을 통해 노조의 힘을 빌어 동원과 조직이 이루어지자, 중앙정부와 주정부와 시정부 모두 '몬트리올 남서부 경제·고용회복위원회CRÉESOM'를 만들 것을 지지하고 또 참여하기로 동의한 것이다.

위원회는 정부의 조직 분류에 따르면 '노동력조정위원회CAMO'에 속한다. 보통의 경우 '노동력조정위원회' 같은 기구는 공장 폐쇄 등의 사태에서 설립되며, 그 역할은 해고된 노동자들의 사후 처우를 논의하기 위해 고용주와 노조, 정부가 함께 모여 대화하도록 만드는 것이다. 하지만 몬트리올의 공장 폐쇄와 일자리 소멸이 워낙 심했기에 지역 기반의 '노동력조정위원회'를 만들자는 생각을 했고 그것이 현실화되었다. 그 첫 번째는 '몬트리올 동부 경제·고용회복위원회 CRÉEEM'였다. 이는 1987년에 만들어져서 1988년에 보고서를 제출한 바 있다.

'몬트리올 남서부 경제·고용회복위원회'는 '몬트리올 동부 경제·고용회복위원회'의 틀을 따라 만들어지기는 했지만, 이전 기관과 아주 중요한 차이점이 있었다. 몬트리올 남서부의 지역 살리기 노력에서 활동했던 마을 및 지역의 공동체가 참여했을 뿐만 아니라 지도력을 발휘했다는 점이다. '몬트리올 남서부 경제·고용회복위원회'는 모든 차원의 정부 당국자들은 물론 노조, 기업, 마을 단체들의 대표자들까지 한자리에 모았다. '푸앵트생샤를 경제 프로그램'은 '몬트리올 남서부 경제·고용회복위원회'의 한 회원 단체로서, 몇 가지 지역개발의 원칙에 기초한 동네 살리기 전략을 분석하고 제안하는 데에 적극적으로 참여했다. '몬트리올 남서부 경제·고용회복위원회'의 보고서는 1990년에 발표되었고, 그다음 단계를 마련하는 초석이 되었다.

마을공동체의 다양한 열망과 필요를 담아내려면 '고정관념'에서 벗어나야

이 기간은 마을공동체가 문제에 개입하는 접근 방식에서도 또 새로운 조직 형식에서도 아주 풍부한 사회 혁신이 벌어졌던 때이다. 우리 활동의 성격을 어떻게 명확히 표명할지에서도 혁신이 필요했으므로 이에 대한 논의가 이어졌다. 그 결과 우리는 일반적으로 상반되게 여기는 개념들을 대담하게 결합했다. 우리는 '마을공동체'의 경제개발이라든가 '연대' 투자 기금 같은 말들을 전면에 내걸었거니와, 이는 당시의 지배적인 경제 담론과 분석에 있어서는 대단히 낯선 것들이었다. 당시는 '낙수효과'의 개념이 지배하는 시대였기에, 사회적으로 꼭 필요한 과제들을 경제적 과제와 결합시킨다는 우리의 경제개발 접근법은 이단적이라는 딱지를 받기 십상이었다.

사반세기가 지난 오늘날, 경제개발에 대한 우리의 비판이 옳은 것으로 판명되었다. 이는 기쁜 일이기도 하지만 슬픈 일이기도 하다. 다른 조직도 아닌 경제협력개발기구 스스로가 우리가 옳았다는 평결을 내리고 확인한 바 있다. 2008년에 나온 획기적인 보고서 〈불평등한 성장? : OECD 국가들에서 나타난 소득분배와 빈곤Growing Unequal? : Income Distribution and Poverty in OECD Countries〉은 1980년대 이후 큰 부를 창출했음에도 불구하고 부자들과 가난한 이들 사이의 격차가 오히려 벌어졌음을 보여주고 있다. '낙수효과' 따위는 나타나지 않았다는 것을 증명한 것이다. 프랑스의 경제학자로서 각종 사회적 불평등 문제의 전문가인 토마 피케티Thomas Piketty는 그의 2015년 저서《불평등의 경제학Economics of Inequality》의 결론에서 이를 더욱 분명히 강조한 바 있다. 이러한 맥락에서 오늘날에는 경제협력개발기구 스스로가 포용적 성장을 이야기하고 있음이 이해될 것이다. 하지만 이렇게 '낙수효과' 이론이라는 것이 현실에서 분명히 기각되었음에도 불구하고 경제학자들의 대다수는 여전히 그에 기초한 경제발전 전략을 밀어붙이고 있으니 참으로 안타까운 일이다.

이 기간에 이룬 우리의 모든 사회 혁신은 실천을 통해 혹은 '해보면서 배운다'는 식으로 얻은 여러 지혜에 기초한 것들이었다. 정부에서 내놓은 프로그램들은 엄격한 규제에 묶여 있었지만 이는 현실에서 빈곤과 배제를 경험하는 이들의 삶의 경험과 큰 간극이 있었고, 이 때문에 마을과 지역의 활동가들은 사회경제적 통합을 지원하기 위한 다른 방식들을 상상하고 생각해낼 수밖에 없었다. 그들은 전과 다른 방식으로 문제에 개입해야 한다는 생각을 굽히지 않았고, 그러니 온갖 갈등과 논쟁이 생겨나기 일쑤였다. 하지만 이러한 긴장과 갈등 속에서 일련의 자발적 프로젝트들이 나타났고, 그중 많은 것이 이후 여러 실천과 정책에 영향을 주었을 뿐만 아니라 그 영향력은 지역과 마을을 넘어 더 크게 확장되기도 했다. 한 예로 '고용가능성employabilité' 같은 개념이 대중화된 것도 이 기간이었다. 오늘날에는 고용 문제를 다루는 영역에서 이 개념의 도움을 얻어 작업을 진행하고 있는 지역 및 마을 조직들이 무수히 많다.

쟁점과 교훈 : 필요했지만 어려웠던 논쟁들

이렇게 퀘벡에서 사회적경제운동이 다시 살아난 것도, 또 그 운동이 지금도 힘 있게 진행되고 있는 것도 모두 1980년대에 있었던 여러 사회운동에 뿌리를 두고 있다. 우리가 경제학에서 강요하는 단선적인 개발 및 일자리 전략을 거부하고 아무도 가보지 않은 불확실한 길이지만, 사회발전과 경제발전, 투자와 연대, 창업과 시민 참여 등을 서로 통합시키는 새로운 접근법을 취하게 된 기원이 이 시기에 뿌리를 두고 있으며, 이는 오늘날에도 퀘벡 사회의 중요한 특징으로 남아 있다.

과정이 순탄하지는 않았다. 항상 열띤 논쟁이 이어졌다. 하지만 이를 통해 우리는 무수히 많은 것을 배웠고, 우리의 작업과 활동을 다른 곳의 사람들에게 널리 알리고 또 다른 사람들로부터 배울 수 있는 여러 다양한 네트워크를 만들었다. 이러한 진전이 기초가 되어 퀘벡의 사회적경제운동이 건설된 것이다.

1. 우리 스스로를 경제 행위자로 다시 규정한다

노동조합과 지역활동가들 중에는 이렇게 경제 영역에 참여하는 것에 심각한 문제 제기를 한 이들이 있었다. 운동 전체가 경제개발 과정에 참여하는 이해당사자의 운동으로 규정되는 게 아니냐는 논쟁이었다. 이들 중 다수가 지적한 위험성은 이렇게 경제문제에 관심을 두다 보면 운동 본래의 가치와 열망을 '오염'시키고 그 애초의 임무에서 이탈하게 될 것이라는 주장이었다. 하지만 막상 프로젝트에 참여했던 이들은 전혀 걱정하지 않았다. 오히려 우리는 이러한 작업이 그때까지 우리가 해왔던 일들 즉 실업, 빈곤, 사회적 배제를 해소하는 데에 반드시 필요한 영역에서 시민들을 동원하고 역량을 강화하던 작업의 연장으로 보았다. 경제개발 과정에 지역 및 마을 그리고 노동조합이 참여하는 것이 궤도 이탈이라고? 전혀 아니다. 이는 오히려 반드시 필요한 활동이 되었으며, 경제에서 각종 사회운동이 수행하는 역할은 정말로 중요한 것이었다. 생각해보자. 푸앵트생샤를 지역의 주민들을 젠트리피케이션의 위험으로부터 지켜내자면 버려진 산업 지대를 새로운 목적으로 개발하게 만들고 또 이에 따라 토지 사용의 계획을 마련하는 대안적인 비전을 내놓는 것 말고 무슨 방법이 있는가. 기승을 부리는 빈곤과 사회적 배제를 막아낼 수 있는 대안적인 개발 전략을 내놓지 않고서 점증하는 사회적 요구에 어떻게 대응할 수 있단 말인가. 공장이 문을 닫아 실업자가 되었을 때 글을 읽고 쓰는 기초적 능력조차 갖추지 못한 노동자들에게 재훈련의 기회를 제공하지 않고서 어떻게 역량을 강화시킬 수 있단 말인가.

우리가 이루어야 할 과제는 경제개발 전체가 마을과 지역에 복무하도록 만드는 것이었다. 하지만 그러기 위해서는 우리 스스로를 재규정할 필요가 있었다. 우리의 여러 사회운동이 전통적으로 해왔던 역할에 더하여 또한 이제는 경제 영역 안에서 행위자로서의 역할도 해야 한다는 사실을 인정하는 것이었다.

2. 경제학을 사회과학의 하나로 재규정한다

각종 사회운동이 경제 영역에 발을 들여놓는 것이 부당하다는 논쟁이 일어난 가장 큰 원인은 바로 '경제학'이라는 개념 자체가 잘못 이해되고 있었기 때문이다. 경제학이란 개인들의 선택과 갈등에 기초한 학문이며 복잡한 계산을 할 줄 아는 전문가들만이 다루는 영역이며, 그러한 계산에 기초하여 경제 전체에 '좋은 것'과 '나쁜 것'이 무언지를 예측하고 결정할 능력은 전문가들에게만 있다는 식으로 생각하는 사람들이 너무나 많다. 이렇게 되면 경제문제에 시민들이 참여하고 영향을 미치는 일 자체가 불가능한 것으로 여겨질 수밖에 없다. 따라서 경제라는 영역의 심장부에서 시민운동을 구축하려면 '경제'라는 개념 자체를 다시 만들어 그 신화를 벗겨내는 일이 반드시 필요했다.

사회운동 활동가들이 경제의 정의 자체를 빼앗아 와야 한다는 깨달음, 또 신고전파 주류 경제학의 지배력 앞에서 무기력하게 무너질 필요가 없다는 깨달음이 이 시절에 우리가 얻었던 중요한 교훈 중 하나이다. 우리는 '경제'라는 말이 그리스어에서 유래했고 그 본래의 뜻은 그저 '살림살이'라는 것을 알았다. 결국 경제라는 말은 재화와 서비스의 생산, 분배, 소비에 관련된 모든 인간 활동을 아우르는 용어인 것이다. 따라서 경제 시스템도 또 여러 경제활동을 발전시키는 방식도 인류 역사에 있어서 항상 다종다기한 형태로 존재했으며 오늘날에도 마찬가지인 것이다. 우리가 쓰는 말들이 이 사실을 증언하고 있다. 가정경제, 지하경제, 시장경제, 계획경제, 혼합경제, 공공경제, 영리 부문 경제, 집단적 경제 등등.

지역과 마을을 위한 경제개발 전략을 수립하고자 했던 우리의 모든 활동의 역사는 다음과 같은 발견에서 출발했다.

―경제학은 '순수'과학이 아니다. 이는 현실의 인간들과 그들이 어떤 선택을 하는가를 다루는 '사회'과학이다. 따라서 경제란 우리 스스로가 영향을 미칠 수 있는 것이며, 그것을 지배하는 여러 정책 및 제도의 틀도 우리의 영향 아래에 있다.

―현재의 지배적인 경제개발 모델은 더 많은 빈곤과 사회적 배제를 낳을 뿐이다. 경제의 발전이라는 것 그리고 사회의 발전이라는 것은 근본적으로 다시 생각해야 할 개념이며, 그 양자 간의 관계 또한 다시 규정되어야 한다.

―실업, 빈곤, 사회적 배제에 대한 대응책은 민간기업은 말할 것도

없고 각급 정부로부터도 나오지 않는다. 지역 주민들에게 혜택을 줄 수 있는 경제개발은 지역 및 마을의 역량 강화에 기초한 과정이 되어야만 한다. 비록 이는 대단히 복잡하고 그 구성 요소 또한 다양하지만, 이는 변하지 않는다.

몬트리올 남서부에서 또 다른 지역에서 있었던 지역 및 마을 경제개발의 경험은 이렇게 경제라는 개념 자체를 우리가 집단적으로 되찾아오는 것에서 시작되었다. 경제라는 '영토'가 따로 존재한다는 신화를 부수어버린 일 그리고 그에 기초한 기성의 경제 이론을 거부했던 일, 이는 이 시절에 우리가 이룬 가장 중요한 성취이다.

3. 작은 규모의 유토피아를 건설할 것인가, 전체 경제를 변혁할 것인가

마을공동체운동 차원에서 이렇게 경제개발에 적극 참여하기로 결정하자 현실적이고 실천적인 문제들에 부닥치기 시작했다. 마을공동체운동의 여러 가치에 한참 못 미치는 식으로 굴러가는 기업들에 그저 싼 노동력을 공급하는 일에 엮여 들어가는 게 아니냐고 두려워하는 이들이 있었기 때문이다. 이런 이유로 아예 시작부터 우리가 가진 이상적 기준에 근거하여 우리의 창업 프로젝트에 용납 가능한 행위의 범위를 못 박아두자는 요구가 나오기도 했다.

이는 우리가 추구하는 유토피아를 반쯤이라도 보장받고자 하는 욕망이었지만, 슬프게도 금방 현실에서 문제로 드러났다. 경제개발의 과정에는 여러 가지 상쇄 관계가 있기 때문에 하나를 얻으려면 다른 것을 포기해야 하는 일이 반드시 필요하다. 사실 우리가 활동하던 환경은 우리식 접근법과 전통적 관행이 정면으로 충돌하는 것이었다. '푸앵트생샤를 경제 프로그램'이 처음 직원을 뽑을 때부터 이미 두 가지 다른 비전을 가진 청년 조직과 부딪쳐야 했다. 일례로 창립 멤버들 중 세 명이 팀장과 행정 보조원의 임금이 2000달러씩이나 차이가 나는 것을 용납할 수 없다고 하여 사임하는 일도 있었다. 모든 이들이 똑같은 임금을 받아야 한다는 이상을 품은 이들은 어떤 타협도 용납하지 않았던 것이다.

또 다른 논쟁은 '푸앵트생샤를 경제 프로그램'이 지원하는 업체들의 임금수준 문제였다. 어떤 이들은 업체의 영업 환경이라든가 같은 부문의 타 업체의 현행 임금수준 등을 전혀 고려하지 않았다. 그런데 이 논쟁을 금방 종식시킨 이들은 실업 상태에 있었던 주민들이었다. "어떤 일자리가 일할 만한 것인지는 '푸앵트생샤를 경제 프로그램'이 결정할 수 있는 게 아니잖아요!"

이렇게 이상과 현실의 간격을 놓고 논쟁이 벌어지는 것은 전혀 새로운 일은 아니었다. 이미 19세기 초부터 유럽과 북미 지역에서는 유토피아적인 실험이 이론과 실천 모두에서 이루어진 바 있다. 유토피아사회주의자들은 다양한 모델에 따라 이상적 공동체를 세우고자 했다. 어떤 공동체들은 아주 엄격한 규정에 따라 운영되었던 반면 또 아주 자유롭게 운영된 것들도 있었다. 1960년대에 있었던 '히피' 운동

중에 나타난 '코뮌' 또한 똑같은 비전을 품었었다. 하지만 푸엥트생샤를이라는 몬트리올 한 지역의 구체적 현실은 이러한 유토피아적 꿈으로부터 우리를 금방 깨어나게 만들었다. 동네 주민들의 삶을 물질적으로 개선하기 위해서는 현실에서의 구체적 행동이 필요했고, 현실은 그에 대한 무수한 제약과 도전들로 가득했다. 곧 유토피아적 사고방식은 사라지고 대신 구체적인 결과물을 만들어내야 한다는 강력한 결의와 가치에 기초한 실용주의가 그 자리를 차지했다. 그리하여 우리가 그렇게 그렸던 유토피아와는 사뭇 동떨어진 방식으로 시작할 수밖에 없었지만, 우리는 여기에서 시작하여 하나씩 하나씩 그 유토피아에 좀 더 접근할 수 있는 길을 만들어나갔다.

4. '마술적 해법'을 찾을 것이냐, 아니면 다면적 접근법에 투자할 것이냐

몬트리올에서 처음으로 '지역경제개발공기업CDEC'이 설립되던 시기는 실업이 가장 큰 문제라서 일자리 창출이 공공부문의 최우선 과제였던 때였다. 따라서 주정부가 제공했던 첫 번째 정책은 창업을 지원하는 지역 차원의 자발적 프로젝트를 목표로 삼은 것이었다. 기업의 창업을 증진시키는 것이 그 으뜸의 목표였으며, '지역경제개발공기업' 또한 이에 협조할 것으로 기대하고 있었다.

'지역경제개발공기업'은 이러한 정책이 지역의 경제개발을 위해 할 수 있는 여러 전략 중 하나일 순 있다고 인정했지만, 현실에 닥친 도전들은 훨씬 복잡하다는 것을 우려했다. 진정한 의미에서의 마을 재생은 그 본성상 훨씬 다면적인 전략을 필요로 하기 때문이었다. 지역 주민들 중 다수가 아예 문맹인 상태에서 일자리 창출이 과연 그들에게 도움이 될까? 중고등학교 자퇴율이 높은 시점에서 과연 마을 젊은이들의 더 나은 미래를 보장한다는 일이 가능할까? 부동산 투기의 압력으로 땅값이 마구 치솟는 상황에서 산업 지구에 있는 기존의 일자리를 지켜낼 수 있는 방법은 무엇일까?

'푸앵트생샤를 경제 프로그램' 또한 다른 '지역경제개발공기업'들과 마찬가지로 일자리 창출이나 중소업체 창업 지원 프로그램에만 활동을 제한하는 것을 단호히 거부했다. 지역에서 경제개발이 시작되면서 현실에 나타날 현상들을 모두 쟁점으로 삼는 것이 우리의 선택이었다. 우리는 통합적 접근을 취했고, 여기에는 새로운 업체의 창업뿐만 아니라 기존 일자리의 공고화, 실업자들을 위한 직업 및 숙련 교육, 토지 활용 계획, 인프라 개선, 공동체 사회주택 개선 등등의 쟁점이 들어가 있었다.

5. 경제개발 과정에 시민들이 목소리를 내는 일은 어떻게 가능한가

마을운동 및 노조운동이 맡았던 많은 역할 중 하나는 시민들의 목소리를 정치 영역으로 끌어들이는 것이었다. 시민들의 의식을 깨우는 '대중' 교육은 이러한 과제에 주요한 일부였다. 노동자들, 실업자들, 배제된 이들의 권리를 수호하는 일은 우리의 일상 투쟁이었다.

이런 점에서 경제개발에 뛰어들기로 한 우리의 결정은 새로운 도전들을 제기했다. 그 당시 (지금도 마찬가지이다) 경제개발의 과정은 결코 단선적인 것이 아니었다. 어떤 것을 허용할 수 있는지, 어떤 것이 가능한지 혹은 바람직한지 등의 논쟁은 불분명하고 명확한 정의가 없을 때가 많았다. 게다가 경제라는 것은 '전문가들'에게 맡겨두는 게 최상이라는 생각도 지배적이었다. 하지만 지역 주민들에게 혜택이 돌아가는 경제개발을 위해서는 이러한 시민들에게 충분한 정보와 지식을 제공하고 또 그들 스스로가 목소리를 낼 수 있도록 만드는 것이 반드시 필요했다.

이러한 도전에 대처하기 위해서는 창의성도 또 지속적인 노력도 필요했다. 우리가 추진하는 마을 및 지역 경제개발 프로젝트들의 의미를 명확하게 알리기 위해서 우리는 노래, 연극, 만담, 게임, 지역 매체 등 모든 수단을 동원했다. '푸앵트생샤를 경제 프로그램'이 1년에 한 번씩 여는 전체 회의는 마을 잔치와 같은 성격을 갖는 것이었다. 여기에 영감을 제공하고 실제로 이끌었던 미셸 수티에르Michèle Soutière는 창립 멤버로서, 교육에 있어서나 복잡한 내용을 누구나 쉽게 이해할 수 있도록 알리는 데에 있어서나 실로 놀라운 재능을 가진 이였다. 푸앵트생샤를을 포함한 여러 지역 주민들은 조금씩 경제문제에 관심을 가졌고, 마을의 경제개발 단체들과 함께했다.

PEP 전체회의에 참석한 l'(O)PEP의 지도자들. 신나게 일하던 시절이었다. (1987년경)

PEP 연례 보고서의 내용을 시민들에게 보고하기 위해 젊은이들과 퀴즈 놀이를 하고 있다.
(1987년경)

6. '적'과의 협력?

　　이렇게 각종 사회운동이 경제개발의 영역으로 들어가다 보면 '자연스런 동맹자'의 모습과는 전혀 어울리지 않는 이들도 동반자로 받아들여야만 했다. 마을의 재생을 외치고 나온 우리들은 금세 지역 및 마을에서 영업을 하고 있는 기업들과의 협조가 성공 여부를 좌우할 것이라는 점을 깨달았다. 이런 이유로 동네의 상인들, 중소기업 사장님들 또는 공장 관리자들 등과 동맹을 맺자 현장에서는 생각지도 못했던 문화적 충돌과 어떤 경우 가치의 충돌까지 촉발되었다. 놀랄 만한 일들이 무수히 벌어졌다. 한 예로, 어떤 대기업에서 지역의 지점을 폐쇄하기로 방침을 정했음에도 불구하고 그 지점장은 우리 마을과 강력한 연대감을 피력하는 경우가 있었다. 또 작은 기업체 사장님들은 동네의 재생 노력에 기꺼이 시간과 자원을 투자했고, 어떤 은행가는 우리가 계획한 마을경제개발 접근법을 옹호하며 나서기도 했다. 이들의 연대는 우리 전체 운동에 큰 기여를 했다. 이렇게 '적과의 동침'을 선택했던 결정은 지혜로운 것이었을 뿐만 아니라 '지역경제개발 공기업'의 임무를 더욱 진전시키는 데에 필수적인 것임이 입증되었다. 아주 조금씩이지만 이들과의 대화가 뿌리를 내리게 되었고 또 모두가 동의할 수 있는 실체적 목표들을 놓고서 구체적인 협력을 논의하는 자리들도 마련되었다.

　　지역의 금융기관들과 상공회의소 등을 포함한 재계나 금융계와 협력을 하는 과정에서 우리는 현실이 우리가 예상했던 것보다 훨씬 더 복잡하다는 것을 배우게 되었다. 지역의 개발이라는 관점에서 볼 때 제조업 회사들의 이익은 지역의 소매상들이나 금융기관들의 이익과 반드시 일치하는 것이 아니며, 특히 지대의 구획을 정하는 문제에서 그 차이가 컸다. 무엇보다도 재계 지도자들과의 접촉을 통해서 우리는 기업가 정신의 역동성을 더 잘 이해하게 되었으며, 이것이 비단 개인적인 일확천금을 노리고 모여든 투자일지라도 창업자 개인뿐만 아니라 마을과 공동체의 필요에 집단적으로 대응하기 위한 노력에도 활용할 수 있다는 것을 알았다.

7. 아래에서 위로 : 우리 스스로의 기술과 전문성을 깨닫고 인정한다

물론 이 과정에서 다양한 연구자들 및 전문가들이 중요하게 기여를 했다. 이들의 기여를 폄하할 생각은 없지만, 그래도 만약 마을과 지역의 이해관계자들이 항상 경제학 '전문가들'에게 끌려다니기만 했다면 '푸앵트생샤를 경제 프로그램'이나 다른 곳의 마을경제개발 프로젝트들도 절대로 성사될 수 없었을 것임이 분명하다. 우리 민간단체들에서 채택했던 전략들은 지역과 마을의 수준을 대수롭지 않게 여기는 지배적 경제학 이론과 정면으로 충돌하므로, 아예 시도 자체가 불가능했을 수도 있었다. 덧붙여서 말하자면 정부의 정책들과 프로그램들 또한 원리상으로는 빈곤과 사회적 배제에 대한 해법을 내오지만, '땅 위의 현실'과는 완전히 동떨어져 있어서 전혀 효과가 없는 것임이 입증되었다. 만약 우리가 그냥 정부의 정책 및 프로그램들을 따르기로 선택했다면 그 결과는 아주 실망스러웠을 것이며 혹은 아무 성과도 없었을 것이다.

퀘벡에서 처음으로 시도했던 마을경제개발 프로젝트들이 성공을 거둘 수 있었던 핵심 요소의 하나는, 우리가 경제학 이론이나 정부 정책에 기대는 대신 그러한 '땅 위의 현실'을 이해하는 것에 기반을 두었던 점이다. 일자리가 없는 이들의 실제 삶을 이해하고, 그들과 함께 단체와 조직을 꾸려내고, 작은 사업체들, 지역의 회사들과 지역의 공장에서 일하는 노동자들과 함께 만나 조직하는 작업이었다. 이들의 현실을 깊이 알게 된 덕분에 '푸앵트생샤를 경제 프로그램'과 여타 '지역경제개발공기업'들은 '고정관념'을 벗어난 효과적 전략들을 개발할 수 있었으며, 포용적이면서도 지속가능한 개발을 놓고 마을 차원에서 제기되는 다양한 쟁점들과 염려들에 직접 대응할 수 있었다. 이러한 아래에서 위로의 전략은 주류 신고전파 경제학이 명령하는 위에서 아래로의 접근법과는 근본적으로 다르다. 그 당시 우리는 우리가 하던 일을 '상식'이라고 불렀다. 오늘날에는 이것이 '사회 혁신'이라는 이름으로 불리고 있다.

개발 전략 컨설팅

1989
-
1996

La concertation comme stratégie de développement : se faire reconnaître comme acteur du développement économique

배경 :
지속적인 빈곤과 실업에 맞서 마을과 공동체가 일어서다

1990년대 초에도 빈곤과 실업은 도시와 농촌 모두에서 여러 마을을 계속 무너뜨렸다. 실업률은 1989년의 9.6퍼센트에서 1993년에는 13.2퍼센트라는 역사상 최고치를 기록했다. 사회적 배제 현상은 급속하게 번져갔고, 퀘벡주의 복지 수급자 비율은 1996년이 되면 무려 12.6퍼센트로 치솟는다. 1990년과 1996년 사이에 부동산시장이 폭락하여 부동산 가격의 중간값이 30년 만에 처음으로 하락한다. 도시는 걷잡을 수 없이 팽창하여 난개발이 퍼져갔고, 농촌 마을들은 인구의 급격한 감소로 흔들렸다. 몬트리올은 이미 1980~1982년 사이 경기침체를 겪었거니와, 여기에 다시 1990~1991년 불황이 닥쳐오자 몬트리올을 포함한 퀘벡 대도시 지역 전체의 전통적 산업구조가 큰 타격을 입는다. 섬유, 석유화학, 철도 부문은 아예 공장 문을 닫고 없어져버렸다.

정치적 상황을 보면, 1993년 캐나다 중앙정부에는 9년에 걸친 보수당 정권이 끝나고 새로운 자유당 정권이 들어섰다. 퀘벡주에서도 로베르 부라사Robert Bourassa가 이끄는 자유당 정권이 들어섰다. 중앙 정부와 주정부 모두 이렇게 새로운 정권이 들어섰지만, 경제정책만 큼은 그 이전 10년과 달라진 것이 없었다.

그 기간 동안 지역 차원에서 스스로 경제개발 프로젝트를 마련하 겠다는 우리의 운동은 퀘벡 전체로 확산되었다. 비록 정부의 정식 정 책으로 채택받지는 못했지만 실험 프로젝트나 특별 조치 등으로 우 리의 뜻을 이어갔다. 그중 가장 중요한 것은 몬트리올 시정부가 1989 년 '마을 지역 경제발전 정책'을 채택한 것이었다(1장 참고). 이 정책은 퀘벡에서 하나의 선례가 되었을 뿐만 아니라 다른 도시 정부들도 그 영향을 받아 각자의 법적 권한 안에서 지역과 마을의 경제개발을 위 한 공기업들을 지원하게 되었다.

사회적 측면에서는 개인 및 지역공동체들의 빈곤과 주변화가 심각 한 문제였고, 이를 중심으로 많은 투쟁이 벌어졌다. 그리고 이 투쟁들 은 농촌에서나 도시에서나 지역을 기반으로 한 개발 문제와 결부되 어 있을 때가 많았다. 몬트리올이 겪었던 어려움이 대표적이다. 80년 대 말 부동산시장의 붕괴는 몬트리올의 경제적 쇠락을 잘 보여주는 예이기도 하다.

농촌 지역도 상황이 나은 게 아니었다. 그 결과 농촌 지역과 도시 지역 사람들 사이에 갈등이 고조되기까지 했다. 농촌 지역의 사람들 은 몬트리올이라는 대도시가 모든 사용 가능한 자원을 싹 빨아가고 있다고 여겼다. 막상 몬트리올에 사는 사람들은 공공정책이 자신들 을 완전히 무시한다고 주장하는 상황이었지만.

1992년, 농업생산자조합UPA 의장 출신인 카리스마 넘치는 인물 자크 프루Jacques Proulx는 농촌 지역 활동가들을 결집시켜 '퀘벡농촌연대SRQ'를 만들었다. 그 목표는 퀘벡 농업 지역 마을과 공동체들의 재생과 발전을 증진시키는 것이었다.

1995년에는 프랑수아 다비드François David가 이끄는 퀘벡 여성연맹에서 '빈곤과 폭력에 맞서는 여성 대행진'을 조직하여 퀘벡인들의 마음을 사로잡았다. 여성 단체들은 '빵과 장미'를 요구하는 깃발을 들고 퀘벡의 구석구석에서 행진을 시작하여 퀘벡주 의회 건물로 모여들었고, 여기에 수만 명의 지지자들이 합류했다. '여성 대행진'이 내걸었던 8개의 요구 가운데 하나는 '사회 인프라'에 대한 투자의 확장이었다. 이러한 요구는 차후 사회적경제가 사회적으로 인정을 받는 토대를 만들게 된다.

이 기간의 또 한 가지 특징은 또한 지역공동체운동이 경제 주체로서 완전히 인정받았다는 것으로, 특히 노동력 개발의 분야에서 그 역할이 두드러졌다. 1992년 노동력 개발을 위한 '마을공동체단체연합COCDMO'이 결성되어 정책 파트너로서 인정을 받았고, 이를 통해 새로 생겨난 '퀘벡노동력개발협회SQDM'에서도 마을공동체 부문을 대표하는 기능을 하게 되었다.

지역과 마을의 단체들은 '지역경제개발공기업'들의 네트워크 창설에 주도적 역할을 수행했다. 여기에 더하여, 지역공동체에 기초한 자발적 프로젝트들이 경제와 고용 부문에서 맡는 역할은 갈수록 더 커지고 또 다양해졌다. 그 결과 지역공동체는 이러한 문제들에 대해 토론하는 전국적인 대화에 자신들도 적극적으로 참여할 수 있는 권리를 요구하기에 이른다. 그때까지 경제나 고용에 대한 대화는 오직 사용자, 노조, 정부의 대표들로만 구성된 삼자회의의 형태로 진행되어 왔었지만, 이들의 내용은 지역공동체의 관점에서 보았을 때 사회적 배제와 빈곤이 갈수록 늘어나고 있는 현상에 충분히 대처하지 못하고 있었기 때문이다.

이렇게 사회적 합의와 대화의 자리에 지역공동체 또한 온전한 파트너 자격을 부여해달라는 요구가 단초가 되어, 1992년 '마을공동체단체연합'이 창설된다. 그 첫 번째 목적은 앞으로 생겨날 '퀘벡노동력개발협회'의 구성과 운영에 있어서 지역공동체 부문도 스스로의 대표를 보낼 자격을 얻어내는 것이었다. '마을공동체단체연합'은 오늘날에도 고용성을 높이기 위해 노력하는 단체들, 실업자들의 권리를 옹호하는 지지 단체들, 지역의 경제개발 단체들 및 노동력 통합 사업체들 등 여러 네트워크와 단체들의 연합체로서 계속되고 있다. 그 주된 목표는 경제 및 사회의 개발로 인해 시민들 일부가 사회적으로 또 직업적으로 배제당하는 일에 맞서는 것, 그리고 직업훈련과 고용에 대한 접근을 모든 시민들의 권리로서 완전히 인정되도록 만드는 것이다.

1999년에는 퀘벡 주정부가 노동력 개발 문제의 전권을 넘겨 '노동시장 협력자위원회CPMT'를 창설했다. 지역공동체 부문은 '마을공동체단체 연합'을 통해 온전한 파트너 중 하나로 인정을 받았으며 이 위원회에서 두 개의 자리를 배정받았다. 그리하여 '샹티에사회적경제Chantier de l'économie sociale'의 최고경영자가 '마을공동체단체연합'이 노동시장협 력자위원회에 파견하는 지역공동체 부문 대표자 역할을 했을 뿐만 아니 라 그 집행위원회에도 2009년까지 참여했다.

오늘날 단체연합은 다양한 자발적 프로젝트들을 통하여 그 임무를 계속 하고 있다. 조언이 필요한 이들에게 전문가들을 소개해주는 허브 역할 도 하고 있으며, 그 소속 단체들이 대화를 통해 함께 뭉쳐서 연합체를 만 들 수 있는 장의 역할도 하고 있다. 이를 통해 그 단체들은 사회적, 경제 적으로 주변화된 이들이 일자리를 유지하고 또 새로 창업을 할 수 있도 록 여러 전략들을 개발하고 숙고하는 일이 가능해졌다.

몬트리올 남서부의 간략한 역사

'몬트리올 남서부 경제·고용회복위원회'의 보고서 〈우리의 경제개 발을 우리 스스로 함께 조직한다〉의 사례들은 몬트리올의 지역공동 체 경제개발에 있어서 중요한 전환점이었다. 이해관계자와 사회적 행 위 간의 숙고와 협력concertation에 초점을 두는 조직이 경제개발의 영역에서 주요한 책임을 맡게 된 것은 이것이 최초의 일이었으니까.

'몬트리올 남서부 경제·고용회복위원회' 산하의 단체들은 아주 다양했지만, 이들은 함께 토론을 진행하여 몬트리올 남서부를 되살리는 문제에 동일한 진단 및 처방에 도달했다. 사태 진단을 둘러싸고 활기 있는 논쟁이 벌어졌다. 공식적 통계에서는 현실이 제대로 포착되지 않는 일이 너무나 많았다. 한 예로 작업장에 가보면 노동자들의 문맹률이 대단히 높다는 것을 알 수 있지만 노동력 개발에 대한 그 어떤 분석에도 이 문제는 나오지 않았다. 복지 수급자들이 각종 직업 자격증을 공식적으로 취득할 수 있도록 직업훈련이 필요하다는 것은 지역 기반 활동가들에게는 너무나 당연해 보였지만, 공공정책은 복지 수급자들의 직업훈련을 지원하지 않는 상태였다. '푸앵트생샤를 경제 프로그램'뿐만이 아니라 노르망 기몽Normand Guimond(퀘벡노동연맹 몬트리올노동위원회), 질 뒤부아Gille Dubois(전국노동조합연맹 몬트리올위원회) 등 노조 쪽 대표자들도 함께 참여하여 노력했던 것이 '몬트리올 남서부 경제·고용회복위원회'가 내놓은 독특한 접근법의 핵심적인 요소였다.

1988년, '몬트리올 남서부 경제·고용회복위원회'는 지역공동체와 협의하에 보고서를 내놓았고, 여기에서 향후 5년간 2억 달러를 투자하여 지역의 일자리 창출 및 공고화, 인프라 및 주택 개선, 실업자 지원 등에 쓸 것을 제안했다.

특히 당시 하나의 지역에서만 움직이고 있었던 '푸앵트생샤를 경제 프로그램'이 그 활동 영역을 몬트리올 남서부 전역으로 확대할 것을 권고한 마지막 권고 사항은 이 계획 전체의 성공에 있어서 전략적인 중요성을 갖는 것이었다. 그리하여 '몬트리올 남서부 경제·고용회복위원회'가 제안하는 여러 조치 및 정책들을 '남서부 경제·사회 재생연합RESO'이 채택해야 하며, 이를 위해서는 그 지역의 모든 이해관계자들을 아우르는 거버넌스 구조를 채택해야 한다는 것이었다.

정부로부터 독립적인 단체에 이러한 역할을 부여하자는 제안은 당시로서는 완전히 새로운 것이었다. 당시 이러한 유형의 보고서는 정부에 제출하여 정부가 그 권고 사항들을 알아서 현실에 적용할 때까지 그냥 기다리는 것이 관례였다. 하지만 몬트리올 남서부 지역의 모든 활동가 및 행위자들은 그런 식으로 기다리다가는 아무 일도 진행 못 하고 끝날 위험이 너무 크다고 확신했던 것이다. 그래서 '몬트리올 남서부 경제·고용회복위원회'의 뒤를 잇는 후속 작업에는 지역의 이해관계자들이 모두 참여해야 한다는 데에 모두가 견해를 함께했다.

하지만 이러한 지역 기관의 거버넌스 구조가 어떤 성격이어야 하는지에 대해서는 쉽게 합의를 이루지 못했다. 재계 쪽 회원 단체들은 자신들이 다수의 위치를 점해야 한다고 주장했다. 우리가 하려는 일이 따지고 보면 대규모의 경제개발 프로젝트이니 '몬트리올 남서부 경제·고용회복위원회'의 전문 분야일 수밖에 없다는 주장이었다. 하지만 시작부터 이 과정을 주도해왔던 지역공동체로서는 쉽게 포기할 수 있는 문제가 아니었다. 그리고 몬트리올 남서부 긴급 행동Urgenc Sud-Ouest을 조직할 때부터 이 과정에 깊이 참여해온 노동운동 단체로서도 자신들이 중요한 역할을 맡아야 한다고 강하게 주장했다. 여기에 더하여 몬트리올 남서부 지역 자체 이해관계자 역시 부문별로 또 지역별로 다종다기했기에, 제조업 부문, 작은 상점주들, 푸앵트생샤를을 비롯한 여러 마을의 단체들 또한 각각 자신들의 관점을 반영시키고자 했다.

최종적으로 하나의 합의안을 도출하여 공동의 거버넌스를 꾀했다. 이사회를 구성함에 있어서 네 개의 지역공동체 연합들이 각각 1석씩을 가지고, 두 개의 노동조합인 '퀘벡노동자총연맹'과 '전국노동조합연맹CSN'이 1석씩, 또한 재계는 대규모 제조업체, 중소기업, 금융기관, 소매업자 네 개로 나누어 그 각 부문에 1석씩 총 4석을 배당하는 것으로 했다. 이사들의 선출은 선거인단 구성을 통해 하기로 했다. 결국 '남서부 경제·사회 재생연합'은 다른 '지역경제개발공기업'들과 마찬가지로 이러한 대표 선출 과정에 동의했고, 시간이 지나면서 문화 부문과 제도 부문에서도 대표를 선출하기 위한 새로운 선거인단을 추가했다. '남서부 경제·사회 재생연합'은 또한 참여자 위원회('남서부 경제·사회 재생연합'의 고용서비스를 활용하는 이들의 위원회)에도 1석을 배당했다. 이렇게 거버넌스 구조에 있어서 균형을 취했던 것이 기초가 되어 여러 당사자들 사이의 대화로 지속할 수 있었고, 이 구조는 1997년 퀘벡 정부가 '지역 및 마을 개발 정책'을 채택할 때까지 그대로 유지되었다.

재생 전략을 실현하는 데에 있어서 '남서부 경제·사회 재생연합'을 통해 지도적 역할을 지역공동체에 넘겨야 한다는 주장은 정부로서는 쉽게 받아들이기 힘든 것이었다. 따라서 이러한 접근법이 왜 지혜로운 것인가에 대해 정부가 확신을 갖도록 끈질기게 설득해야 했다. 정부가 결국 이러한 제안을 받아들이기로 결정을 내린 데에는 재계, 노동계, 마을 조직들 등 서로 완전히 다른 단체들이 한목소리로 스스로 문제를 풀어나가겠다고 주장했던 것이 크게 작용했다. 그리하여 몬트리올 시정부를 대표하는 대니얼 존슨과 지역공동체, 재계, 노동계를 대표하는 이들이 회의를 통해 협상에 성공했다. 대니얼 존슨 장관이 '남서부 경제·사회 재생연합'을 '몬트리올 남서부 경제·고용회복위원회'가 제안한 전략과 조치들을 실현하기 위한 의견 조정체로 인정하겠다고 동의한 것이다.

'남서부 경제·사회 재생연합'을 창설할 때 부딪혔던 문제 중 하나는 몬트리올 남서부 전체를 대표할 재계의 단체가 없다는 사실이었다. 지역공동체 부문과 노동 부문은 지역 구분에 따라 잘 조직되어 있었지만 기업들은 그렇게 자기들을 대표할 지역 단위체를 가지고 있지 못했던 것이다. 그리고 이는 사회적 대화를 지속적으로 끌고 나가는 데에 명백한 장애물이었다. 지역공동체 단체들은 몬트리올 상공회의소 의장인 자크 메나르Jacques Ménard에게 도움을 요청했다. 지역공동체 단체들은 메나르를 남서부 지역으로 초청했고, 그는 이 지역의 재계 조직 상태를 보고서 자신의 사무실이 있는 바로 근처의 금융지역과 너무나 상황이 다르다는 것에 크게 놀랐다. 이렇게 해서 몬트리올 상공회의소와 의장의 도움까지 얻게 된 우리는 몇 사람의 지역 사업가들, 그중에서도 지역 신용조합의 수장이었던 로베르 가뇽Robert Gagnon, 마뇽 선술집Taverne Magnon(푸앵트생샤를의 유명한 펍 레스토랑)

의 소유주인 베르나르 마냥Bernard Magnan 등을 도와서 몬트리올 남서부 기업 연합체를 창설하도록 했다. 이 과정에서 지역공동체 사업으로 축적한 시민 동원의 경륜이 지역 상공회의소를 조직하는 데에 활용이 되었다. 지역공동체 활동이 새로운 차원으로 들어섰다는 또 하나의 징표였다.

전통적 접근법에 도전하는 새로운 재생 전략

몬트리올 남서부의 재생 계획은 몬트리올 동부 경우와 마찬가지로 여러 부문이 참여했는데, 지역 차원에서는 여러 주체들이 책임을 공유하면서 함께 해나가는 것에 기초를 두고 있었다. 정부는 인프라를 책임지기로 하고, 여러 다른 정부 부서가 각자의 관할에 해당하는 여러 지역 프로그램들을 지원하기로 했고, 지역의 활동가들은 다양한 지역의 도구들 및 서비스들을 만들어내는 일을 맡았다. 여기에는 중소기업 지원과 실업자 지원 사업도 포함되었다.

지역의 이해관계자들은 각자의 책임을 수행하기 위해 신속히 움직였다. '남서부 경제·사회 재생연합'은 비영리 기관으로서 공식적으로 등록되었고, 최초의 이사회도 구성했다. '몬트리올 남서부 경제·고용 회복위원회'의 의장이었던 로제 라누Roger Lanoue가 나서서 여러 산하 조직들 사이에서 합의를 이루었고, '남서부 경제·사회 재생연합'의 이사장으로 자원봉사를 하겠다고 나섰다.

이사회는 그 임무를 수행하기 위한 지원팀 마련을 위해 사람을 뽑는 일부터 시작했다. 나는 실행 책임자로 임명되었고, '푸앵트생샤를경제 프로그램' 시절부터 내 동료였던 미셸 수티에르Michèle Soutière는 고용성 증진 부문의 책임자로 임명되었다. 경제개발계획에 있어서 이렇게 중요한 책임을 두 명의 마을 활동 조직가에게 맡기는 파격이 쉽지만은 않았다. 미셸과 나는 외부 컨설팅 회사의 평가를 받아야 했거니와, 이 컨설팅 회사는 퀘벡주 상하수도 기관의 경영직 지원자들을 심사했던 회사였다. 이 평가 과정은 민간 영리기업들의 평가에 맞추어져 있는 것이라서 우리는 심사를 거부했지만, 그럼에도 불구하고 우리는 아주 좋은 평가를 받고 당당하게 통과했다. 우리의 심사를 맡았던 이 회사는 심지어 나보고 함께 일하지 않겠느냐고 고용을 제의하기까지 했다. 이는 우리 지역공동체에도 비록 사회의 괄시로 묻혀 있었을 뿐, 재능 있는 사람들이 얼마든지 있다는 확실한 증거였다고 생각한다. '남서부 경제·사회 재생연합'의 경영 관리 조직원 인선에 우리는 라발랭Lavalin(퀘벡에서 확고하게 자리 잡은 엔지니어링 기업이다)의 젊은 엔지니어 길다 겐탱Guildas Guentin을 채용했다. 길다는 이미 그전부터 지역공동체에 자원봉사로 참여했던 주민이기도 했고, 사업 서비스 부문 책임자로 '남서부 경제·사회 재생연합'에서 일하면서 '비약을 이루어내기로' 했다.

그 이후로 몇 년이 흐르면서, 지역의 이해관계자들이 스스로 합의하여 일을 추진해야 한다는 우리의 주장이 지혜로운 선택이었음이 분명해졌다. 지역의 여러 주체들은 이 계획에서 제안한 여러 활동을 실현하기 위해 재빠르게 조직되었지만, 각급 정부는 이보다 일이 굴러가는 속도가 훨씬 느렸다. 몇몇 경우에는 우리가 정부에 계획된 공공 투자를 빨리 실행하라고 압력을 넣어야만 했다. 특히 중요한 사업은 노후한 웰링턴 터널을 교량으로 바꾸는 프로젝트였다.

어느 눈 오는 날, 우리 지역의 지역공동체 단체들과 몬트리올 남서부 기업연합회가 함께하여 '남서부 경제·사회 재생연합'의 이름으로 시위를 조직했다. 이 행사를 위해 우리 지역의 한 사업가가 굴착기를 마련하여 시위 현장에 가져왔다. 이를 취재하러 온 기자들 앞에서 우리는 이 프로젝트를 개시하는 것이 전략적으로 중요하다는 것을 부각시키기 위해 상징적으로 삽질을 하는 시늉을 했다. "이거 정말 그냥 우리가 삽질해버릴까요?" 로제 라누가 굴착기 앞에 서서 이렇게 외쳤다. 시위 반응은 좋았고 웰링턴 다리는 곧 완성되었다. 이는 우리가 원하는 산업 부문에 전략적으로 참여할 수 있는 길을 마련했다.

이러한 지역 재생 계획의 실현 과정에 많은 이들이 열성적으로 참여했고, 또한 새로운 자발적 프로젝트들이 생겨났다. 하지만 우리는 곧 장벽에 부딪혔다. 정부는 우리가 계속해서 참여할 필요가 있다고 생각했다. 그런데 문제는 기존 프로그램들의 틀 안에서 대중들의 참여를 조직했다. 이러한 정부 프로그램들의 규칙과 규제 아래에서는 우리 목표를 달성하는 것이 불가능했다. 직업훈련, 노동시장으로의 복귀, 지역 주민들을 위한 일자리 창출 등이 모두 불가능했다. 사람들이 공식적으로 인정된 직업훈련에 참여할 수 없게 되어 있었으니, 이런 상황에서 다시 사람들이 노동시장으로 돌아갈 수 있게 만드는

남서부 경제·사회 재생연합(RESO) 의장인 로제 라누가 웰링턴 터널을 대체해야 그 지역이 열릴 수 있다는 중요성을 기자들에게 설명하고 있다.

일이 어떻게 가능하단 말인가. 그래서 우리는 생각했다. 상황이 이렇다면, 누군가가 창업을 하여 이들을 고용하기를 그냥 한없이 기다릴 게 아니라 '남서부 경제·사회 재생연합'이 나서서 직접 창업을 하는 게 낫지 않을까? 안 될 게 무엇인가.

1995년 RESO 회합에 모인 200명의 활동가 앞에서 연설하고 있는 폴 마틴.

지역의 경제개발 실험 프로젝트가 혁신의 문을 열다

다른 방식으로 경제개발을 해보자는 우리 지역 공동체의 열망이 마침내 우리 이야기를 들어줄 정치인을 만났다. 1991년 몬트리올 남서부의 라살에마르LaSalle-Émard 구역에서 자유당 후보로 출마한 폴 마틴Paul Martin이었다. 특히 청년들을 사회직업적socio-professional으로 사회에 통합하는 문제에 새로운 아이디어를 찾고 있던 마틴은 나와 독대를 청했다. 나는 '남서부 경제·사회 재생연합'의 집행 책임자로서, 지역의 여러 필요에 제대로 대응하려면 경직된 정부 프로그램들을 벗어날 필요가 있다고 주장했다. 나는 마틴 씨에게 민간부문에서는 혁신이 핵심인데 공공부문에서는 시스템상 혁신을 막고 있음을 지적했다. 공무원들은 본능적으로 '선례를 만드는 일은 무조건 피하라'를 행동 원칙으로 삼는 경우가 많다. 그런데 혁신이란 본질적으로 새로운 선례들을 만드는 일이며 특히 사회에서는 새로운 선례들이 간절히 필요한 상태라고 말했다.

마틴 씨는 이러한 사회 혁신 필요성의 주장에 대해 만약 자기 당이 집권하게 되면 지역에서의 개발을 위한 실험 프로젝트들을 강력하게 지원하겠다고 약속했다. 마틴 씨는 훗날 캐나다 연방정부의 재무부 장관이 되며, 연방정부 차원에서 만든 퀘벡 지역개발청도 책임을 맡았다. 그래서 당시 우리의 대화는 몬트리올 남서부에서 실험 프로젝트가 본격적으로 시작되는 중요한 이정표로 기억할 만한 일이었다.

그렇게 해서 생겨난 실험 프로젝트는 형식에서나 범위에서나 아주 독특한 것이었다. 마틴은 퀘벡 주정부를 장악한 로베르 부라사Robert Bourassa의 자유당 정부의 산업통상부 장관이었던 제랄드 트랑블레Gérald Tremblay에게 이야기하여 정부 차원에서 이 프로젝트에 참여해야 한다고 요청했다. 그래서 퀘벡 주정부와 캐나다 중앙정부는 5년에 걸쳐 공공자금의 운영을 규정된 기준 없이 지역경제개발 조직에게 넘겨주기로 합의했다. 미리 정해진 표준을 준수하며 정부의 간섭을 받

알파 쿠진(지금은 퀴진 아투Cuisine Atout)의 첫 번째 팀. (1994년경)

컨슈머 글라스에서 열린 〈배우기에 늦은 때란 없다〉 영상 발표회. 컨슈머 글라스 회사 경영진, 공동체 활동가, 조합 협력자들, 퀘벡노동자총연맹(FTQ) 의장 앙리 마세. (1994년경)

는 것이 아니라, 최종적인 결과를 보고 평가를 행하기로 합의한 것이다. 그리하여 상당한 액수의 자금을 혁신적 프로젝트들의 창출과 실험에 사용할 수 있게 되었다. 노동력 개발을 위해서 500만 달러, 창업 지원을 위해 또 500만 달러를 그렇게 해서 투입할 수 있었다.

결과는 아주 의미 있었다. 실업을 겪고 있던 주민들의 많은 수가 '표준이 정해져 있지 않은' 각종 서비스에 접근할 수 있었다. 많은 혁신 프로젝트들을 통해 아주 좋은 결과들이 나왔을 뿐만 아니라 새로운 프로그램들의 개발에도 영향을 미치게 되었다. 그 몇 가지 예를 들어보겠다.

퀘벡 주민들에게 식중독을? 아니면 실업자들에게 희망을?

몬트리올 남서부의 실업자들 사이에서 문맹률은 아주 높았다. 글을 읽지 못하는 이들에게 새로운 일자리를 잡기까지의 과정은 무척 길었다. 우선 쓰고 읽는 것을 배워야 하고, 3년의 고등학교 과정을 이수해야 하며, 노동시장에서 수요가 있는 분야를 찾아가 직업훈련을 받아야만 일자리를 얻게 되는 식이었다. 사방에 실업자가 우글거리는 시기에 이 긴 과정을 다 소화할 만큼 여유 있는 이가 누가 있겠는가. 이 과정을 다 밟는다는 것은 정말로 대단한 용기와 끈기를 요구하는 일이었다. 그래서 얼마간 더 단축시키기 위해 '남서부 경제·사회 재생연합'은 여러 기관의 급식 조리사institutional cooking 일자리(노동시장에서 공급 부족으로 확인된 부분이었다) 훈련 프로그램을 창설하자고 제안했다. 여기에 참여하는 이들은 그 직업훈련 과정 내에서 기본적인 읽기 및 산수 능력을 함께 갖추도록 설계했다. 이렇게 한다면, 실업자들을 노동시장으로 통합하는 과정이 몇 년 이상 단축될 수 있었다.

'남서부 경제·사회 재생연합'이 이러한 계획을 가지고 처음으로 접근했던 기관은 몬트리올 대도시의 가톨릭 학교였지만, 그 학교의 이사회는 정말 조금도 관심이 없었다. '남서부 경제·사회 재생연합'의 고용성 증진팀의 일원이었던 기 비롱Guy Biron이 전해준 말에 따르면, 그들의 대답은 이러했다고 한다. "당신들은 지금 퀘벡 전체를 식중독에 걸리게 할 셈이오?" 하지만 우리는 이미 아무런 제약 없이 쓸 수 있는 공공자금이 있었던지라 개의치 않고 다른 기관을 찾아나갔으며, 결국 마르그리트 부르주아Marguerit Bourgeois 학교 이사회와 함께 일하게 되었다. 확실한 결과가 나왔다. 훈련을 받은 이들을 노동시장에 통합하기 위한 사업체로서 '알파 퀴진Alpha-cuisine'이 생겨났으니까. 지금은 '퀴진 아투Cuisine Atout'라는 이름으로 알려져 있거니와, 여전히 성업 중이며 요리사 직업훈련뿐만 아니라 지역 주민들에게 좋은 음식을 제공하고 있다.

'남서부 경제·사회 재생연합'의 우선적 과제는 제조업 부문에서의 일자리를 지키는 것이었다. 그래서 푸앵트생샤를에서 800명의 노동자를 고용하는 공장인 컨슈머 글라스Consumer Glass의 경영자가 우리에게 노동자들이 기술 변화를 반대하기 때문에 아예 공장을 닫아야 한다고 알려왔을 때, 우리가 뭔가 해야 할 상황임을 느꼈다. 지역 노조 의장인 가스통 레미외Gaston Lemieux와 이야기한 결과 많은 노동자들이 반대하는 이유는 자기들이 문맹이라서 새로운 기술에 적응할 수 없음을 인정하기 싫은 때문이라는 사실을 알게 되었다. 이에 여러 파트너들이 결합했다. 고용주는 노동자들이 작업 시간 중 마지막 한 시간을 빼어 공부할 수 있도록 하고 장소까지 마련해주었으며, 노동자들은 작업이 끝난 뒤에 가외로 한 시간을 더 공부했다. 성인들의 문맹 교육에 경험이 있는 동네의 공동체 단체들이 이 훈련 프로그램의 내용을 마련했고, 노조는 이 과정을 지원할 뿐만 아니라 조직에 도움을 주었으며, '남서부 경제·사회 재생연합'은 전체의 조정자 역할과 자금 조달자 역할을 맡았다. 그 결과는 분명하게 나타났고, 이 공장은 지금도 돌아가고 있다! 이러한 프로그램을 개발했던 공동체 단체들은 이러한 서비스를 보다 폭넓게 제공하는 사회적 기업을 만들었다. 오늘날 '작업장의 문맹교육FBDM'에는 40명의 직원이 일하고 있다.

현실에서는 '장화'를 표준으로 요구한다

지역경제개발을 위한 실험 프로젝트를 진행했지만, 이 또한 정부의 경직된 표준과 규제가 현실과 모순되어 빚어지는 불합리에서 완전히 자유로울 수는 없었다. 이를 우리가 빨리 깨닫게 된 계기가 있었다. 당시 우리는 복지 수급자들이 각종 자격증을 딸 수 있도록 돕는 직업훈련 프로그램을 만드느라 애쓰고 있었다. 고용과 노동력 개발을 담당하는 정부 기관인 퀘벡고용청Emploi-Quebec이 만들어진 1997년 전에는 복지 수급자들이 연방정부의 직업훈련기금을 신청할 수 없게 되어 있었다. 하지만 우리의 실험 프로젝트의 과정에서 우리는 당시 노동시장에서 수요가 컸던 용접공들을 훈련시키는 교육 과정을 '돈으로 사야 했다'. 이 프로그램은 단 12명 자리에 무려 150개 이상의 지원서가 몰릴 정도로 인기가 좋았는데 10월 말에 시작하기로 되어 있었다. 그런데 이 프로그램을 하기 위해서는 발가락 부분에 철심이 들어간 장화가 꼭 필요했다. 문제는 이 프로그램에 참여하는 사람들에게 "먼저 알아서들 장화를 구매하시고 나중에 돈을 드리겠습니다"라는 통지가 날아왔다는 데에 있다. 복지 수급자들 형편에 월말도 되기 전에 비싼 장화를 살 만큼의 현금이 있을 거라고 생각하는 것은 참으로 실정 모르는 황당한 이야기였건만, 이 장화가 없이는 복지에 의존하는 삶에서 자유를 얻는 길 자체가 막히는 상황이었다. 우리는 직업훈련위원회Centre de formation professionnelle, CFP에 프로그램 참여자들에게 즉시 돈을 지급하라고 요청했지만 대답은 절대로 안 된다는 것이었다. 이게 규칙이며 절대 바꿀 수 없다는 것이

RESO와 노조 지도자들의 대화 자리. 캐나다자동차노조(TCA) 의장인 뤼크 데스노예르와 퀘벡노동자총연맹(FTQ) 의장 앙리 마세가 캐나다 철도 공기업(CN)의 워크숍에 함께했다. (1996년경)

었다. 우리도 가만히 있지 않았다. 카프카 소설에나 나올 이 황당한 상황을 대중적으로 알리고 비판하겠다고 위협했다. 그러자 노동력 훈련 담당 장관인 앙드레 부르보André Bourbeau가 몬트리올 시청 쪽에 정치적 조언을 구했다. 다행히도 그 또한 이 상황의 불합리를 깨닫고 신속하게 문제를 해결했다. 우리는 몬트리올 남서부의 고용성을 증진하는 교육과정을 진행하는 오랜 세월 동안 쓸데없고 현실 적용이 불가능한 규칙 및 장벽을 무수히 만나야 했으며, 이는 그중 하나였을 뿐이다.

기업에 교부금을 줄 것인가, 차라리 투자를 할 것인가

'남서부 경제·사회 재생연합'은 직업훈련의 방식에서도 이전과 다른 길을 취했지만, 기업 및 창업 지원에서도 새로운 길을 택했다. 그 예가 '남서부 경제·사회 재생연합' 투자기금으로서, 이는 나중에 퀘벡 연대기금FDS이 창설한 지역발전기금 네트워크에 영감을 주었다. '남서부 경제·사회 재생연합' 투자기금이 생겨난 계기는 몬트리올 남서부로 제조업체들을 끌어오기 위해 연방정부가 만든 프로그램들이 과연 실효성이 있을지 제기한 우리의 의문이었다. 이 프로그램은 사업체들에게 교부금을 주고서 2년 이상 해당 지역에 머물도록 의무를 부과하고 있었다. 우리는 몬트리올 동쪽 끝에서 비슷한 프로그램이 시행되었던 사례를 기초로 삼아서 이 회사들이 딱 2년이 지나고 나면 바로 떠나버릴 것이라고 지적했다. 그렇다면 이게 무슨 혈세의 낭비인가. 따라서 우리는 좀 더 장기적인 효과를 확보할 방안으로서 이 교부금을 아예 벤처기업 투자자금으로 바꾸어 남서부에 창업하려는 기업들에 투자하자고 제안했다. 우리가 정부에 제출한 논리는 이러했다. "최악의 경우라면 이 투자한 돈을 그냥 날리고 말 것이다. 하지만 이는 교부금의 경우도 마찬가지가 아닌가. 그런데 최선의 경우라면 그 똑같은 액수의 돈이 지역 안에서 여러 번 회전할 것이며, 더 많은 일자리를 창출하게 될 것이다." 그리고 우리가 옳았음이 밝혀졌다. '남서부 경제·사회 재생연합' 투자기금은 이 지역의 경제 재생에 아주 중요한 도구가 되었으니까.

지역 재생 노력을 위해 지역공동체가 나서도록 만들다

'남서부 경제·사회 재생연합'은 정부의 인정도 받고 또 자금도 받게 되었다고 해서 지역공동체 성원들을 추동하는 노력을 멈추지 않았다. 오히려 그 반대였다. 사람들의 참여를 독려하고 동원하고 또 알리기 위해 다양한 자발적 프로젝트들을 진행했다. '남서부 경제·사회 재생연합'의 연례 회합은 항상 지역 주민들을 환영하고 그들의 목소리를 듣는 기회였고, 이때 사람들은 자기들의 필요와 제안을 터놓고 이야기할 수 있었으며 또 당장 도움이 될 수 있는 여러 지원 장치에 대한 정보도 얻어갈 수 있었다. 장터, 네트워크 활동, 문화 및 사교 행사 등을 포함한 다양한 수단을 통해 지역의 활동가들과 주민들이 서로 얽히고 친해질 기회를 만들어나갔다. '남서부 경제·사회 재생연합'의 각종 일자리 지원 서비스를 이용하는 이들은 '고객'이 아니라 참여자로 간주했고, '참여자 위원회'도 만들었다. 또 우리는 '실업un-employed'이라는 용어 대신 '일자리 없는jobless'이라는 용어를 선택했다. 똑같은 처지에 있는 사람들을 놓고서 실업수당을 받는 이들(즉 '착한' 이들), 사회 공공부조를 받는 이들(즉 '게으른' 이들), 그리고 아무런 지원도 받지 못하는 이들로 차별하는 것을 피하기 위함이었다. 이 '참여자 위원회'는 수백 명의 사람들을 움직였고, 이들 중 다수는 노동시장으로 재진입하는 데에 성공한 다음에도 계속 활동에 참여했다. 자신들 삶을 바꾸는 데에 도움이 되었던 과정을 다음 참여자의 삶에도 도움이 되도록 지원하고 독려하고 싶어 스스로 나선 것이었다.

RESO 경영진이 플라스틱 부문에서 직업훈련학교를 열 것을 호소하는 내용으로 기자회견을 열고 있다. (1991년경)

이 과정에서 지역 매체들이 중요한 지원부대 역할을 했다. 《사람들의 목소리*Voix Populaire*》는 몬트리올 남서부의 모든 가정에 배달되는 신문이었는데 우리의 각종 활동을 지속적으로 보도했다. 지역 저널리스트인 니콜 무소Nicole Mousseau 같은 이는 굳건한 동맹자가 되어 우리를 지역 주민들에게 널리 알리는 데에 큰 힘이 되었다.

우리의 활동이 공적으로 인정을 받았던 것을 잘 보여주는 사건이 있다. '남서부 경제·사회 재생연합'이 몬트리올 남서부에 새로운 직업훈련센터를 유치하기 위한 자발적 프로젝트이다. '남서부 경제·사

AMF 워크숍의 꽉 찬 회의장에서 '몬트리올 남서부 노동력 발전 계획'이 시작 모임을 갖고 있다.
(1996년경)

회 재생연합'의 홍보부장이었던 로베르 구아예트Robert Goyette는 우
리의 요구를 지원하는 서명운동을 벌이자는 아이디어를 냈다. 불과 3
주 만에 서명자의 숫자가 무려 1만 6000명에 도달했다. 불의에 저항
하는 운동도 아니었고 자선과 관련된 운동도 아니었건만, 그저 이 지
역에 직업훈련 인프라를 갖추어달라는 요구일 뿐이었건만, 이렇게 많
은 이들이 참여했던 것이다. 이러한 사회 혁신의 흐름 속에서 전통적
인 시민 동원 전략도 새로운 성격을 얻기 시작했던 것이다.

우리의 활동이 공동체 성원들에게 인정을 받고 있었다는 또 다른

예가 있다. 당시 '남서부 경제·사회 재생연합'의 집행 책임자였던 내가 몬트리올 남서부의 아주 중요한 기업의 이사로 지명된 일이다. 캐나다 철도 공기업에서 새로 만든 자회사로서 푸앵트생샤를 지역의 철로와 노변을 관리하기 위해 생겨난 자회사인 'AMF'는, 캐나다 철도 공기업이 철도 유지·보수 시설을 위니펙에 집중하기로 결정한 이후 미국에서 새로운 철도 건설 계약을 따내야 하는 상황이었다. 이러한 어려운 상황에도 불구하고 'AMF'의 최고경영자였던 포스토 레비 Fausto Levy는 '남서부 경제·사회 재생연합'의 집행위원으로서 열심히 참여하여 그 회사의 구매와 고용을 지역공동체에 집중시킴으로써 지역 경제에 큰 도움을 주었다. 'AMF'의 이사회에 지역공동체 대표로서 나와 같은 활동가가 참여했다는 것 또한 참으로 이례적인 조치였고, 상징적인 차원에서 중요한 의미를 갖는 일이었다.

경제적 지속가능성과 사회적 수익성을 모두 갖춘 기업들
: 부지불식간에 사회적경제를 발전시키다

지역 재생 과정에 참여한 공동체 단체들은 이렇게 민간기업 및 개인사업가들과 직접 접촉을 하면서 중요한 사실을 알았다. 여러 문제를 해결하는 데에 있어서 기업 창업이라는 접근법이 유망한 돌파구가 될 수 있다는 것을 깨닫게 된 것이다. 우리는 거기에서 한 걸음 더 나아가, 창업이나 기업가 정신을 꼭 뛰어난 개인의 진취성으로만 국한할 필요가 없다는 점도 이해하게 되었다. 창업가 개인을 앞세우는 식의 접근법에서는 공동체 전체의 활동에 있어서 근본적 중요성을 갖는 집단적 접근법이 전혀 반영되어 있지 않기 때문이다. 우리 지역의 공동체에서 일하던 이들 중 자신이 영리기업을 창업할 것이라고 생각한 이는 거의 없었다. 하지만 시간이 지나면서 사람들은 일정한 사회적 임무를 목표로 하는 창업이 가능할 것이라고 점점 인식하게 되었고, 이러한 인식은 넓게 확산되었다. 그렇다면 꼭 개인이 아니더라도 집단적인 차원에서 혁신 기업가 정신을 발휘하여 창업을 해보자는 생각이 서서히 가능한 해법으로 떠올랐다. 하지만 이러한 생각을 실현하는 데 필요한 지원 도구들이 현실에는 전무한 상태였다. 그럼에도 불구하고, 우리는 노동력의 노동시장 통합이라는 목적을 달성하는 사업체들을 창업해보기로 했고, 그 창업을 지원할 자원도 찾아낼 수 있었다. 또 소수이기는 했지만, 협동조합 프로젝트도 시험해볼 수 있었다.

노동력 통합을 사업 내용으로 삼는 기업체의 모델을 프랑스에서 퀘벡으로 가져왔다. 오슐라가 메종뇌브Hochelaga-Maisonneuve에서 1984년 출범한 '녹색 일자리Boulot Vert' 같은 것이 그 최초의 예였다. 우리는 '청소년을 위한 프랑스·퀘벡 사무처OFQJ'와 함께 프랑스에 연구 탐방을 갔던 1986년에 이 모델의 성공을 목도한 바 있었다. 여기에는 훗날 몬트리올 동부의 공동체 경제개발 공기업과 '사회적경제 및 공동체조직 노동인력위원회CSMO-ÉSAC'의 최고경영자가 되는 셀린 샤르팡티에Céline Charpentier도 함께했다. 그 이후로 이 모델은 몬

RESO 및 그 퀘벡노동자총연맹(FTQ) 연대기금의 협력자들이 1995년 RESO 투자기금의 창립을 공표했다.

트리올과 퀘벡 전역으로 빠르게 확산되었다.

비영리 사회적기업이 노동력 통합뿐만 아니라 다른 여러 목적을 위해서도 큰 잠재력을 가지고 있다는 점 때문에 '남서부 경제·사회 재생연합'과 그 파트너들의 관심이 이쪽으로 쏠리게 되었다. 앞에서 말했듯이, '남서부 경제·사회 재생연합'의 투자기금 20퍼센트는 '경제적으로 지속가능하며 사회적 수익성을 갖는' 사업체에 몰아주게 되어 있었으니까. 실제로 이러한 기업 형태가 단 몇 년 만에 '사회적기업'으로 알려지게 된다.

쟁점과 교훈

사회적경제 발전에 있어서 이 기간은 경제와 사회의 역동성을 연결시킬 새로운 실천 형태들을 실험해볼 수 있었다는 의미를 가진 시간이었다. 비록 자원이 워낙 부족하여 이만한 실천에도 제한이 있었지만, 그래도 이 기간은 크나큰 창의성과 무수한 혁신이 돋보였던 시기였다. 그리고 여기에서 우리가 배웠던 교훈들은 몇 년 후 사회적경제 발전에 분명한 영향을 미쳤다. 그중에서도 중요한 교훈들 여섯 가지를 이야기해보겠다.

1. 사회 혁신을 위한 공간을 만들어야 한다

'지역경제개발공기업'을 만든다는 것은 그 자체가 하나의 사회 혁신이었다. 혁신의 핵심은 다양한 이해관계자들이 공동으로 거버넌스를 꾸려 사회적 목표와 경제적 목표를 하나로 통합하는 것이다. 하지만 새로운 협력 형태에 기초한 조직 구조를 만드는 것만 가지고는 안되었다. 가장 중요한 진보는, 사회적 배제와 빈곤에 맞서고 또 경제개발의 새로운 접근법들을 현실에서 실험해볼 수 있는 공간을 만들어내는 것이었다. 이렇게 전통적 접근법과 단절해야 한다는 깨달음은 농촌 지역에서도 똑같이 나타났으며, '농촌연대Rural Solidarity'의 창설이 바로 그 예라고 할 수 있다.

이 기간 동안 나타난 여러 혁신들은, 공동체 전체가 분명히 필요로 느끼지만 기성의 해법으로는 도저히 해결할 수 없는 문제들에 대응하는 가운데 나타난 것들이었다. 쇠락해가는 마을을 다시 살리고, 배제 상황에 처한 사람들은 사회경제적으로 통합시키며, 일자리를 보전하는 등의 임무를 제대로 하기 위해서는 새로운 방식들을 상상해내야만 했다. 이러한 혁신을 이룰 수 있었던 직접적인 원천은 다양한 이해관계자들 사이에서 생각과 의견을 교환할 수 있는 공간의 존재였다. 이는 사회 혁신이란 개인 행동이 아니라 집단적 과정이며 집단지성의 결과물이라는 사실을 잘 보여주는 부분이다.

의견의 숙의와 협력collaboration을 위한 공간은 여러 접근법의 통합을 이끌었다. 어떤 지역의 사회경제적 개발이란 도시계획, 직업훈련, 교육, 주거, 일자리, 기업의 창업과 공고화, 투자 등 일련의 요인들이 서로 복잡하게 연결되어 있다는 사실을 사람들도 널리 이해하게 되었다. 그래서 다양한 배경과 다양한 전문성을 가진 활동가 및 행위자들이 함께 모일 수 있었던 것이야말로 우리의 마을 재생 노력이 부딪혔던 여러 도전들에 혁신적인 방식으로 대응할 수 있었던 가장 중요한 자산이었다.

1990년대 초까지만 해도 사회 혁신의 개념이 널리 알려지지 않은 상태였다. 따라서 이러한 공간들을 새로 여는 일은 참으로 어려운 싸움이었다. 다양한 지식을 가진 여러 행위자들이 함께 거버넌스를 꾸려간다는 것은 창의성과 혁신을 끌어내는 데 풍요롭고 기름진 토양을 제공했다. 정치적 차원에서 보자면, 이렇게 지역과 마을의 여러 단체들이 단결하면서 집단적으로 힘을 만들어냈던 것이 정부나 다른 파트너들이 우리의 혁신을 지지하도록 설득하는 데 큰 도움이 되었다. 나아가 기업인, 마을 단체 조직가, 노조, 문화계, 연구자 등의 다양한 행위자들 사이에 일어난 '문화 충격'은 모든 이들이 가진 서로의 장점과 힘을 충분히 활용하여 일을 풀어간다는 새로운 방식을 촉발했다.

최초의 '지역경제개발공기업'은 경직된 규제의 제약 속에서 정부의 실험 프로젝트로 시작된 것들이었다. 하지만 우리는 이러한 공기업들이 지역공동체의 사회경제적 발전과 개발을 위한 혁신적 공간이 될 수 있으며, 그것이 가진 힘과 잠재력도 보여주었다. 이렇게 당시에 우리가 벌였던, 도시지역 시민들의 역량을 강화하는 무수한 자발적 혁신들은 오늘날 재평가해 보아도 사회 혁신이 왜 중요하고 필요한 것인지를 강력하게 입증하는 증거라고 이야기할 수 있다.

지역에 든든히 뿌리를 박고 지역공동체의 역량을 강화한다는 것은 경제개발의 모든 단계에서 반드시 필요한 요소였다. 공동체의 경제개발 프로젝트들은 고용, 빈곤 퇴치, 사회적 배제, 삶의 질 등과 같은 문제들을 놓고서 마을의 이웃들이 계속 모이고 참여하는 가운데에 생겨났다. 앞에서 말했듯이 이렇게 사람들을 모이도록 추동하는 노력을 통해 협업의 공간들이 생겨났고 또 통합적 접근법에 기초한 혁신적인 대안들도 생겨났다. 중소업체들에 대한 지원, 직업훈련, 도시계획, 상업적 개발 등의 문제들이 모두 그러했다. 그런데 이런 사업들에 마을 사람들이 직접 개입하는 것이 갈수록 어려워진 것도 사실이다. 그런 이유로 우리 작업의 방향을 설정하는 데 '전문가'에게 의지할 수밖에 없다는 압력이 점점 거세어졌으며, 시민들의 직접 참여를 영감과 자신감의 원천으로 삼자는 우리의 이상을 포기해야 할 위기에 처했다. 하지만 다행히도 대부분의 공동체 경제개발 단체에서 지역의 행위자들이 적극적으로 참여한 덕에, 마을 주민들이 돌아가는 상황을 잘 알 수 있도록 하는 데에 최선을 다할 수 있었다. 이를 위해서는 의사소통 전략에 있어서 고도의 창의성이 필요했고, 또 우리의 거버넌스 구조와 시민 동원 과정들의 성격 규정에도 많은 창의성을 발휘해야 했다. 선거인단을 구성한다든가, 노동시장으로의 통합 과정에 참여자들이 적극적으로 나서게 만든다든가, 지역 매체들을 충분히 활용한다든가, 주민들의 네트워크를 조직하고 이루고 문화적 활동을 함께 공유한다든가 하는 이 모든 아이디어들이 우리가 계속해서 공동체에 굳건히 뿌리를 박고 유지할 수 있도록 하는 데에 큰 기여를 했다.

이는 아주 훌륭한 투자였다. 우리가 공동체 개발에 여러 혁신적 해법들을 찾아낼 수 있었던 것은 바로 이렇게 우리가 마을과 지역에 든든히 뿌리를 두고 있었던 것과 직접 연관된 일이었다. 정부로 하여금 이러한 우리의 활동을 지지하도록 설득할 수 있었던 것도 그 덕분이었고, 개인이나 집단의 역량 강화를 이룰 여러 학습들이 성공적으로 진행된 것도 그 덕분이었다. 이러한 역량 강화에 대한 욕구는 우리가 1996년의 '경제 및 고용을 위한 대표자회의Summit on the Economy and Employment'(이하 대표자회의)에서 사회적경제를 정의할 때 내놓았던 주장에도 그대로 반영되어 있다.

RESO 홍보와 신규 회원을 모집하는 모임에 참여한 참가자들. (1996년경)

RESO 참가자위원회 집행부와 고용서비스국장 미셸 수티에르. (1996년경)

2. 지역공동체에 득이 되는 혁신적 창업은 얼마든지 가능하다

실업과 사회적 배제 문제의 대응하여 지역에서 일자리를 창출하는 것은 어떤 종류의 공동체 경제개발 전략에서든 항상 핵심을 이룬다. 처음에는 우리도 그저 기존의 기업체들에게 사업과 고용을 확장하고 또 새로운 민간기업들을 유치하는 것에만 초점을 두었다. 이러한 전략도 나름의 성과를 내기는 했지만, 이 과정에서 사회적으로 강력한 결과를 끌어낼 수 있는 새로운 종류의 경제활동들을 창출할 기회들이 얼마든지 존재한다는 것을 깨닫게 되었고, 그 무한한 잠재력을 활용해보자는 생각을 하게 되었다. 하지만 전통적인 구조에서는 이러한 새로운 종류의 혁신 기업가 정신을 담아낼 수 없었다. 그렇기 때문에 기존의 틀에 묶인다면 결국 어떤 한 개인이 혁신 기업가로 나서서 그 사업에 도전하기를 한없이 기다리는 수밖에 없었다. 하지만 이는 너무 시간이 걸릴 뿐만 아니라 어떤 기약도 없는 일이었다.

이렇게 지역의 여러 기업가들과 함께 일하는 과정에서 모두가 집단으로 혁신 기업가 역할을 한번 해보자는 아이디어와 열망이 공동체에서 자라나기 시작했다. 공동체의 혜택을 명시적인 목적으로 내건 사업체의 창업은 참으로 매력적이기도 하고 또 해볼 만한 행동 방식이라고 여겨졌다. 게다가 그동안 재계와 함께 가까이 일하면서 사업체를 창업하는 과정이 딱히 못 할 일은 아니라는 것을 우리는 깨닫고 있었다. 그렇다면 사회적 도전, 환경문제에 대한 도전에 있어서도 '사업체 창업'이라는 방법을 쓰지 말라는 법은 없지 않은가? 이건 아주 자연스러운 사고의 흐름이었다.

이러한 접근의 또 다른 이점은 우리가 공동체에 좀 더 깊게 뿌리를 내릴 수 있도록 해준다는 것이었다. 우리는 이미 조직과 단체들이 공동체 성원 전체에 투명하게 사업 내용과 과정을 설명하고 또 공동체 성원들이 자기 것으로 여길 수 있도록 해야 한다는 생각을 품고 있었다. 그렇다면 사업체 창업이라는 접근법을 사용했을 때 이러한 모델을 더욱 강화할 수 있다는 점이 우리에게는 큰 매력으로 다가왔다. 하지만 아쉽게도 이러한 집단적 기업가 정신을 지지해줄 프로그램이나 수단들은 전혀 존재하지 않는 상태였다.

이때 각 공동체 경제개발 공기업들이 만들어낸 혁신의 공간이 비영리 업체들의 창업 실험을 가능케 해주었고, 특히 노동력 통합의 목적에서 큰 역할을 했다. '남서부 경제·사회 재생연합' 또한 공동체 성원들 전체가 기업가 정신으로 창업에 나설 수 있도록 한다는 임무를 자기 것으로 받아들여, '남서부 경제·사회 재생연합' 투자기금을 창설하고 그 기금의 20퍼센트는 '경제적으로 지속가능하고 사회적 수익성이 높다'고 여겨지는 업체들에게 쏟아붓기로 했다. 이러한 집단적 창업에 대한 투자에서 영감을 받아 1997년에 '퀘벡사회적투자네트워크RISQ'를 창설했다(3장을 보라). 좀 더 확장해서 본다면, 사람들이 일자리뿐만 아니라 사업체도 만들어보겠다는 집단적 창업 열망이 1996년 '샹티에사회적경제Chantier de l'économie sociale'(이하 샹티에)가 생겨나게 된 영감의 원천이기도 했다.

3. 경제적 과제와 사회적 과제 사이에 창조적인 긴장을 유지하다

우리의 경제적 활동과 사회적 활동 사이에 균형을 어떻게 유지할 것인가에 대한 문제의식은 지역에서 공동체 경제개발이 진화해나가는 와중에 여러 시점에서 논쟁과 긴장을 낳는 원천이었다. 경제 행위자들은 자기들의 사업체가 어떤 사회적 충격을 가져올지를 고려하는 데에 익숙지 않았고, 사회 활동가들은 지역의 경제개발 작업에 매몰되어 자기들 본래의 사회적 임무가 내팽개쳐질 것을 두려워했다. 심지어 지역의 여러 단체들 가운데에서 일자리가 없는 이들을 위한 지원과 사업체들에 대한 지원 사이에서도 자원을 어떻게 배분할 것이냐를 놓고 긴장이 생겨나곤 했다.

하지만 나중에 보니 이러한 갈등은 우리의 접근법에서 아주 소중한 창의성의 원천이었고, 그것들 중 일부는 사업체에게나 또 지역 주민들에게나 아주 모범적인 결과를 낳기도 했다. 지역에서의 일자리 창출, 지역 주민들이 대기업으로부터 하청을 따낸 일, 공동체 기업의 창업 등이 모두 이러한 창조적 긴장의 긍정적 결과물들이었다. 이러한 긴장이 존재한다는 것을 인정하고 이를 장애물로 여기는 것이 아니라 창의성과 혁신의 원천으로 삼았던 덕에 다양한 이해관계자들이 함께 힘을 뭉쳐 사회적 목적과 경제적 목적들을 조화시킬 수 있었던 것이다. 사회적 목적과 경제적 목적이라는 것이 얼마든지 공존할 수 있을 뿐만 아니라 하나의 사업체가 두 가지를 모두 추구할 수 있다는 점을 깨달았던 것, 이것이 그로부터 몇 년 후 사회적경제가 일어나게 된 영감의 원천이기도 했다.

4. 여러 네트워크의 힘 : 지구적으로 생각하고 지역에서 행동하라

지역 수준에서의 활동과 작업은 많은 땀과 희생을 요구하는 것이 었을 뿐만 아니라 쓸 수 있는 자원도 희소했다. 그러니 어려움이 한두 가지가 아니었다. 세상의 인정도 얻어내야 했고, 우리들이 만든 작업 장에서의 효율성도 유지해야 했고, 지역 주민들의 여러 열망도 고려 해야 했으며 아주 폭넓고 다양한 자발적 프로젝트들을 준비하여 공 동체 주민들이 광범위하게 참여할 수 있도록 만들어야 했다. 또한 많 은 행위자가 자신들의 상황이 독특하기 때문에 함께하기보다 혼자 알 아서 풀어가야 한다고 믿었으며, 이는 아주 자연스러운 생각이기도 했다. 하지만 '지역에서의 행동'은 새로운 현실을 사람들에게 일깨우 는 기상나팔이었으니, 이제 지역에서의 경제개발운동이 국제적인 차 원으로 확산되기 시작했던 것이다. 우리가 벌였던 지역 수준에서의 행동은 지배적인 경제 전략에 대해 의문을 던지면서 경제개발에 시 민 행동이 일익을 담당해야 한다고 요구하는 새로운 운동의 일부였 다. 이러한 맥락에서 보자면, 지역의 시민 역량 강화 프로젝트들을 서 로 연결해주는 모종의 네트워크를 만들 필요가 있다는 것이 갈수록 분명해졌다. 그리하여 공동체 경제개발 공기업들의 네트워크가 만들 어졌고, '농촌연대'와 '마을공동체단체연합'이 만들어졌고, '캐나다공동체경제개발네트워크CCEDNET'가 만들어졌다. 이것들 모두가 지역에서의 경험들을 좀 더 폭넓게 운동 전체와 연계시키는 일이 중요하다는 것을 사람들이 깨달았던 예이다.

전국적뿐만 아니라 국제적인 네트워크 구축에 이렇게 투자를 했더니 그 이점이 빠르게 나타났다. 첫째, 네트워크 참여자들이 서로의 경험에서 배우는 것이 아주 강력한 도구가 되었다. 다른 공동체들에서 벌어진 여러 행동들을 영감으로 삼아 각자가 처한 현실에 맞게 적응하는 과정에서 공동체경제개발CED의 사업 진행에도 가속도가 붙게 되었고, 또 새로운 '지역경제개발공기업'들의 창립도 더욱 속도를 내게 되었다. 두 번째는 시간이 지나면서 이런 여러 네트워크를 만들어두었던 덕에 정치 면에서도 분명한 위상을 얻었고 이에 정부의 지원도 얻어낼 수 있었던 것이다. 마지막으로, 네트워크를 구축했던 덕에 우리 각자가 어려운 시절을 맞을 때마다 서로를 도울 수 있었다. 지구적으로 사고하고 지역에서 행동하라는 원칙은 우리의 인적, 물적, 지적 자원의 동원 능력을 제고하는 데에 큰 도움이 되었다.

5. 집단적 소유는 아주 장기적인 영향을 가져온다

지역의 경제개발 전략에서 기업 창업자들에 초점을 두고 또 영리기업들에 핵심적 역할을 맡기는 방식은, 과연 그 효과가 얼마나 지속될 것인가라는 문제를 필연적으로 낳게 된다. 이런 창업이 이루어지

'캐나다공동체경제개발네트워크(CCEDNET)'의 창설

캐나다의 다른 곳에서도 공동체 경제개발에 대한 관심이 증대하고 있음을 우리는 목도했지만, 이 운동을 하나로 묶어줄 수 있는 단체나 공공정책은 아직 전혀 없었다. 이러한 이유에서 1997년 소수의 개인들이 모여 '캐나다공동체경제개발네트워크'를 만들게 되었다. 회원 단체의 숫자는 1999년 16개에서 2001년 167개로 급격하게 늘어났다. 이 네트워크는 오늘날에도 아주 활발하게 움직이고 있으며, 개인과 단체를 포함하여 회원 숫자가 220개 이상을 자랑한다. '캐나다공동체경제개발네트워크'의 임무는 "지역공동체를 강화하고 모두에게 혜택을 줄 수 있는 지역 경제를 구축하는 활동을 위하여 사람들과 아이디어를 서로 연결"하는 것이다. 퀘벡의 여러 '지역경제개발공기업'들은 정치적 차원에서는 독자성을 유지하는 가운데에 이 네트워크와 연계를 맺었다. 이러한 협력 및 협업을 통하여 우리는 캐나다의 다른 곳에서 있었던 비슷한 경험들을 연결할 뿐만 아니라 거기에서 배운 교훈과 전문성을 공유하여 서로에게 혜택을 줄 수 있었다.

고 영리기업들이 들어온다고 해도, 그걸 통해 공동체가 장기적인 혜택을 얻을 수 있도록 보장할 방법은 무엇일까? 경제개발의 긍정적 영향을 어떻게 모두가 공유할 수 있을까? 특히 지구화라는 흐름에서 볼

개발 전략 컨설팅 : 경제발전의 주체로 인정받기 위해

때, 언제 유리한 지역을 찾아 떠나버릴지 모르는 창업자 개인들과 개발자들을 두고서 그들의 선한 의지에만 목을 맨다는 것은 지역개발에 긍정적 결과를 내기에 너무나 위험한 일이었다.

그런 이유로 지역에서의 개발 전략이라는 우리의 접근법이 시작되자 금세 지방정부 또한 빠르게 마을 재생 과정의 최전선으로 좀 더 많은 관심과 참여를 보였다. 몬트리올 시정부가 여러 건물과 주차장을 매입한 일이나 연방정부, 퀘벡 정부, 몬트리올 시정부가 라신운하를 따라서 각종 공공 공간을 개발한 일 등은 지역경제개발에서 공공경제 부문이 얼마나 중요한 위치를 갖는가를 증명하는 것이었다. 그런데 정부와 별개로, 이러한 우리의 접근법에 화룡점정이 될 만한 일이 있었다. 집단적 소유의 기관 및 단체들이 생겨나서 공동체에 지속적인 혜택이 돌아가는 지속가능한 개발의 동력으로 쓰이게 된 것이었다. 예를 들어 주택문제에 있어서 공동체 사회주택의 생산에 가속도가 붙게 된 것은 비영리 협동조합을 만든 덕분이었거니와, 이러한 방법은 곧 지역 주민들을 당시 기승을 부리던 젠트리피케이션의 투기로부터 지켜낼 뿐만 아니라 여러 다양한 주민 집단이 서로 고립적으로 게토를 이루는 대신 서로 잘 섞여서 살도록 만드는 강력한 수단이 되었다. 이렇게 공동체에 뿌리를 내린 집단적 소유의 경제조직을 만들어 주주 가치 극대화 이외의 논리를 추구할 수 있다는 가능성이 보였고, 우리는 이것을 우리들 공동체의 장래를 위해서 반드시 만들어내야 할 지상 과제로 여겼다. 우리가 재계 공동체와 관계를 맺으면서 필요와 기회들을 발견해내는 눈을 얻게 되기는 했지만, 우리가 쓸 수 있는 수단이란 모두 민간의 영리사업을 지원하는 방법들뿐이었다. 하지만 이러한 영리기업의 창업 프로젝트는 이제 부족하지 않은 상태였고, 대신 집단 소유의 기업체를 위한 방법들을 만드는 게 필요하다는 것이 분명해졌다.

'지역경제개발공기업'들을 만들고 운영하는 작업 속에서 분명한 한계를 느낀 적도 있다. 이때 우리는 지역 주민들에게 정말로 혜택이 돌아갈 수 있는 우리 지역경제를 성공적으로 개발하기 위해서는 좀 더 넓게 또 좀 더 깊게 시야를 확장하고 심화할 필요가 있다는 결론을 내렸다. 다시 말하자면, 우리의 임무를 달성하기 위해 좀 더 효율적인 방법들로 무장하고 규모 또한 더 키워야 한다는 생각이었다. 1996년 이후에 나타난 사회적경제의 급격한 확장이 바로 이러한 사실을 반영하는 것이었다. 사회적경제의 발전이 항상 지역적 접근에 굳건히 뿌리를 박고 있다는 사실, 그리고 지속가능하며 사회적 정의를 담은 수단들로 지역공동체가 스스로의 역량을 강화하겠다는 굳은 결의에 뿌리를 내리고 있다는 사실은 그래서 결코 우연이 아니다.

〈대표자회의〉를 향하여

1996

Viser le sommet : l'économie sociale gagne ses lettres de noblesse

배경 : 독특한 맥락에서의 예외적 사건

1995년, 퀘벡에서는 캐나다 연방으로부터 독립 여부를 묻는 두 번째 주민투표가 실시되었다. 퀘벡이 과연 캐나다를 떠나 독립국가가 되어야 하느냐를 놓고서 퀘벡 사회는 극도로 분열되어 있었다. 그 결과도 아주 아슬아슬했다. 퀘벡 독립을 지지하는 쪽이 49.42퍼센트에 반대하는 쪽이 50.58퍼센트로, 표 차이는 4만 표에 불과했다.

주민투표가 있은 뒤 퀘벡당 주정부의 수반으로 카리스마 넘치는 정치가인 뤼시앵 부샤르가 취임했다. 그는 아주 어려운 시기에 퀘벡 주를 이끌어야 하는 도전에 직면해 있었다. 주민투표에서 생겨난 주민들의 분열을 뛰어넘는 일 이외에도, 퀘벡 사회는 높은 실업률 그리고 특히 도심 지역에서 멀리 떨어져 활력을 잃은 농촌 지역의 문제들이 놓여 있었기 때문이다.

퀘벡 정치 문화의 독특한 요소는 특히 어려운 시기에 사회 곳곳을 대표하는 이들의 회의를 조직하고 또 사회적 대화를 장려할 수 있는 여러 유형의 행사들을 개최하는 전통이다. 그 목적은 퀘벡 사회 전체를 공동의 목표로 동원하는 것이다. 이러한 독특한 관행은 캐나다의 다른 지역들과 아주 다른 정치 문화로서 퀘벡이 독자적인 민족이라는 사실을 분명히 보여준다. 이러한 정체성은 퀘벡 독립 문제에 대한 입장 차이도 무관하게 퀘벡에 사는 사람들 사이에 널리 공유된 것이다. "우리가 무슨 말을 하고 무엇을 하건, 퀘벡은 현재에도 또 영원한 미래에도 독특하게 구별되는 사회일 것이며, 그 스스로의 운명과 발전을 스스로 헤쳐갈 수 있는 자유로운 사회가 될 것입니다." 1990년 5월 퀘벡 주지사 로베르 부라사(그는 연방주의자들의 지도자였다)가 했던 말이다. 이러한 민족적 정체성을 확인하고자 하는 열망 특히 영어 사용자들로 꽉 찬 북아메리카라는 바다에서 프랑스어를 사용하는 사회로서 군건히 살아남겠다는 결심 등이 퀘벡의 정치 문화에 큰 영향을 주었고, 지난 몇십 년 동안 높은 수준의 사회적 대화가 진행될 수 있는 밑받침이 되었다. 1996년의 '대표자회의'는 이렇게 사회적 대화를 조직할 수 있는 역량이 잘 나타난 중요한 예이다.

<연대가 먼저> : 도전장을 던지다

1996년 퀘벡 주정부가 소집한 '경제 및 고용을 위한 대표자회의'는 보다 포용적이고 민주적인 경제를 만들기 위한 운동의 발전에 있어서 중요한 전진이었다. 이 행사는 시민사회를 하나의 경제 행위자로 인정하고 또 '사회적경제'라는 폭넓은 용어 아래에 퀘벡의 여러 단체들이 동일한 정체성을 공유하게 된 사건이기도 했다.

전반적인 정치 문화의 흐름을 보았을 때, 부샤르 정부에서 '대표자회의'를 조직하기로 선택했던 것은 놀랍지 않았다. 하지만 이전의 '대표자회의'들과는 달리 사회 및 공동체의 여러 네트워크가 강력한 대표성을 가지게 되었다는 점이 특징으로 부각되었다. 각종 사회운동, 특히 여성운동은 이미 1995년에 '빵과 장미'의 여성행진을 주도했고, 이번에는 빈곤과 사회적 배제의 문제들을 공공 의제로 강력히 밀어붙였다. 이러한 문제들과 씨름하는 행위자들(무엇보다도 지역공동체에 기초한 단체들) 없이 사회적 대화의 '대표자회의'를 개최하기는 어려운 일이다. 이러한 맥락에서 내가 '남서부 경제·사회 재생연합'의 대표 자격으로 참여했던 '마을공동체단체연합'도 '대표자회의'에 참여 자격을 얻기 위해 기자회견을 개최했고 마침내 자리를 얻어냈다.

여기서 주목해야 할 점은, '대표자회의'가 있기 전인 1996년 3월에 또 다른 사회경제회의에서 정부의 재정 상태를 점검하고 매년 반복되는 정부의 적자를 제거하는 게 중요하다는 합의를 도출한 바 있다는 것이다. 퀘벡주의 호텔 안에서 회의가 진행되는 동안 바깥의 거리에는 시위자들이 모여, 정부가 몇 년 안에 적자를 0으로 만들겠다고 한 것을 비판하고 있었다. 이러한 공공 재정의 논쟁에서 목소리가 컸던 주요 당사자는 노동조합과 사용자 단체였으며, 우리 공동체 대표자들은 주로 구경꾼 역할에 머물렀다. 왜냐면 우리의 관심사는 주로 빈곤 경감, 직업 자격증 훈련, 일자리 창출 등에 맞추어져 있었기 때문이었다. 그래서 우리는 경제와 일자리 문제를 다루는 '대표자회의'가 6개월 후에 열린다는 소식이 무척 반가웠다.

10월 행사를 준비하는 부샤르 주지사의 입장은 분명했다. 정부는 새로운 일자리를 창출할 수 있는 위치에 있지 않다는 것이었다. 그 대신 민간 영리 부문과 시민사회가 새로운 전략을 제안하여 '과감하게' 다른 방식을 취해보라는 도전을 제기한 것이다. 이에 4개의 워킹그룹이 만들어졌다. 기업의 창업과 발전, 몬트리올의 경제, 지역개발, '사회적경제', 네 가지였다. 특히 사회적경제를 다루는 워킹그룹이 만들어져야 한다는 결정은 여성운동과 지역공동체 부문이 압력을 넣은 직접적인 결과였다. 그런데 이 위원회를 누가 이끌 것인가의 문제에 대해서는 아무도 생각한 바가 없었다. 몇 명이 거론되기는 했지만, 모두 다 남성이었다. 당연하게도 이 일은 여성이 이끌어야 한다는 강력한 주장이 있었고, 그 결과 나에게 그 책임이 떨어졌다. 지역공동체 경제개발 활동에서 많은 경험이 있다는 이유에서였다. 내가 이 자리를 수락한 것은 부샤르 주지사가 위원회의 인선을 발표하기 불과 몇 분 전의 일이었고, 나는 그곳이 무얼 하는 자리인지 제대로 알지 못한 상태였다.

내가 '사회적경제'라는 제목의 워킹그룹을 이끌게는 되었지만, 나도 그렇고 내 친구와 지인들도 이 '사회적경제'라는 말이 무슨 뜻인지 거의 아는 바가 없었다. 나는 퀘벡이 다시 경제를 살리는 데에 도움이 될 제안들을 내놓아야 했다. 이 도전이 엄청난 일이었지만 또 그만큼 저항할 수 없는 매력을 가진 것이기도 했다. 이는 마을과 공동체의 집단과 단체들이 가진 역동성, 창의성, 실용주의 등을 똑똑히 보여줄 수 있는 귀한 기회였으니까.

1996년 3월에서 10월 사이의 기간은 시민들의 집단적 행동을 통해 퀘벡이 경제발전을 이룰 수 있는 방향을 제시한다는 공동의 목표를 놓고서 네트워킹과 동원이 이루어졌던 전례 없는 집단적 경험의 시간이었다. 정부와 재계 쪽에서는 우리가 내실 있는 제안과 내용을 낼 것이라고 기대한 이가 아무도 없었다. 사람들은 모두 재계 쪽만 바라보고 있었고, 재계 쪽의 잘 알려진 지도자들이 이끄는 워킹그룹에만 관심을 쏟고 있었다. 당시에는 우리 워킹그룹이 경제와 고용 문제에 기여할 수 있는 부분이란 그저 사회적 부조를 받는 이들을 돌보는 것 정도로 여기는 분위기였다. 그러던 사람들이 깜짝 놀랄 일만 남은 셈이었다.

이 6개월의 시간 동안 우리 워킹그룹은 다양한 부문과 지역으로부터 수백 명의 사람들을 동원하여 '대표자회의'에 제출할 제안들을 담은 보고서를 준비했다. 이 제안들과 행동계획들을 다듬기 위해 위원회에 참여한 이들의 숫자는 200명이 넘었다. 우리가 제안한 내용들이 구체적 모습을 띠게 되면서 또한 우리는 우리 목적을 달성하는 데에 필요한 정책, 프로그램, 투자 등에 어떤 것들이 있을지 찾아내기 위해 다양한 정부 부처와 회합을 갖기 시작했다. 어떤 경우에서는 공무원들과 한통속이 될 정도로 서로 호흡이 맞았다. 우리는 곧 무엇이든 가능하다는 자신감을 얻었다. 하지만 변화에 대한 거센 저항도 있었다. 아동들의 조기교육에 대한 새로운 생각을 실험해보기 위해 '유아보육센터CPE'를 창설하자는 제안은 스스로를 정책 개발자가 아닌 규제자라 생각하는 관료들을 성가시게 했다. 다행히도 이 문제의 담당 부서 장관이었던 폴린 마루아는 문제를 다르게 보았고, 부샤르 주지사의 지원도 얻어냈다. '대표자회의'가 열렸을 때 이들은 그 기회를 이용하여 부모들이 하루에 5달러씩만 내면 이용할 수 있는 '유아보육센터'의 네트워크를 창설하는 새로운 가족정책을 퀘벡에서 시행하기로 결정했다. '대표자회의'가 열리기 전에 이미 요구 사항들을 정리해 두었던 주거문제 그룹들은 자신들의 제안을 우리의 워킹그룹 보고서에 포함시키기로 했다. 이는 참으로 현명한 전략적 결정이었고, '저렴한 주택Accès Logis'이라는 새로운 정부 프로그램의 실현으로 이어졌다. 그때 이후로 수만 채의 공동체 사회주택이 건설된 일은 이 프로그램으로 가능했다.

그러자 다양한 공동체, 환경운동 네트워크, 지역발전운동 네트워크에 이 소문이 빠르게 돌았다. 놓칠 수 없는 기회가 주어진 것이다. 어린이집, 산림협동조합, 주거운동 단체 등 다양한 부문에서 지역에 기반을 두고 공동체 개발에 힘써오던 이들(이 중 대다수는 여성이었다)이 '대표자회의'에 제출할 구체적 제안들을 정식화하기 위해 함께 머리와 힘을 모았다. 지역공동체 기반의 활동들에서 유래한 제안들은 일자리 창출뿐만 아니라 거의 모두 사회적 필요의 충족과 지역공동체의 활성화에 목표를 두고 있었다.

이렇게 다양한 참여자들이 함께했다는 것이 우리 성공의 열쇠였다. 심지어 부샤르 주지사마저도 우리 워킹그룹이 만들어낸 보고서의 열성에 감동했다. 나는 '대표자회의'가 있기 며칠 전에 우리 보고서에 참여한 이들이 모두 함께할 수 있는 행사를 조직했다. '대표자회의'에는 참여할 수 있는 인원수가 제한적이기 때문이었다. 나는 이들 모두가 우리 최종 보고서를 미리 볼 수 있도록 하고 싶었고, 또 그들 모두의 기여에 대해 감사하고 싶었다. 또한 부샤르 주지사에게 꼭 이 자리에 와야 한다고 요청했다.

모임이 열린 강당은 200명이 넘는 인파로 가득 찼다. 그중에는 사업가뿐만 아니라 주요 사회운동의 지도자도 함께했다. 부샤르 주지사는 강당에 들어서자마자 그곳의 에너지에 감탄했다. 그는 우리가 내놓은 모든 제안들과 프로젝트들이 '대표자회의'에서 주정부의 지지를 받을 것이라고 당당하게 선언했다. 이는 그때까지도 우리의 대담한 제안들을 가로막고 있었던 몇몇 공무원들의 입장과는 완전히 상반되는 것이었다. 그 공무원들이 부샤르 주지사의 말을 들었을 때의 얼굴 표정을 결코 잊지 못한다. 그때 나는 입이 완전히 귀에 걸리도록 함박웃음을 지었다.

이렇게 이례적으로 지역공동체의 활동가들을 동원한 덕에 우리는 오늘날까지도 여전히 적실성을 잃지 않는 보고서를 내놓을 수 있었다. '대담하게 다른 방식으로 해보자'는 도전을 맞아 우리 워킹그룹이 작성한 〈연대가 먼저*Daring Solidarity*〉라는 보고서는 퀘벡의 사회경제적 개발에 있어서 사회적경제의 엄청난 잠재력을 역설한 내용이었다. 더욱이 우리가 제시한 첫 번째 권고는 사회적경제를 퀘벡 사회경제적 구조의 필수 구성 요소로 인정할 것 그리고 그 대표자들이 앞으로 벌어질 경제문제에 대한 사회적 대화에 적극적으로 참여할 수 있도록 보장할 것 등이었다.

그 보고서의 서문 중 한 대목을 발췌해보겠다.

—〈연대가 먼저 *Daring Solidarity*〉

'대표자회의'를 계기로 우리의 파트너들에게 우리가 직면한 도전에 걸맞은 대담성을 발휘할 것을 강하게 촉구했다. 우리의 본모습을 충실하게 유지할 것, 우리 안에 있는 모든 삶의 힘을 남김없이 발휘하여 퀘벡을 다시 확실히 일어설 수 있도록 하는 가치들을 고수할 것.

이는 우리가 이미 검증된 해법들만 묵묵히 따를 필요가 없다는 것을 뜻한다. 해오던 것들을 더 잘하면 된다는 식이라면 '대표자회의'도 필요 없다. 우리는 다른 방법들 또한 마땅히 모색해야 한다. 우리의 상상력, 창의력, 조금이라도 전진하겠다는 결심을 최대한 끌어내야 하며, 이러한 힘들이 모든 지역과 경제 부문에서 일상적으로 표출되도록 해야 한다는 것이다.

실업과 배제가 만연한 지금의 현실은 종래의 방법과 수단들이 실패로 끝났다는 것을 잔인하게 보여주고 있다. 기존의 경제는 고삐가 풀린 모습으로 마구 질주하고 있으며, 그 가운데에 수십만의 우리 동료 시민들이 그 대가를 치르고 있다. 다른 방식으로 문제를 풀어보겠다는 것은 곧 혁신 기업가 정신과 실험적 정신 모두를 필요로 한다. 또한 성공하기 위한 수단을 우리가 손에 쥘 것을 요구한다.

이 보고서는 퀘벡의 사회적경제가 가지고 있는 역동성을 보여주는 것을 목적으로 한다. 또한 '대표자회의'에 모인 모든 파트너들과 정부에게, 시민들의 연대를 위태롭게 하지 않으면서도 일자리와 경쟁력에 방

점을 찍는 개발의 논리를 발전시키도록 노력해야 한다고 제안하고자
한다.

퀘벡에 사회적경제가 첫선을 보이다

〈연대가 먼저〉는 '대표자회의' 첫날을 완전히 휩쓸었다. 사람들은
새로운 복지 프로그램 정도를 기대했지만, 우리는 비교적 큰돈이 들
지 않으면서도 새로운 일자리를 창출할 창의적 제안들뿐만 아니라 이
를 뒷받침할 탄탄한 주장과 구체적 프로젝트들을 내놓아서 모든 이
들을 놀라게 했다. 게다가 우리의 소중한 가치를 부정한 것도 아니었
다. '대표자회의' 참가자들의 대부분은 우리의 보고서에 대단히 긍정
적인 반응을 보였고, 우리의 발표가 끝나자 많은 이들이 저절로 일어
나 박수갈채를 보냈다. 사회적경제가 공공부문을 대체할 것을 우려
한 일부 공공부문 노동조합을 제외한 많은 이들이, 집단적인 혁신적
창업을 인정하고 지지해야 한다는 우리의 제안뿐만 아니라 그 혁신
적 접근법과 결과물들의 약속에 큰 감명을 받았다. 퀘벡 정부 또한 우
리 제안의 잠재력을 파악했으며, 우리 워킹그룹이 여러 부문에서 제
안한 일련의 조치들을 실행에 옮기기로 했다. 노인들을 위한 가정 돌
봄, 영아 교육, 공동체 사회주택, 출산 전후의 돌봄, 쓰레기 관리(쓰레
기 줄이기, 재활용 등) 등이 포함되었다. 모두 합쳐 24개의 프로젝트가 '대
표자회의' 후속 조치로 퀘벡 정부에 채택 및 지원받게 되었다.

우리는 이 워킹그룹이 국제적 명성까지 얻으면서 구체적이고 장기적인 영향을 끼치는 영구적인 조직이 될 것이라고는 꿈에도 생각하지 못했다. 이는 사회적경제가 사회에 기여하는 바를 공식적으로 인정한 것이며, 또한 이후 정부가 사회적경제의 미래에 대해 전략적 중요성을 가진 결정들을 내리는 계기가 되었다. 1997년에는 집단적 창업을 지역 발전 정책에 포함시켰고, 또한 같은 해에 시행된 '노동시장협력이사회CPMT'에서도 공동체 부문을 어엿한 협력 파트너로 인정했다.

이렇게 '대표자회의' 참가자들이 우리 보고서와 그 제안의 혁신성에 열성적으로 응답해주었기에 우리 워킹그룹을 더 연장하여 유지해야 한다는 결정까지 내려졌다. 그런데 '몬트리올 남서부 경제·고용회복위원회' 보고서를 제출한 뒤 경험으로 보아 나는 이번 보고서의 후속 작업을 정부에 맡긴다면 이 혁신의 과정도 종말을 고할 것이며, 또그 여러 제안의 실행 과정에서 시민사회가 중심적 역할을 맡는 일도끝날 것임을 잘 알고 있었다. 다행히 정부도 나의 견해에 동의했다. 정부에서는 추가로 2년간 우리 워킹그룹에 자금을 지원해주겠다고 했으며, 데자르뎅은 자신들의 건물 안에 우리의 사무실을 마련해주었다. '대표자회의'에서 시작된 모험이 계속 이어지게 된 것이다.

작은 규모의 팀인 워킹그룹은 운영위원회의 지원을 받아서 향후 2년간 우리의 행동 계획을 실현하고 또 우리가 제안했던 다양한 전략과 도구를 시행하는 데에 전념했다. 우리는 이 작업이 단기간에 완성될 것이라고 확신하고 있었기 때문에 모두 원래 일하던 조직에서 반

퀘벡사회적투자네트워크(RISQ)의 창설 공표식. 장 퀴송(포메탈), 장 쿠튀(장 쿠튀 제약), 기 쥘리앵 장관 등이 참석했고, 사회는 엘리즈 트시에가 맡았다. (1998년)

상근으로 일을 하며 남은 절반의 시간으로 우리 프로젝트들의 개발을 지원하는 작업에 착수했다.

이는 실로 창의성이 빛을 발했던 시기였다. 집단적 사업체에만 전적으로 투자하는 최초의 투자기금인 '퀘벡사회적투자네트워크'가 1997년에 공식적으로 창설되었다. 창설 자금 1000만 달러는 금융 보증으로 마련되었던바, 그 절반은 민간 영리기업에서, 나머지 절반은 퀘벡 정부에서 지원받았다. 사회적경제와 공동체 부문의 노동력 개발을 위한 위원회도 1997년에 출범했고, 정부의 각종 고용서비스 네트워크 안에 있는 집단적 조직들로부터 인정도 받았다. 조기 아동교육 센터, 가정돌봄 사회적경제 사업체, 리사이클링 사업체들도 각자

'대표자회의'를 향하여 : 사회적경제라는 아기에게 이가 돋다

네트워크를 출범시켰으니, 이 모두가 어우러져 '대표자회의' 이후는 감격의 시간이었다.

사회적경제에 투자하는 리스크를 떠안다
: 새로운 종류의 파트너십

'대표자회의' 몇 주 전 나는 회의 준비를 위해 기업 그룹을 이끄는 여러 명의 재계 지도자들과 30분간 이야기할 기회를 만들었다. 그들 중에는 봉바르디에Bombardier, 알캉Alcan, 로열뱅크Royal Bank, 국립은 행National Bank의 CEO도 있었다. 나의 목적은 내가 제안할 특별한 프 로젝트에 그들의 지원을 얻어내는 것이었다. 이미 그들 중 두 사람(장 쿠튀Jean Coutu와 앙드레 베라르André Bérard)이 지원을 약속했고, 다른 워 킹그룹의 의장 중에도 여러 명이 지원을 표한 상태였다. 그럼에도 불 구하고 나는 그다지 환영을 받지 못했다. 재계 지도자들이 고용했던 컨설턴트들은 나 같은 사람이 돈을 달라고 떼를 쓰는 것을 막아내라 는 명령도 받은 상태였으니까. 그렇지만 나는 마지막 순간에 기회를 잡았고, 그들에게 사회적경제 사업체들을 위한 투자기금 창설에 자 금을 보태야 한다고 목소리를 높였다. 퀘벡 정부 또한 민간 영리 부문 에서 나오는 기여금과 동일한 액수의 자금을 지원하겠다고 이미 약 속한 상태였다.

이들은 내 제안을 받아들였다. 알캉, 데자르댕Desjardins, 봉바르디에, 로열뱅크, 국립은행, 이마스코Imasco, 그리고 몇 달 뒤에는 태양의 서커스Cirque du Soleil도 참여하여 모두 각자 30만 달러씩을 내놓기로 했다. 장 쿠튀는 150만 달러를 내놓았다(그의 회사로부터 50만 달러 그리고 그가 이끄는 재단에서 100만 달러). 그리하여 나는 전부 500만 달러를 조성할 수 있었고, 이를 자본금으로 하여 이후 '퀘벡사회적투자네트워크'로 알려지는 투자기금을 창설했다. 이 재계 지도자들이 내 제안을 받아들였던 큰 이유는 그저 '대표자회의'의 성공을 기원했기 때문이었음은 분명하다. 대부분은 자기들이 내놓는 돈을 그저 자산 기부와 같은 것이라고, 즉 돌려받거나 할 생각 없이 그냥 내놓고 잊어버려야 할 돈이라고 여겼던 것이다. 국립은행의 은행장이었던 앙드레 베라르의 경우는 큰 열의를 보였거니와, 그 이유는 자기 은행에 새로운 고객들을 끌고 오는 데에 이 프로젝트가 상당한 잠재력을 가지고 있다고 여겼기 때문이었다. 데자르뎅 그룹은 처음에는 내 제안을 거절했다. 데자르뎅은 심지어 협동조합이었지만 그 내부에서도 작은 협동조합이나 비영리 기관에 투자하는 것은 너무 리스크가 크다고 여기고 있었다. 다행히도 데자르뎅의 의장이었던 클로드 벨랑Claude Béland이 이러한 투자기금이 유의미하다는 확신을 가졌고, 30만 달러의 기여금을 다시 확약해주었다.

그런데 그 후 2년간 '퀘벡사회적투자네트워크'는 이러한 회의론자들을 깜짝 놀라게 했다. 이들이 예상했던 것과 전혀 다른 결과가 나왔기 때문이었다. 기금은 줄어들지 않았다. 오히려 투자했던 사업체들의 생존율은(스타트업과 소규모 사업체 확장) 87퍼센트로서 영리 기업들에 이루어진 비슷한 종류의 투자보다 훨씬 더 높았다. 캐나다 통계청에 따르면 전통적 형태의 중소기업의 경우 5년 후 생존율이 60.5퍼센트이며 10년 후에는 42.4퍼센트가 된다고 한다. 생존율만 높은 것이 아니었다. 퀘벡 몬트리올대학 경영학 교수인 마리 부샤르[Marie Bouchard]가 E&B데이터와 함께 작업한 심층 연구는 '퀘벡사회적투자네트워크'의 투자가 금융적으로나 사회적으로나 중요한 영향을 미쳤다는 것을 확인해주었다. 이 연구에 따르면, 투자의 80퍼센트를 사업체들이 새로운 상업적 기회를 살리거나 특정 서비스 또는 상품을 이용하는 데 사용해 사업이 가능하도록 했다는 것이다.

'퀘벡사회적투자네트워크'가 미친 영향은 그 투자의 직접적 결과에 국한되는 것이 아니었다. '퀘벡사회적투자네트워크'는 오늘날에는 어느 정도 광범위하게 확산되어 있는 새로운 실천 형태의 실험실 역할을 일정 부분 해냈다. 이러한 전략적 역할의 한 예가 2004년《사회적경제 사업체 분석 가이드》출간 결정이었다.* 이 책자는 이후 영어, 스페인어, 한국어 등으로 번역되었고 2017년에는 다시 편집과 수정을 거쳐 재출간했으며, 사회적경제 사업체와 관련한 컨설턴트, 분석가, 학문적 연구자, 투자위원회 회원들, 펀드매니저, 프로그램들에 있어서 중요한 참고 자료가 되었다. 이 책자는 사회적경제 사업체들이 제출한 펀딩 프로젝트를 좁은 의미의 금융적 관점이 아니라 모종

---

* 연대경제신용조합(Caisse d'économie solidaire), 퀘벡투자청(Investment Québec), 전국노동조합연맹기금(Fondaction), MCE 컨설팅(MCE Conseils) 등과 함께 협력했다.

의 사회경제적 관점에서 검토하고 그 가치를 평가하고 있어 실용적이면서도 쉽게 접근할 수 있는 방법을 제시하고 있다.

반反빈곤기금의 창설 : 예상치 못한 제안

1996년 '대표자회의' 전날 공동체 부문과 여러 페미니스트 단체들이 노동단체의 지원을 받아 '제로 빈곤' 조항을 제안했다. 목적은 정부가 새로 내놓은 그 어떤 프로젝트도 퀘벡 사회의 최하층 20퍼센트의 빈곤 상태를 더 악화시키는 일이 없도록 보장하자는 것이었다. 퀘벡 정부는 이러한 제안을 거부했고, '대표자회의'에 나온 공동체 부문과 여성운동 부문의 대표들은(퀘벡여성연맹FFQ의 의장 프랑수아즈 다비드 Françoise David도 있었다) 저항의 의미로 3일간의 행사 중 마지막 날에는 불참하겠다고 선언했다. 하지만 이 단체들은 우리 사회적경제 워킹그룹에게는 남아 있어 달라고 부탁했다. 우리가 중요한 일들을 이루었다고 보았기 때문이었다.

내가 '대표자회의' 마지막 날 아침에 회의장에 들어간 것은 이러한 요청 때문이었다. 나는 다른 워킹그룹의 의장들, 퀘벡 주지사 그리고 몇몇 선임 장관들(재무부 장관인 베르나르 랑드리Bernard Landry, 재무위원회 의장인 자크 레오나르Jacques Léonard 등)과 준비 회의를 하기로 되어 있었다. 나는 완전히 낙담한 상태였거니와, 새벽 무렵 고용 및 사회연대 장관인 루이즈 아렐Louise Harel의 전화를 받고 마음이 더 안 좋았다. 그녀는 '대표자회의'에서 반反빈곤 조치가 아무것도 나오지 않는 상황은 도저히 용납할 수 없다고 했다. 앙드레 베라르와 장 쿠튀는 내게 왜 그렇게 기분이 좋지 않은지 물었고, 나는 정부가 빈곤문제에 귀를 막 아버리는 것을 보고 너무나 실망했다고 말했다. 그러자 이 두 사람이 빈곤과 싸우기 위한 특별기금을 창설하자는 제안을 내놓아서 나는 크 게 놀랐다. 그들의 제안에는 이러한 목적을 위한 특별세까지 포함되 어 있었다.

이는 참으로 전례가 없는 일이었다. 보통 재계 쪽 단체들은 신규 세 금에 반대하며 특히 '특별 목적세'는 더욱더 강하게 반대해왔다. 실제 로 두 사람의 저명한 재계 지도자가 그런 제안을 내놓자 재무부 장관 도 재무위원회 의장도 깜짝 놀라는 반응을 보였다. 결국에는 퀘벡 주 지사가 나서서 논쟁을 정리했고, 이에 '반빈곤 및 사회통합 지원기금' 이 창설되었다. 이 기금은 3년에 걸쳐서 기업들(납부세액의 2.8퍼센트), 금 융기관들(자본이득세의 3퍼센트), 개인들(미지급 소득세의 0.3퍼센트 혹은 1시간 분의 임금)이 낸 세금으로 자본을 조성하도록 했다. '대표자회의'를 성 공으로 이끌고자 하는 모든 이들의 의지가 강력하여 연대의 의지가 쏟아져 나왔음을 보여주는 대표적인 사례였다. 이 반빈곤기금은 경 제적으로 불리한 위치에 있는 이들을 노동시장으로 재통합할 수 있 는 혁신적 접근법들에 대해 향후 3년간 2억 5000만 달러를 제공하게 되었다. 2000년에 있었던 '청년 문제를 위한 대표자회의Sommet de la jeunesse'에서는 이 기금을 다시 3년 연장하기로 결정했다.

이 기금은 무수히 많은 공동체와 마을 활동 프로젝트들을 지원했고 사회적경제와 고용가능성에 도움을 주었지만, 혁신적 접근을 지원한다는 최초의 약속은 규범적인 프로그램을 기반으로 한 접근법으로 금방 축소되었다. 이런 과정은 정부 기관 내부에서 혁신적인 일들을 만들어나가는 것이 얼마나 엄청난 도전인지를 잘 보여준다. 퀘벡 정부 감사원의 보고서는 이 기금의 본래 의도에 비추어볼 때 죽음을 알리는 종소리나 다름없었다. '지나치게 혁신적'이라고 간주되는 모든 접근법은 다 배제될 것임을 뜻하고 있었다.

> 1997년 9월에 이루어진 재무위원회의 결정에 따르면, 이 기금은 어떤 규범에도 종속되지 않는다고 하여, 기금의 운용 담당자는 가히 최고로 자유로운 방식으로 운용해왔다. 그저 약간의 '기준'과 약간의 모호한 '방향성'만 있을 뿐 분명한 목적을 설정한 바가 너무나 적고 게다가 측정 지표도 전혀 없다. 하지만 결과에 책임을 지는 관리와 운용에는 명확하고 측정 가능한 목표들이 반드시 있어야 한다. 수단의 선택이 열려 있다고 해도 이는 변하지 않는다.

이 보고서에 기초하여 정부는 다시 전통적인 접근법으로 되돌아가서 엄격한 기준들을 요구했고 혁신의 여지는 거의 남지 않게 되었다. 정말로 슬픈 결말이었다.

쟁점과 교훈

1. 공통의 정체성을 구축할 필요성

1996년의 '대표자회의'는 사회적경제를 전면으로 부각시켰다. 안타깝게도 그 '영광'과 인정의 순간은 짧았다. 하지만 비록 공적인 조명을 받는 일이 짧게 끝났다 해도, 사회적경제에 대한 인정이 향상되었던 것은 여러 면에서 큰 영향을 미쳤는데, 특히 정부 내에서의 영향이 중요했다. 사회적경제 사업체 발전에 전략적 중요성을 갖는 다양한 정부 조치와 프로그램들이 나온 것이다. 이는 여러 부문과 특정한 법 조항들을 넘어서서 사회적경제라는 공통의 정체성을 구축하지 못했다면 전혀 가능하지 않았을 일이었다. 집단적 사업체들과 단체들은 그들 사이의 차이보다는 공통의 목적에 기초하여 좀 더 큰 비전에 합의했고, 이 때문에 자신들 작업의 중요성을 입증하는 일도 또 그 잠재력을 충분히 발휘하는 일도 가능했다. 사회적경제라는 큰 우산을 무수히 많은 네트워크들이 함께 지지하고 나아가기로 합의했고, 단일 부문 네트워크나 지역 네트워크에서는 결코 접근할 수 없었던 새로운 기회들의 문을 열 수 있었던 것이다.

하지만 이러한 공통의 정체성을 구축했던 것이 전략적으로 갖는 의미는 정부의 인식이나 공공정책에 미친 영향을 훨씬 뛰어넘는 것이었다. 민간 영리기업과는 다른 논리에 기반하여 작동하는 다른 형태의 사업체가 인정을 받으면서 우리는 사회적경제 사업체들과 혁신가들의 작업을 연대와 포용에 기반한 더 폭넓은 경제의 비전으로 통합할 수 있었다. 여기에 참여한 많은 행위자들의 사회적경제에 대한 공감은 곧 현재의 지배적인 경제 논리에 대한 명시적 혹은 암묵적 비판에 대한 공감이고, 다른 방식으로 사업을 해보겠다는 굳은 결의를 의미한다. 비영리 어린이집, 노동자 협동조합, 노동력 통합 사업체, 가정돌봄 사업체 등이 모두 일상의 현실에 갇히지 않고 이를 뛰어넘어 스스로가 사회적경제의 한 부분인 것을 인정함으로써 새로운 발전 모델을 그려내는 운동의 길을 닦은 것이다.

이 길은 쭉 뻗지도 순탄지도 않았다. '사회적경제'라는 용어는 정치 담론과 공론장에서 무수한 논쟁들을 불러일으켰고, 이 때문에 일부 사람들은 이를 공공연히 자신의 정체성으로 내걸고자 하려던 열망이 식어버리기도 했다. 이러한 도전에 즉각 행동한 경네트워크도 있었지만, 사회적경제라는 간판을 내거는 것에 동의하는 데 시간이 더 걸린 조직도 있었다. 어떤 경우에는 이 논쟁들이 공공연하게 아주 첨예한 갈등으로 치닫기도 했다. 여러 사업체들 및 네트워크들이 모여서 사회적경제라는 공동의 정체성에 기초한 단일의 운동을 구축하고 스스로를 공공연히 그 일부라고 내세울 만큼 충분한 자신감을 가지기 위해서는 비판적 대중들 앞에서 오랜 세월에 걸쳐 논쟁과 설득과 홍보를 해야만 했다. 하지만 이러한 과정이 없었다면 사회적경제는 결코 전진할 수 없었을 것이다.

2. 공동 구축에 기초한 국가와의 새로운 관계 맺음의 필요성

어떤 이들은 사회적경제를 인정한다는 것이 좋은 쪽으로든 나쁜 쪽으로든, 특히 각종 공공서비스를 공급하고 사회적 필요를 충족하는 문제에 있어서 국가의 역할을 부인하는 것이라 보았다. 우리가 1996년에 낸 〈연대가 먼저〉 보고서 또한 우리의 입장을 분명하게 하고자 했다.

다른 사회와 마찬가지로 퀘벡에서도 복지국가 모델이 위기에 처해 있다. 물론 복지국가 기존 모델을 재검토하도록 만드는 가장 주요한 요인은 분명히 공공 재정 상황이지만, 이 위기가 가진 구조적 차원을 무시해서는 안 될 일이다.

역사적으로도 또 오늘날에도 사회적경제는 정부의 개입에 대한 대응으로서, 또한 그것에 대한 보완물로서의 성격을 가지고 발전해왔다. 지난 몇십 년간 공공의 개입 조치들은 특수한 필요들을 무시하면서 '표준화된' 프로그램들을 설계하여 무작정 적용하고자 하는 경우가 너무나 많았다. 수많은 결과물들은 아무 차별점이 없었다. 바로 이러한 종류의 부적절한 개입에 대응하기 위해 수많은 사회적경제 단위들과 사업체들이 일을 해왔으며, 더욱 효율적인 접근법들이 얼마든지 존재한다는 것을 증명했던 것이다.

하지만 사회적경제에 대한 지지를 국가에 대한 대체물 혹은 모종의 국가 후퇴로 간주해서는 안 된다. 사회적경제의 역동성을 지지한다는 것은 곧 스스로의 독자적 요구가 있는 경제적 사회적 활동과 조직의 영역을 인정한다는 것을 뜻한다. 이는 곧 국가와 시장으로는 충족시킬 수 없는 필요들이 존재하며, 또한 모든 시민이 혜택을 볼 수 있도록 그 필요들을 충족하는 방식이 존재함을 인정하는 것이다.

하지만 그렇다고 해서 국가가 오로지 국가만이 감당해야 할 여러 책임들을 회피하려는 것은 있을 수 없는 일이다.

이렇게 사회적경제 행위자들 그리고 특히 '샹티에사회적경제'는 처음 시작부터 집단적 필요의 논의 대상에 국가를 파트너로 지목했었다. '대표자회의'에서 사회적경제 워킹그룹이 대성공을 거둔 핵심 요인은 바로 이러한 접근법 때문이었다. 우리 워킹그룹은 정부에 지원을 요구하는 것에 위상을 둔 것이 아니라 현재 우리에게 닥친 도전들에 대한 해법의 제안자로 자리매김하고자 했다. 〈연대가 먼저〉 보고서 전체가 이렇게 정부가 그 본분의 임무를 다하면서도 사회적경제가 창출하는 가치로부터 얻을 수 있는 혜택을 입증하는 접근법에 기초하고 있다. 사회적경제는 공공부문에 있어서 하나의 자산으로, 즉 시민들을 동원하여 사회의 주요한 도전들에 대한 해법을 찾는 접근법으로 제시되었다. 이 보고서의 여러 절들의 제목을 보면 이러한 접근법을 쉽게 연상할 수 있다. 사회적경제란 '퀘벡의 문화적 힘을 표출할 수 있는 출구'이며, '환경문제에 대응할 수 있는 수단'이며, '주택문제에 대한 필요를 충족하고 도시환경을 개선할 수 있는 수단'이자, '사회적으로 배제된 이들을 포용할 수 있도록 증진시키는 수단'이며,

'우리의 천연자원을 변형시킬 수 있는 도구'이며, '인구 전체에 그들의 다양한 필요와 현실에 적합한 각종 서비스를 제공하기 위한 수단'이라는 것이었다. 우리 스스로를 국가에 해결책을 만들어주는(요구를 내세우는 것이 아니라) 존재로 제시한 것이 바로 우리의 성공 전략이었던 것이다.

이렇게 '샹티에사회적경제'는 퀘벡의 뤼시앵 부샤르 정권에서도, 또 그 후임 정권들에서도 항상 각종 공공정책을 공동 구축하는 국가의 파트너로서 스스로의 위상을 정립해왔다. 1996년의 '대표자회의'는 이러한 공동 구축 과정 중 최고의 시간이었는데, 이후에도 사회적경제를 지원하기 위해 생겨난 정책과 프로그램은 우리의 제안들을 국가와 직접 협상한 결과물들이었다.

이러한 긍정적이고 적극적인 접근법을 통하여 사회적경제를 인지하는 공공기관의 방식도 서서히 바뀌었고, 오늘날까지도 다양한 각급 정부들과 상호 인정 속에서 대화를 이어오고 있다. 더욱이 그동안 사회적경제에 대한 정부의 조치들 중 우리의 제안에서 비롯되지 않은 것은 정말로 드물다. 물론 그 결과물들은 우리의 기대에 미치지 못할 때가 많았지만, 그러한 진보 자체는 큰 의미가 있다. 이러한 맥락에서 볼 때, 1996년의 '대표자회의'의 경험은 사람들이 새로운 생각에 열려 있기만 한다면, 정부와 사회적경제의 공동 구축으로 여러 제안들을 결합하는 긍정적인 접근법이야말로 성공 전략이라는 점을 명확히 보여준다.

공동체에 기초한 집단행동

1996
-
2004

L'action collective au cœur de l'économie : l'économie sociale prend un nouvel essor

배경 : 계속되는 경제의 침체

1990년대의 끝 무렵은 국내적으로나 국제적으로나 경제가 어려웠다는 것이 특징이다. 신자유주의 경제정책의 10년이 여러 선진국에서 충격을 주고 있었으며, 사회적 배제는 경제협력개발기구OECD 국가들에 걸쳐 빠르게 확산하고 있었다.

하지만 이 기간은 또한 사회운동의 지구화 전략이 진화해나갔던 중요한 시대이기도 했다. 시민사회 조직들은 국내적으로나 국제적으로나 접근법을 수정하여 반대자의 역할에서 구체적 전략과 실용적 해법을 제시하고 실행하는 역할로 전환하고 있었다. 경제적, 사회적, 생태적 여러 문제들에 대한 대응으로 '대안적인' 실천 행동들이 빠르게 늘어났다. 한 예로 세계사회포럼World Social Forum, WSF은 전 세계 정상급 재계 및 정계 지도자들의 연례 모임인 다보스 세계경제포럼에 맞서서 여러 '대안 지구화' 운동들을 모아 2001년 브라질 포르투알레그리에서 처음으로 열렸다. 세계사회포럼은 여러 정의롭지 못한 상황을 비난하는 것뿐만 아니라 각종 불평등을 증대해온 경제의 지구화와 금융화에 대한 대안들을 구축하는 것을 목적으로 여러 사회운동 단체들을 모으는 것으로서 다보스포럼에 대응했던 것이다. 세계사회포럼은 그 첫해에 '또 다른 세계는 가능하다'라는 구호를 내걸고 전 지구에 걸쳐 수만 명의 전투적 활동가들을 끌어들였고, 갈수록 더 많은 구체적 제안들에 기초한 대안적 지구화 담론의 출현을 촉진했다. 이 기간 동안 지구의 못사는 나라들에서의 발전을 지지하기 위해 금융거래에 조세를 매기자는 토빈세의 제안이 '금융거래과세와 시민행동연합ATTAC'에 의해 대중화되었고, 공공의 의제로 자리를 굳힐 수 있었다. 또한 연대 경제가 세계사회포럼을 개최한 브라질 측의 강력한 지지를 받고 국제 무대에 첫선을 보였다.

이 기간 퀘벡에서나 전 세계적으로나 기후변화와 관련된 여러 위협의 존재들에 대한 의식이 고조되었다. 1992년 '리우데자네이루 지구정상회의Sommet de la Terre à Rio'를 시작으로 환경문제는 공론장에서 주도적 논쟁이 되었다. 퀘벡의 단체 '평등한 지구Équiterre'와 같은 새로운 조직들이 전면에 등장하여 환경에 해로운 정책 및 간행을 비판하고, 지구온난화를 늦추고 환경을 정화할 수 있는 조치들을 제안했다.

1995년의 퀘벡 분리 주민투표 이후 공론장의 논쟁은 환경문제, 공공 재정 문제, 점증하는 빈곤과 특정 지역들의 쇠퇴 문제 등으로 이동했다. 재계 내에서도 사회운동 및 노동운동 내에서도, 계속해서 변해가는 노동시장에 대응하여 노동력을 훈련하는 것이 중요한 집단적 관심사였다. 몬트리올이 경제적으로 쇠퇴하는 데다가 활기가 사라지는 특정 지역들의 문제까지 겹쳐서 퀘벡 전체가 그 지역 및 마을의 경제개발에 대한 접근법을 재검토하지 않을 수 없게 되었다.

실업률은 치솟는데 공공지출의 삭감이 겹치면서 여러 사회운동 단체들은 일련의 집단행동들을 조직했다. 그 정점은 1995년에 있었던 '빈곤과 여성에 대한 폭력에 반대하는 여성행진'이었으니, 이는 퀘벡 인구 상당수의 관심과 동감을 얻어냈다. 이는 빈곤의 문제 특히 여성들 가운데 빈곤문제에 대한 관심이 증대되고 있음을 반영하는 것이었다. 이 '여성행진'의 영향도 있었지만 또 퀘벡 인구의 빈곤화가 높은 비율로 가속화하는 상황에 대응하여 비비앙 라브리Vivian Labrie의 지도력 아래 1998년 '빈곤 퇴치법을 위한 집단행동'이 결성되었다. 이러한 광범위한 연합의 활동 덕분에 2002년에는 퀘벡주 의회에서 퀘벡에서 빈곤을 제거하기 위한 절차의 틀을 확립하는 법률이 만장일치로 통과했다. 그 목표는 퀘벡이 향후 10년 안에 빈곤율이 가장 낮은 선진 산업국들의 대열에 합류하도록 만드는 것이었다.

이 당시 노동운동은 무엇보다도 공공서비스 및 지출삭감 반대에 맞추어져 있었다. 이러한 저항에도 불구하고 뤼시앵 부샤르가 1996년에 내건 '적자 제로'의 목표는 1999년 말에 달성되었다. 공공지출을 어떻게 통제할 것인지는 공론장 토론의 핵심 의제로 자리를 굳혔다. 부샤르 주지사가 1996년 '대표자회의'를 소집했던 것도 바로 이렇게 더 이상 정부가 일자리 창출 문제에서 똑같은 역할을 할 수 없다는 전제에서 나온 것이었다.*

---

* 이는 당시 캐나다 중앙정부 수상의 입장과는 달랐다.

이렇게 고용과 공공 재정 양쪽에서 모두 위기를 겪고 있었음에도 불구하고 당시 퀘벡 주정부는 오늘날에도 큰 영향을 미치고 있는 새로운 사회정책들을 다수 도입했다. 그중에는 가족당 1일 5달러의 비용만 내면 되는 보편적 어린이집 프로그램, 지역경제개발 정책, 여성의 임금 평등 법률, 지역공동체 조직을 지원하는 정책, 의약품 보험 Pharmacare, 빈곤 및 사회적 배제에 맞서는 입법, 북미 지역에서 가장 저렴한 대학 학비 확립 등이 포함되어 있었다.

이 기간 동안 퀘벡 정부는 노동력 개발과 관련한 일체의 책임을 캐나다 중앙정부로부터 가져왔다. 이를 계기로 '노동력파트너십위원회'가 만들어졌고, '지역일자리센터'라고 알려진 마을 단위의 공공기관들 네트워크도 생겨났다.

짧은 역사 : 21세기 초 운동 형성의 동력

'경제 및 고용을 위한 대표자회의'가 열린 뒤 2년이 지난 1998년에는 그 '대표자회의'의 후속 작업 기간 종료가 가까워지고 있었다. 우리 워킹그룹은 회원 수가 적었던 데다 지위도 애매하여 정리할 준비를 하고 있었지만, 진짜 작업은 이제부터 시작이라는 점을 잘 알고 있었다. 이즈음에 '샹티에'에 참여했던 시민사회 단체들이 우리에게 계속 작업할 것을 강력하게 청했다. 그 결과 오늘날까지도 사람들이 힘을 모아 사회적경제를 발전시킬 수 있는 구조와 틀을 남기게 되었다.

그러나 '대표자회의'에서 성취했던 정당성의 기한이 이제 만료되었고 우리가 위임받은 권한도 끝났다는 느낌을 가지고 있었다. 이 워킹그룹을 계속 유지하려면 여러 이해관계자들이 집단적으로 결정을 내리고 자원을 모으는 일이 반드시 필요했다.

우리는 일시적이었던 워킹그룹을 영구적인 구조로 변형시키는 작업을 시작했다. 사회적경제 조직들과 그 파트너들이 그들의 과제를 책임 있게 진행하는 동안 당시 조직 구조를 영구적으로 유지하자는 것이었다. 그런데 이는 쉬운 문제가 아니었다. 사회적경제의 현실을 진정으로 반영하는 거버넌스 구조를 구축하는 것은 결코 간단치 않았던 것이다. 사회적경제에는 무수히 다양한 행위자들이 포함되어 있었고 이들에게 있어서 사회적경제란 경제적 민주주의라는 더 폭넓은 운동을 구성하는 한 요소에 불과한 것이었기 때문이다. 또한 집단적 사업체를 사회 변화의 도구로 전환시킨다는 더 큰 비전을 놓치지 않기 위해서는 과거의 경험들, 특히 협동조합운동의 경험에서 여러 교훈들을 배워야만 했다. 또 사업체의 성장과 시장점유율에만 매달리다가 우리들 활동의 사회적 생태적 영향을 무시하게 되는 함정을 피해가는 것도 녹록지 않은 문제였다.

이러한 전략적 고민에서 우리의 길잡이가 되어주었던 이는 퀘벡 몬트리올대학의 사회학과 교수였던 베누아 레베스크Benoît Lévesque 였다. 그는 '사회혁신 및 사회적경제 연구센터CRISES'의 창립자이자 초대 소장이었다. 그는 우리에게 협동조합운동과 노동운동은 모두 자본주의 발흥에 대한 대응으로서 동시에 생겨난 것임을 일깨워주었다.

샹티에 의장 낸시 님탄이 '대표자회의'에서 논의한 <연대가 먼저>의 후속 작업을 보고하고 있다.

노동조합은 작업장에서의 착취로부터 노동자들을 보호하기 위해 생겨난 것이며, 협동조합운동은 노동자들에게 작업장과 생산수단을 집단적으로 통제할 수 있도록 하기 위해 생겨났다는 이야기였다. 지난 세월 동안 이 두 운동은 별개로 성장해왔으며 그 각각이 경제 시스템에 대해 갖는 비전과 입장 또한 갈라지게 되었다고 한다. 우리 '샹티에' 자체가 여러 사회운동의 자식으로 태어난 만큼, '샹티에'는 이와 비슷한 운명을 피해가기를 원했다.

우리가 찾아낸 해법은 '샹티에'의 거버넌스를 세 개의 기둥 위에 세우는 것이었다. 첫째는 집단적 사업체의 네트워크, 둘째는 지역에 기반한 단체들의 네트워크, 셋째는 노동운동과 마을 부문을 포함한 퀘벡의 주요 사회운동이었다. 지역에 기반한 행위자들을 포함시킨 것은 집단적 사업체들이 마을공동체에 굳건히 뿌리를 내리도록 하기 위함이었다. 마을공동체들의 여러 필요와 열망에 효과적으로 대응하는 데에 사회적경제가 열쇠가 된다는 것을 인식했기 때문이었다. 또한 여러 사회운동체들을 포함시킨 것은 사회적경제에 대해 협소한 혹은 배타적 조합주의적 비전이 지배하거나 사회 전체의 공동선이 아닌 그보다 협소한 사업적 이익을 쫓아가는 성향이 나타나는 것을 막기 위함이었다.

이러한 전제에 기초하여 다양한 파트너들이 계속 단결할 수 있도록 하기 위한 공식적인 논의를 시작했고, 1999년 11월에는 이 새로운 조직을 설립하는 회의를 개최했다. 여기에서 채택된 거버넌스 구조는 전례가 없는 것이었다. 다종다기한 네트워크들을 한데 모았고 그러면서도 경제적 민주주의를 구축하는 운동에 있어서 집단적 사업체들의 중심적 역할을 긍정하면서도 여러 사회운동의 전략적 역할 그리고 마을의 근본적 역할을 강조하고 균형을 취하는 구조였다. 마찬가지로, 연구자들을 비롯한 여타의 개인 및 단체에게도 일정한 지위를 부여하여 기여를 하도록 했다. 이렇게 시작된 과정이 총체적으로 합쳐져서 즉 '샹티에사회적경제' 또는 '사회적경제 건설 현장'이라는 이름의 실체를 만든 것이다.*

---

* '샹티에'는 프랑스어로 건설 현장(construction site)을 뜻한다. (옮긴이 주)

'샹티에사회적경제'의 제1기 이사진

의장

낸시 님탄(마을공동체단체연합, COCDMO)

사회적경제 사업체들의 네트워크 (6~8석)

· 르네 고댕(René Godin, 가정돌봄사회적경제사업체 퀘벡네트워크, REESADQ)

· 리샤르 랑시오(Richard Lanciault, 장애인고용사업체* 퀘벡위원회, CQEA)

· 클로데트 피트르로뱅(Claudette Pitre-Robin, 퀘벡어린이집총연합)

· 앙드레 세갱(André Seguin, 퀘벡산림협동조합회의)

· 미셸 세갱(Michel Seguin, 퀘벡재활용센터네트워크)

· 앙드레 트뤼델(André Trudel, 퀘벡노동력통합사업체연합, CEIQ)

사회적경제 개발 단체 네트워크 (5석)

· 자크 보데(Jacques Beaudet, 퀘벡시공동체경제개발공기업, CRÉECQ)

· 엘렌 데슬로리에(Hélène Deslauriers, 마을공동체발전 퀘벡네트워크, SADC)

· 마농 르블랑(Manon Leblanc, 마을공동체개발공기업 전국회의, TNCDC)

· 이봉 르클레르(Yvon Leclerc, 퀘벡 마을발전센터연합, ACLDQ)

· 클로드 우엘레(Claude Ouellet, 퀘벡노동자협동조합네트워크, RQCCT)

---

* 퀘벡에서는 직원의 60퍼센트 이상을 장애인으로 고용하는 협동조합 혹은 비영리 조직을 이러한 범주로 부른다. (옮긴이 주)

지역 사회적경제 위원회(CRES) (5석)

· 장프랑수아 오벵(Jean-François Aubin, CRES Mauricie)

· 테레제 벨레(Thérèse Belle, CRES Saguenay Lac St Jean)

· 파트리크 뒤귀에(Patrick Duguay, CRES Outaouais)

· 지네트 마세(Ginette Massé, CRES Chaudière-Appalaches)

· 아니 비달(Annie Vidal, CRES Island of Montreal)

노동조합연맹 (2석)

· 프랑수아 라마르슈(François Lamarche, 전국노동조합연맹, CSN)

· 루이즈 밀레(Louise Miller, 퀘벡노동자총연맹, FTQ)

협동조합운동 (1석)

· 뤼크 라벨(Luc Labelle, 지역개발협동조합 퀘벡연맹, FCRDQ)

퀘벡여성연맹 (1석)

· 나탈리 르페브르(Nathalie Lefebvre, 퀘벡여성연맹, FFQ, 1999년 6월에 확정 예정)

기타 주요 사회운동 단체들 (2석)

· 카렐 메나르(Karel Ménard, 생태운동 퀘벡네트워크, RQGE)

· 소니아 바양쿠르(Sonia Vaillancourt, 퀘벡레크리에이션기관위원회, CQL)

전임자 (2석)

· 게탕 보데(Gaetan Beaudet, 사회적경제 및 공동체조직 노동인력위원회, CSMO-ÉSAC)

이렇게 다양한 이해관계자들을 한자리에 모아 각자가 처한 현실을 존중하면서 논의를 해나간다는 것은 결코 쉬운 일이 아니었다. '샹티에'는 처음부터 스스로를 '여러 네트워크의 네트워크réseau de réseaux'라고 불렀다. 자원과 의사결정권을 집중 및 중앙화하지 않았고 처음부터 중앙이 아닌, 각자가 결정권을 쥐는 '보완성subsidiarity'의 원리를 채택했다. 마을에서, 지역에서, 부분에서 할 수 있는 일들은 '샹티에'의 거버넌스에 포함해서는 안 된다는 것이다. '샹티에'는 사업체, 마을공동체, 사회운동 단체들의 여러 필요에 따라 전략 방향을 설정하며, 이를 그 회원과 파트너들의 활동 및 흐름의 변화에 따라 계속 적응해나가기로 했다. 이러한 전략적 방향성에 대해서는 2년에 한 번씩 이사회의 주도로 토론을 거쳐 새롭게 설정하며, 기대치가 예상되는 실행 계획을 마련하여 거버넌스 전체가 실행하고 모니터하기로 했다.

'샹티에'는 퀘벡 전역에서 모인 회원들로 구성된 조직이니 만큼, 성공하기 위해서는 여러 다양한 힘을 끌어모아야 했다. 우리의 과제는 시간이 지나면서 많은 발전을 이루었지만, 초기에는 사회적경제라는 개념이 워낙 낯선 것이어서 이를 공식적으로 지지하는 이들도 또 그 수많은 비판자들에게 대응하는 이들도 거의 없었다. 이 조직의 수석 대변인이나 마찬가지였던 나는 '대표자회의'가 끝난 뒤로 항상 이러한 이들이 나서줄 것을 으뜸가는 소망으로 꼽고 있었으며, 퀘벡의 모든 지역마다 이 역할을 할 수 있는 사람들을 찾아다녔다. 하지만 모리시에Mauricie 지역의 실비 타르디프Sylvie Tardif 말고는 이 역할에

'샹티에사회적경제'의 설립 원칙

'샹티에사회적경제'는 1999년 비영리법인으로 출범했다. 그 비전, 임무, 목표는 다음과 같다. '샹티에사회적경제'는 마을과 공동체에 수익을 낳는 다원적 경제를 구축하며 또한 여러 공동체들의 필요와 열망에 직접 관련되는 공동선 보호를 스스로의 책무로 삼는다.

'샹티에사회적경제'의 임무는 사회적경제를 퀘벡의 다원적 경제의 필수적인 부분으로 만들고 또 그 과정에서 연대, 공정, 투명성의 가치에 기초한 경제개발 모델의 발전 및 경제의 민주화에 참여하는 것이다.

이러한 임무를 달성하기 위해 '샹티에'는 다음을 목표로 삼는다.

- 각 지역과 퀘벡 전체 차원에서 사회적경제에 참여하는 다양한 행위자 및 파트너를 모은다.
- 사회적경제가 사회 및 경제 변화의 추동력임을 널리 알린다.
- 단결, 실험, 그리고 새로운 틈새와 프로젝트의 개발 지원을 위한 제반의 조건과 방법을 창출한다.
- 국제적 수준을 포함하여, 이러한 발전 모델에 호의적인 사회운동 단체 및 여타 사회경제적 이해관계자들과 동맹을 구축하는 데에 참여한다.

2013년, 퀘벡주 의회의 결의로 '샹티에사회적경제'가 사회적경제에 관하여 특권적 대화 상대의 지위를 인정받게 된다.

나서는 이가 한 사람도 없어서 나는 크게 실망했다. 아무도 이러한 도전을 반기지 않았던 것이다. 그래서 다른 이들이 나타날 때까지 몇 년간은 내가 책임을 떠맡는 수밖에 없었다. 하지만 20년이 지난 뒤에는 상황이 완전히 역전되었다. 퀘벡의 모든 지역마다 대표하는 곳들이 생겨났으며, 또 전략적 파트너 및 '샹티에' 회원들까지 하나의 큰 네트워크를 이루어 사회적경제를 증진하는 데에 중심적 역할을 하게 되었다.

'샹티에'의 구성원은 지금은 증가했지만 처음에는 소수의 인원으로 출발했다. 핵심 인원은 정말 몇 명의 개인들이었다. 나, 샤를 갱동Charles Guindon, 마리 엘렌 메테Marie Hélène Méthé와 리즈 부아베르Lise Boisvert뿐이었다. 그 직후 장 로비타유Jean Robitaille, 준비에브 위오Geneviève Huot와 다른 몇 명이 합류했다. 전 지구적으로 보면 '샹티에'의 주된 임무는 사회적경제를 살리기 위해 금융 및 다른 여러 방면에서 새로운 도구를 개발하고 또 전국적, 나아가 국제적인 네트워크를 구축하는 것이었다. 지역에 혹은 다양한 부문에 근간을 둔 사회적경제 네트워크가 우리의 운동에 참여하겠다고 선언하면서, 이후 여러 임무와 책임, 특히 홍보 및 개발 지원의 측면에서 많은 역할을 맡았다. 우리는 꾸준하게 활동력을 늘렸다. 매년마다 회원들의 늘어난 역량을 감안하여 새로운 활동 계획을 마련했고, 현장에서의 여러 요구와 현실적 흐름들을 발견할 때마다 우선적 목표 또한 그에 따라 진화해나갔다. 하지만 우리의 궁극적 목적은 결코 변하지 않았다. 퀘벡 어디에서든 집단적 사업체를 통해 자신들 공동체의 여러 필요와 열망을 담아내고자 하는 이들이라면 누구든지 성공에 필요한 조건과 도구를 얻을 수 있도록 한다는 것이다.

새로운 정책과 새로운 조치들
: 다양한 부문과 지역에서 사회적경제가 뿌리를 내리다

1996년의 '대표자회의' 이후 몇 년간 집단적 사업체의 창업이 발전하도록 지원하는 새로운 공공정책 및 프로그램이 풍부하게 나왔다. 이 기간에 나온 정책들은 다종다기한데 대다수가 부문에 기초한 것들이었다. 그 가운데에서 가장 큰 생산성을 보여준 것은 지역에 기반한 경제개발 정책이었다.

1996년의 〈연대가 먼저〉 보고서는 지역과 마을 차원에서 집단적 사업체가 나오도록 지원하는 것이 얼마나 중요한지를 강조한 바 있었다. 이 보고서는 '지역경제개발공기업'이나 여타 기존 조직들을 인정하고 강화할 필요가 있다고 주장하면서, '이러한 책임을 맡을 기관이 현재 존재하지 않는 공동체에서는 기존의 기관이라도 나서서 이를 맡거나 아니면 지역의 파트너들이 힘을 합쳐 그 일을 할 단위를 창설하도록 해야 한다'고 강조했다. 이 보고서는 또한 지역과 마을에서 사회적경제에 전적으로 혹은 부분적으로라도 힘을 쏟는 기금을 조성할 것을 주장하기도 했다.

보고서에서 주장했던 내용 중 다행히도 1996년 '대표자회의'에서 합의를 끌어낸 것이 하나 있었다. 마을은 집단적 사업체의 창업을 지지하고 지역은 이들의 조정과 협력의 장으로 기능하며 또 정부와 마을 및 지역의 이해관계자들을 이어주는 역할을 할 필요가 있다는 것이었다. 이로써 1997년 퀘벡 정부가 바로 이러한 우리의 제안을 지역 및 마을 발전 정책의 기초로 삼았고 사회적경제는 안정적인 위치를 얻을 수 있었다. 이후 지역발전부 장관인 기 슈브레트Guy Chevrette와 그의 정무 비서인 아롤드 르벨Harold LeBel(지금은 퀘벡 리무스키시의 퀘벡 주의회 의원)이 집단적 사업체의 창업이라는 아이디어에 무조건적인 지지를 보내주었고, 퀘벡주 내에서 이를 그다지 반기지 않는 지자체들에게도 따르라고 요구했다. 그 결과 퀘벡 전역에 걸쳐 무려 120개의 마을발전센터CLD가 생겨났고, 17개 지역 모두에 지역발전위원회CRD가 설립되었다. 몬트리올의 경우에는 각 지역의 '지역경제개발공기업'이 집단적 사업체 창업 명령을 실행하는 책임을 맡았다. 주목할 만한 일은, '지역경제개발공기업'이 마을 발전을 위해 보다 폭넓게 접근하는 데 필요한 여러 자원, 특히 연방정부로부터의 받은 기금 등을 그대로 유지한 상태였다는 점이다.

이러한 지역과 마을의 발전 정책은 집단적 사업체의 활성화로 나아가는 중요한 한 걸음이었다. 사회적경제에 대한 지원이 이제는 '마을발전센터'의 임무 중 하나가 되었고, 이에 따라 특별히 집단적 사업체를 지원하는 데에 쓰이도록 자금이 배정되었던 것이다.

'마을발전센터'의 설립

1997년 퀘벡 주정부는 모든 17개 지역 전체에 '마을발전센터'를 만들도록 하는 법률을 통과시킨다. 모든 '마을발전센터'의 이사회는 재계, 사회적경제 및 시민사회 단체, 노동조합 등을 대표하는 인사들과 지역의 선출직 공무원들로 구성되었다. 그 주요한 임무는 사업체들에게 특히 금융 메커니즘을 통하여 최고의 각종 서비스 제공, 일자리와 경제를 살리기 위한 마을 차원에서의 행동 계획 마련, 사회적경제를 포함한 여러 사업체들의 창업을 지원하기 위한 전략 수립 등이었다.

센터들이 업무를 시작하고 30개월 동안 1781개의 사회적경제 프로젝트 지원서를 받아 그중 844개를 지원했다는 놀라운 소식을 들었는데 심지어 이 수치는 전체가 아니었다(120개의 '마을발전센터' 중 보고를 제출한 것은 82개뿐이었다). 이러한 결과는 마을공동체가 집단적 사업체의 탄생에 얼마나 비옥한 토양인지를 보여주는 예이다. 1999년 한 해만 해도 '마을발전센터'는 500개 이상의 사회적경제 프로젝트에 거의 1240만 달러에 달하는 금액을 투자했다.

2015년에 마을 발전 정책이 수정되었는데 이후 '마을발전센터'의 대략 절반 정도가 사라졌고 나머지는 비영리법인으로 전환했다. 이는 그해 경제개발 관련 업무를 도시와 지역의 지자체로 이전하기로 한 결정의 결과였다.

'마을발전센터'의 권한에 사회적경제를 통합하는 것을 반대한 이들도 있었다. 지자체들 중에는 그저 민간투자 유치를 주된 업무로 생각하는 산업위원들과 일하는 데에 익숙한 곳이 많았다. 사회적경제 발전을 위한 업무가 추가되자 몇몇 산업위원회들과 선출직 공직자들은 불만을 표했다. 노조와 마을공동체들을 포함한 시민사회 단체들이 다수를 점하는 거버넌스 구조 또한 환영하지 않는 지역이나 마을 공동체들도 있었다. 퀘벡 산업위원연합은 특히 맹렬하게 비판했다. 당시 나는 '마을발전센터' 모델 때문에 시장, 산업위원, 기업 로비꾼들 사이에 돈봉투가 오가는 '따뜻한 동지적 관계'가 위협을 받고 있다는 농담을 자주 했다. 아주 나중의 일이지만 2011년부터 2012년까지 지자체 정부에 만연한 부패를 조사한 샤르보노Charbonneau 위원회가 밝힌 내용을 보면, 우리의 '마을발전센터' 모델에 가장 강하게 반대했던 일부 지자체들이 부패가 심한 곳 상위 순위를 차지하고 있었다.

이러한 방해에도 불구하고, '마을발전센터' 연합은 1996년 '대표자 회의' 이후 사회적경제가 발흥하는 데에 중요한 지원과 혁신의 원천이 되었다.

집단적 사업체라는 아이디어가 전면적으로 받아들여져 지원을 받은 경우도 있었고, 창업과 기업가 정신에 '사회적으로' 접근한다는 아이디어에 의구심과 심지어 당혹감까지 표하는 곳도 있었다. 이런 분위기 속에서 사회적경제 사업체들에 충분한 지원을 확보하기 위해서는 그 이해관계자들에 대한 지원, 훈련, 의식 개발, 심지어 논쟁까지 해야 했기에 많은 에너지를 쏟아야 했다. '퀘벡 마을발전센터연합

ACLDQ'이 형성되면서 이 작업은 조금 수월해졌다. 베생폴Baie St-Paul의 시장 장 포르탱Jean Fortin이 의장이 되었고, 그는 1989년의 보고서 〈두 개의 퀘벡Deux Québec dans un〉의 저자로 유명한 이봉 르클레르Yvon Leclerc를 '퀘벡 마을발전센터연합'의 대표로 임명했다. 그는 지역과 마을의 행위자들 사이에 집단적 사업체와 사회적경제에 대한 인식을 높이고 지지를 끌어내는 데에 적극적이었다.

'마을발전센터'들은 마을투자기금FLI을 통하여 투자 활동에도 참여했다. 이 기금들은 원칙적으로 협동조합 및 비영리 기구에 열려 있기는 했지만, 조건 없이 자금을 얻을 수 있는 것은 아니었다. 여기에서도 마을의 여러 행위자들은 집단적 프로젝트를 통해서 함께 공조하는 법을 배울 수 있도록 의식을 깨우고 지원하는 노력이 필요했다. 이 점에서 '퀘벡사회적투자네트워크'가 아주 큰 도움이 되었다. 이 단체는 상당 정도 마을 활동가들이 문제에 부딪힐 때마다 참조할 수 있는 지식과 조언의 원천이 되어주었다. 사회적경제 투자 프로젝트들의 가능성을 평가하는 방법에 대해 '퀘벡사회적투자네트워크'가 내놓은 안내 책자*는 이 과정에서 아주 값진 도구가 되었다.

1996년 '대표자회의'에서는 이미 장소 기반의 개발 및 발전에 필요한 각종 지원 문제를 해결하기 위하여 도 차원의 여러 사회적경제위원회의 네트워크에 자금을 지원하자는 제안이 제출된 바 있었다. 실제로 이미 '대표자회의' 이전에도 퀘벡 정부는 퀘벡 내 모든 도에서

---

* *Guide for Analysis of Social Economy Enterprises*(Montreal : RISQ, 2004).

'일자리 만들기' 복지 프로그램들을 공동체 및 여성단체들에게 배분하는 작업을 위해 여성운동 대표자들과 대화하려는 목적으로 모종의 단체들을 만들었다. 그런데 '샹티에'가 내놓은 좀 더 혁신적인 사회적경제의 비전이 담기면서 이 단체들은 전면적인 개편을 거쳤다. 이제 이 단체들은 다양한 이해관계자들이 사회적경제를 증진하기 위해 협력하고 또 도 차원에서의 상이한 행위자들을 조직할 수 있는 공간으로 변해갔다. 이러한 도 차원에서의 사회적경제위원회들은 장소 기반의 사회적경제 발전을 뿌리내리는 데에 역동적인 역할을 했다. 도 차원의 위원회가 적극성이 덜할 경우에는 사회적경제 발전의 속도가 늦춰지기도 했다.

도 차원의 사회적경제 허브를 인정하다

도 차원에서 사회적경제위원회가 처음으로 만들어진 것은 1995년으로, 이는 여성운동의 여러 요구의 결과물이었다. 이러한 도 차원의 사회적경제위원회들은 여러 지역발전위원회CRD와 연계하여 사회적경제를 증진하는 다양한 활동들을 조직하는 장의 역할을 했다. 하지만 그 활동력은 도마다 아주 크게 달랐으며 마을 차원에서 사람들이 얼마나 움직이느냐에 좌우되었다.

2004년에는 장소 기반 경제발전의 생태계 구조를 새롭게 짤 수 있는 신규 법률이 통과되었다. 도시와 군Municipalités Régionales de Comté, MRC* 마다 사회적경제를 발전시킬 권한을 부여받았고, 그 책임을 '마을발전센터'들에 위임했다. 여러 지역발전위원회는 '선출직공직자회의Conférences régionale des élus, CRE'로 대체되었지만, 후자는 사회적경제를 지원할 분명한 권한을 갖지는 않았다. 이러한 과정에서 몇몇 도의 사회적경제위원회들은 '사회적경제 허브'로 변신했다. 허브들이 만들어지고 법적인 지위를 얻기까지는 긴 과정이 있었다. 2007년부터 이들은 지방자치행정부Ministère des Affaires Municipales et Régionales, MAMR와 도 차원의 파트너들 사이의 합의를 통해 재원을 얻었다. 오늘날 22개의 허브들은 다음과 같이 분포되어 있다.

- 퀘벡의 17개 도 중 16개 도에 하나씩 있으며, 나머지 1개 도 몽테레지Montérégie에는 롱괴이Longueuil, 발레뒤오생로랑Vallée-du-Haut-Saint-Laurent, 동몽테레지Montérégie East 세 군데에 있다.
- 크레 준주Cree territory에 하나, 뉘나비크Nunavik에 하나, 그리고 북미원주민회의Assembly of First Nations를 위한 협의체로서 또 하나가 있다.

오늘날에는 이 허브들이 각각의 지역에서 사회적경제 발전을 증진하고 지원하는 것을 임무로 삼고 있다. 이 허브들은 협업, 홍보, 발전 등을 위

---

* 퀘벡은 영국의 지배를 받은 이래로 87개의 '카운티'—일부는 교구(parish)였으며 일부는 도시(town)였다—로 나뉘어 있었지만, 1979년 이후 17개의 도(region)로 통합되고 기존의 카운티는 그 산하의 군으로 재편되었다. (옮긴이 주)

해 여러 자발적 프로젝트를 만들어내는 시발점이 되고 있다. 퀘벡 내 각 도에서의 사회적경제에 대해 더 많은 정보를 원한다면 인터넷에서 각 허브가 운영하는 사이트를 참조하면 대략의 그림을 얻을 수 있다.

2015년 4월, 장소 기반의 발전 생태계에 또 다른 조직 개편이 진행되어서 여러 선출직공직자회의CRE, 몬트리올의 '지역경제개발공기업'들, 그리고 많은 '마을발전센터'가 문을 닫게 된다. 경제발전 및 개발의 전체 책임은 지자체 조직으로 넘어가게 된다. 다행히도 이 도 차원의 사회적경제 허브들은 살아남았다. 궁극적으로 따져보면, '샹티에'가 집단적 사업체들을 대표하여 수많은 공공 프로그램과 자발적 프로젝트들에 접근할 수 있었던 것은 사회적경제가 퀘벡 경제의 필수적인 일부라는 인식이(이것이 〈연대가 먼저〉라는 우리 보고서의 첫 번째 권고사항이었다) 굳건히 뿌리를 내렸기 때문이었다. 또한 우리가 퀘벡 주정부에 대해 끊임없이 활발하게 여러 제안을 내놓을 수 있었던 것은 회원 및 파트너들과 소통하면서 현장에서 벌어지는 현황을 세세히 알고 있었기 때문이었다.

그 한 예가 2001년 뉴욕세계무역센터 빌딩에 대한 테러가 벌어진 직후에 있었던 일이다. 서방 세계의 각국 정부는 세계경제가 이 때문에 어떤 충격을 받게 될지를 걱정하고 있었다. 퀘벡의 재무부 장관이었던 폴린 마루아 또한 주요 경제 행위자들을 한데 모아 경기후퇴를 피할 수 있는 조치들이 어떤 것인지 논의했다. 우리는 이미 공식적인 대화 상대였으므로 구체적인 제안들을 준비하여 이 모임에 참석했다. 준비한 제안 중 하나는 '샹티에'에 참여하는 공동체 사회주택 단체들이 내놓은 것이었다. 마을과 공동체의 주거 환경을 개선하기 위한 사회주택 분야에 투자 속도를 올리자는 제안이었다. 몇 개월 후 퀘벡 정부는 이 제안에 거의 5억 달러를 배정했다.

마찬가지로 호의적 반응을 보여주는 예가 또 있다. 퀘벡투자청 IQ(퀘벡 정부의 투자 기관)의 여러 프로그램들을 좀 더 광범위하게 개방한다는 결정이 그것이다(그 이전에는 이 프로그램들은 협동조합에 한해서만 접근이 가능했는데 협동조합발전협회가 문을 닫으면서 권한을 퀘벡투자청이 이양받았다). 퀘벡투자청의 결정으로 '대표자회의' 이후에는 비영리단체들 또한 퀘벡투자청의 대출 보증과 대출 프로그램들을 이용할 수 있게 되었다. 퀘벡투자청이 낸 2003~2004년 연례 보고서에는 '집단적 사업체' 프로그램을 통하여 77개의 비영리 혹은 협동조합 사업체들에 대한 투자를 집행했다는 내용이 있다. 퀘벡투자청은 총 7040만 달러에 달하는 전체 프로젝트에 3190만 달러를 투자했다.

퀘벡투자청이 사회적경제에 금융을 제공하기 시작하다

퀘벡투자청은 1998년 퀘벡의 여러 사업체에 다양한 프로그램들을 제공하기 위해 생겨난 공기업이다. 이는 1971년에 만들어진 산업발전협회Société de développement industriel, SDI를 대체한 조직이다. 퀘벡투자청은 다시 하부 기관인 퀘벡금융처Financière du Québec를 두어 집단적 사업체에 대출 보증을 장려하는 프로그램과 사회적경제 사업체의 자본화를 장려하기 위한 대출 프로그램을 운영했다. 이 두 프로그램 덕분에 2001년과 2005년 사이에 비영리 부문에 3000만 달러 이상이 투자되었다. 퀘벡투자청은 사회적경제에 다양한 수단을 통하여 계속해서 자금을 제공하고 있다. 사회적경제 사업체들의 자본화를 장려하는 프로그램 그리고 노동자들이 중소기업을 집단적으로 매입하는 것을 지지하는 프로그램 등이 그 예이다.

정체성과 상호 인정의 문제가 큰 도전이었다

사회적경제는 그 정의상 아주 넓은 범위의 기관들을 아우르게 된다. 하지만 이렇게 다양한 단체들을 공동의 정체성에 기반한 단일의 운동으로 공고하게 만드는 것은 처음부터 큰 도전이었고, 이는 오늘날에도 여전히 그러하다. 이러한 단체 및 조직들에서 일하거나 참여하는 이들에게 자신들을 모두 '한 지붕 아래에 있다'고 생각하게 만들려면 큰 노력을 기울이지 않으면 안 된다. 예를 들어 '신용조합', '마을라디오', '레크리에이션센터', '마을어린이집', '주택협동조합' 등은 모두 퀘벡 사람들의 일상생활에 깊이 침투해 있는 것들이지만, 그 각각은 모두 자신들만의 정체성을 가지고 있다. 이들은 모두 사회적경제 사업체들이지만, 사회적경제라는 용어가 정치적 지형에서 갑자기 생겨난 용어인지라 스스로를 그러한 이름으로 인정하지 않았다. 1996년 '대표자회의'는 모두가 공동의 비전을 공유할 때에 어떤 힘이 나오는지를 보여주었다. 다양한 네트워크들이 하나의 더 큰 단위를 이루기 위해 힘을 합쳤고, 이를 통해 그 각각의 네트워크들도 더욱 강력해질 수 있는 기회를 창출했으니까. '대표자회의'가 끝난 이후의 목표는 이러한 여러 힘이 하나로 뭉치는 상태를 유지하여 발전이 계속되고 또 집단적 사업체들의 목소리를 키우는 것이었다.

이렇게 공동의 정체성을 각자가 받아들이는 것은 저절로 이루어지는 것이 아니었다. 이 선택지에 아무 이점도 없다고 생각한 네트워크들도 많았고 또 공동의 정체성을 따를 경우 스스로의 정체성을 상실할 것을 우려하는 곳들도 많았다. 따라서 '샹티에'가 만들어진 것 자체가 큰 진전이었다. 퀘벡 전역에 걸쳐 여러 네트워크와 사회운동 조직들이 하나의 핵심을 이루어 사회적경제를 기꺼이 지지할 뿐만 아니라 이를 위한 운동에 적극 참여하겠다는 것을 명시적으로 밝힌 사건이었기 때문이다.

'퀘벡노동력통합사업체연합CEIQ', '유아보육센터', 공동체 사회주택 네트워크 등 여러 단체들이 이 도전을 떠맡았다. '퀘벡레크리에이션기관위원회^{CQL}'는 퀘벡 전역에 깊이 뿌리박은 수백 개의 조직들로 이루어져 있는데, 그 대표인 소니아 바양쿠르$^{Sonia\ Vaillancourt}$를 통하여 처음부터 함께했다(소니아는 오늘날에도 '샹티에'에서 적극적으로 활동하고 있다). 이들이 사회적경제의 정체성을 받아들이게 된 것은 1980년대 초로 거슬러 올라간다. 나는 1996년 '대표자회의' 준비 기간 동안 '퀘벡레크리에이션기관위원회'가 내게 건넨 문서를 통해 이 사실을 알았다. 시간이 지나면서 '사회적경제'라는 개념을 자기 정체성으로 받아들이는 단체들은 모든 부문, 지역, 각급 정부 등으로 확산되었고, 오늘날에는 널리 인정받는 운동으로 자리를 굳히게 되었다.

1999년을 시작으로 '샹티에'는 작업을 시작하여 퀘벡의 사회적경제를 증진시키고 집단적 사업체들을 지원하기 위한 일련의 조치들을 만들어나갔다. '샹티에'의 역사에 있어서 그다음 10년은 창조적인 에너지가 고조되는 기간이었다. '퀘벡사회적투자네트워크'와 '사회적경제 및 공동체조직 노동인력위원회$^{CSMO-ÉSAC}$'가 만들어졌으며, 사회적경제가 퀘벡 주정부의 새로운 마을 발전 정책에 통합되었고, 부문별 네트워크들이 강화되었고, 연구자들과의 결속도 발전했다. 여러 공공정책들을 놓고 정부와 협상을 벌였을 뿐만 아니라 국제적인 연계도 발전시켜나갔다. 이러한 큰 성취들이 이루어지는 과정에서 논쟁이 없을 수 없었다. 이 논쟁들은 참으로 힘든 것이었지만 우리들의 생각과 시각을 풍부하게 만들어주었다.

정체성과 자기 인식 : 연구공동체와의 결속이 결정적으로 중요

'사회 혁신'이라는 용어는 당시로서는 아직 널리 쓰이지 않았지만 그 연원은 1980년대로 거슬러 올라간다. 당시에 이미 전공 학문과 소속 기관이 다양한 소수의 연구자가 여기에 관심을 보이고 있었다. 그 중 몇몇은 개인적 관심사에서 출발했던 사회 혁신의 실천 형태를 연구해나가면서 아주 전투적인 옹호자로 변모했다. 퀘벡 몬트리올대학은 아예 공동체 서비스 부서가 따로 있었으니 예외였지만,* 대부분의 경우 대학과 사회운동 사이 제도적 관계는 미약했다. 그런데 '샹티에' 가 만들어지면서 연구 협력 관계가 중요한 문제로 대두되었다. 우리는 개별 연구자들과 사회적경제 사이의 기존 연계를 공식화하여 연구자들과 사회적경제 행위자들이 협력할 수 있는 제도적 틀을 만들어내야 한다는 강력한 필요를 느꼈다. 우리는 연구자공동체와의 공식적인 파트너십을 확립하기 위해 퀘벡 몬트리올대학의 사회학과 교수 베누아 레베스크의 주도 아래 연방정부에 공동 연구 제안서를 제출했다.

이렇게 하여 '사회적경제 연구를 위한 대학·공동체연합ARUC-ÉS' 이 처음으로 만들어졌다. 캐나다 연방정부의 '인문사회과학 연구위원회SSHRC' 프로그램 덕분에 '사회적경제 연구를 위한 대학·공동체

---

* 훗날 사회연대경제혁신지대(TIESS)를 이끌게 되는 뱅상 반셴델(Vincent van Schendel)이 이곳에서 일했다.

연합'은 10년 동안이나 사회적경제와 마을 발전 영역에서 일하는 활동가들과 연구자들(모두 합쳐 거의 100명)이 관련된 연구를 할 수 있었다. '샹티에'는 드니 뷔시에르Denis Bussières를 고용하여 이 프로젝트를 운영하도록 했다. '사회적경제 연구를 위한 대학·공동체연합'은 또한 1급의 연구자들이 사회적경제운동에 뛰어들기로 결정하게 만드는 쾌거를 이루었다. 그중 한 사람이 콩코르디아대학Concordia University 의 마르지 멘델Margie Mendell 교수로 그녀는 베누아 레베스크의 뒤를 이어 '샹티에' 이사진에 연구 공동체 대표로 참여했다. 또 장마르크 퐁탕Jean-Marc Fontan은 베누아 레베스크를 이어서 '사회적경제 연구를 위한 대학·공동체연합'의 지도자가 되었고, 마리 부샤르Marie Bou-chard(퀘벡 몬트리올대학), 이브 바양쿠르Yves Vaillancourt(퀘벡 몬트리올대학), 이방 코모Yvan Comeau(라발대학), 쥐앙 루이 클랭Juan Luis Klein(퀘벡 몬트리올대학), 루이 졸랭Louis Jolin(퀘벡 몬트리올대학), 피에르 앙드레 트랑블레Pierre André Tremblay(퀘벡 시쿠티미대학) 등도 결합했다. 첫해는 적응 기간으로서, 연구자들과 실천가들은 함께 작업하는 방법을 배워야 했다. 다양한 현실들에 기반한 여러 다른 생각과 시각들을 함께 꺼내놓고 토론을 벌였으며, 항상은 아니지만 양보를 통한 합의에 도달할 때도 많았다. 한 예로 시간의 개념이 아주 달랐다. 현장에서는 연구자들에게 문제의 해답을 긴급하게 요구할 수밖에 없었다. 하지만 현실적으로 볼 때 제대로 된 연구는 시간이 걸리는 과정으로 심지어 몇 년에 걸친 깊이 있는 작업을 필요로 하기도 한다. 따라서 지식을 체계화하고 공유하기 위해서는 장기적 연구에서 세미나, 학술회의, 간단한 쟁점 보고서에 이르는 다양한 수단들을 동원해야만 했고, 이질적인 여러 요구들을 수용할 수가 있었다.

'사회적경제 연구를 위한 대학·공동체연합'의 연구비 지원이 갱신되면서 우리 '샹티에'의 작업도 속도를 낼 수 있었다. 연구 작업의 우선순위는 '샹티에'의 주요 목적들로 맞추어졌다. 사회가 순탄하게 작동하는 데에 사회적경제가 얼마나 필수적이며 혁신적인 기여를 할 수 있는지를 더 명쾌하게 이해하고 더 명료하게 설명해내는 것, 사회적경제가 장소 기반의 발전 그리고 부문별 발전에 어떻게 기여하는지를 이해하고 설명해 내는 것, 사회적경제 사업체 및 조직에 고유한 경영 및 운영을 고려하여 금융 및 여타 방면에서 새로운 도구들을 정식화해내는 것 등이었다. 모두 해서 68명의 연구자들, 110개의 파트너 조직들과 95명의 학생들이 참여하여 90개의 프로젝트와 활동들을 만들어냈으며, 두 번째 기간에는 85개의 연구 보고서를 냈고 또 6권의 책을 출간했다.

'사회적경제 연구를 위한 대학·공동체연합'의 경험은 연구 협력에 어떤 한계가 있는지 역시 빠르게 드러냈다. 연구 작업에 적극 참여하는 이들과 비교적 작은 네트워크에 있는 이들을 제외하면, 연구 결과가 나온다고 해도 활동가에게는 이를 읽을 시간이 거의 없었다. 지식이 생성되어도 그 형식, 접근법, 또 때로는 복잡한 주제 등으로 접근할 수가 없는 이들이 많았다. 동시에 여기에 참여한 연구자들은 자기 소속 기관에서 아무런 인정도 받지 못했다. 연구자로서 뿐만 아니라 열정적 활동가로서도 이 운동에 참여했던 마르지 멘델 교수는 이를 뼈아프게 겪어야 했다. 멘델 교수는 오늘날에는 캐나다 국내에서나 국제적으로나 널리 인정받는 학자이며, 퀘벡 주정부가 수여하는 퀘벡상Prix du Québec, Marie-Andrée Bertrand Prize, 퀘벡훈장, 캐나다훈장 등의 명예로운 상들을 받은 연구자이다. 하지만 당시에는 그녀가 소속된 대학에서 끈질기게 그녀의 작업에 대해 따져 물었다. 그녀는 종래의 학계 관행과 기준에 따라 경력을 쌓는 대신 공동체경제개발CED 과 사회적경제 활동가들과 함께 연구 파트너로 긴밀히 작업하는 위험한 길을 선택했던 것이다.

이러한 여러 도전에 부응하기 위해 '샹티에'와 그 연구 파트너들은 한편으로 퀘벡 주정부의 과학 연구 증진 정책에 사회 혁신이라는 주제를 인정하도록 주장했고 다른 한편으로는 지식 이전을 위해 더 폭넓은 투자를 요구했다. 1998년 겨울 어느 천둥 치고 비가 오던 날 나와 베누아 레베스크, 이브 바양쿠르 세 사람은 퀘벡시로 차를 몰고 가서 퀘벡 주정부의 과학기술부 장관이었던 장 로숑Jean Rochon에게 우리의 주장을 전달하고 설명했다. 우리의 주장에 따라 로숑과 퀘벡 정부는 2001년의 새로운 정책 주제에 사회 혁신을 포함시키는 데에 분명히 동의했다. 하지만 사회적경제 분야 내의 사회 혁신에서 얻은 지식을 전수하는 데에 정부의 지원을 얻을 수 있게 된 것은 2004년에 이루어졌다.

모든 방면에서 문제 제기와 논쟁이 시작되다

사회적경제의 개념과 실천 방식이 열성적인 지지를 얻을 때도 많았지만, 많은 퀘벡인들이 심각한 문제를 쏟아놓기도 했다. '샹티에' 출범 초기에 이렇게 다양한 집단들이 '심문'을 해대는 동안 이를 견디려면 정말 얼굴 가죽이 두꺼워야만 했다. 일부 공공부문 노조들은 사회적경제가 공공서비스의 사유화를 앞당기는 '트로이 목마'가 될 것이라는 악의적 예언을 내놓았다. 일부 마을 단체들은 사회적경제가 마을 활동을 상업화하는 데에 이용될 것이라고 우려했다. 일부 여성운동 지도자들은 사회적 인프라에 대한 공공 투자를 필수적인 것으로 보는 자신들의 사회적경제 비전에 '샹티에'의 접근법이 상반된다고 선언했다. 일부 재계 지도자들은 집단적 사업체들로부터 '불공정' 경쟁이 나타날 가능성을 보기도 했다. 일부 좌파 지식인 단체는 우리가 위장한 우파일 뿐이라고 주장했다. '대표자회의'가 끝난 몇 달 후 텔레비전에 방영된 한 토론에서 퀘벡 몬트리올대학의 회계학과 교수이자 독설가로 유명한 레오폴드 로종Léopold Lauzon은 심지어 나를 두고 '신자유주의의 치어리더'라고까지 비난했다.

새로운 아이디어와 새로운 접근법이 나올 때 이런 반응은 충분히 예상했었다. 논쟁은 반드시 필요했다. '샹티에'는 직원과 행정가들을 동원하여 여러 문제들을 명확히 하고 우리의 활동을 좀 광범위한 맥락에서 볼 수 있도록 시간과 에너지를 투자했다. 이러한 대화를 통하여 우리는 사람들의 우려를 불식시키고 잘못된 주장들을 바로잡을 수

있는 공동의 지반을 마련했다. 그중 중요한 논쟁 몇 가지를 예로 들어
본다.

사회적경제와 공공서비스

'대표자회의' 당시 가장 눈에 띄는 제안 중 하나가 '가정돌봄도우미
서비스프로그램PEFSAD'이었다. 이는 방문 서비스를 제공하는 집단
적 사업체들의 네트워크 개발을 장려했고, 특히 노인들을 위한 서비
스에 초점을 두었다. 퀘벡 전역의 마을공동체들은 이 기회를 활용하
여 이 유형의 서비스를 신속하게 제공하기 시작했다. 불과 5년이 되
지 않아서 퀘벡 전역에 101개의 업체가 창업했고 5000명을 고용했
던바, 그들 중 절반은 원래 복지 수급자들이었다.

그러자 보건 부문의 노동조합들은 '가정돌봄도우미 서비스프로그
램' 제안에 대해 맹렬히 반대했다. 가정돌봄 사회적경제 사업체들이
생기게 되면 공공부문의 일자리를 없애고 그 대신 싸구려 일자리로
대체하게 될 것이라는 이유였다. 이들은 가정돌봄 사회적경제 사업
체들의 권한이 공공보건 부문 노동자들의 노동을 절대로 침범해서는
안 된다는 것이었다. 하지만 가정돌봄이라는 문제에서 공공서비스의
범위는 정확히 어디까지인가? 이는 특히 인구의 노령화라는 흐름에
서 볼 때 중요한 문제였다.

'가정돌봄 사회적경제 사업체' 네트워크를 창설하다

'가정돌봄 사회적경제 사업체EÉSAD'는 노인들과 저소득 가정에 각종 가사서비스를 제공한다. 역사적으로 보면 이러한 사업체들의 발전은 그들이 제공하는 각종 서비스에 자금을 대는 공공정책이 만들어지느냐의 여부에 달려 있다.

'대표자회의'의 성과로 1997년 '가정돌봄도우미 서비스프로그램'이 생겨났고, 특히 노령층 인구의 여러 필요를 해결하고자 했다. 2000년 현재 정부의 추산에 따르면 그러한 회사들이 103개에 달하며(58개는 비영리이며 45개는 협동조합이다) 3800명을 고용하고 있는 것으로 나타났다. 4만 5000개 이상의 가구에 400만 시간 이상의 서비스가 제공되었다. 말할 것도 없이 이 프로그램은 갱신되었다. 오늘날에는 이 가정돌봄 사회적경제 사업체들에서 일하는 이들의 숫자가 거의 8000명에 달한다.

1996년 '대표자회의' 이후 몇 달 동안 모종의 협정이 이루어질 만한 토대가 마련되었다. 프랑수아 라마르슈François Lamarche*의 지지를 받아 우리는 노동조합과의 공감대를 만들어낼 수 있었다. 그리하여 가정돌봄은 사회적경제 사업체들이 맡고 개인위생 문제는 공공부문

---

* 라마르슈는 당시 전국노동조합연맹(Confédération des syndicats nationaux, CSN)의 대표로 우리 사회적경제 워킹그룹에 참여해왔던 프랑수아 오브리(François Aubry)를 대신했고, 나중에는 '샹티에'의 집행위원이 된다.

노동자들이 맡는 식으로 책임을 나누는 것에 합의했다. 이러한 협정은 많은 지역에서 존중되었지만 그렇지 않은 곳도 있었다. 어떤 경우에는 지역의 단위 노조 지부에서 완전히 협조하기도 했지만 불신이 아주 깊은 곳도 있었다. 그러는 사이에도 가정돌봄 사회적경제 사업체는 계속 발전했다. 최근에는 정부의 정책이 개정되어 대부분의 사업체들은 이제 개인 서비스도 제공하는 한편 노동자들 교육을 확장하고 있다.

공동체 활동의 상업화?

'대표자회의' 직후 마을공동체 네트워크들 대부분은 사회적경제의 광의 범주에 포함되는 것에 강한 거부감을 표했다(유럽의 경우에는 시민들의 결사체를 사회연대경제social and solidarity economy의 구성 단위로 간주한다). 정부가 자신들의 활동을 상업적 측면에서 접근해 이제껏 제공해왔던 서비스에 요금을 부과할 것을 우려했다. 그럴 일 없다고 우리는 그들을 안심시키려 노력을 기울였지만, 공동체운동 내부의 불안감은 사회적경제의 장기적 비전 채택을 가로막았다. 특히 기존의 마을공동체 조직이 공공자금이나 자선기금 등을 받을 때 사회적경제에 포함되는 것을 받아들이라고 강요할 것에 대한 걱정이 컸다. 이에 따라서 '샹티에'는 정부와 논의 끝에 사회적경제를 시장에서 활동하는 집단적 조직들로 제한하기로 합의했다. 이러한 합의가 이루어지면서 어느 정도 우려를 가라앉히는 효과가 있었지만 부정적인 영향도 있었다. 정부의 여러 지원 프로그램들 사이에 높은 장벽이 생기는 관행이 암묵적으로 받아들여진 것이다. 그래서 공공에 각종 서비스를 제공하는 비영리 조직들은 어쩔 수 없이 공동체 집단을 지원하는 프로그램과 사회적경제를 지원하는 프로그램 중 하나를 선택해야만 했다. 시간이 지나면서 사람들의 걱정이 가라앉게 되었고 오늘날에는 많은 마을공동체가 비시장 활동을 유지하면서도 사회적경제 프로젝트들을 수행하고 있으며 이로써 자기들 임무를 수행하는 수단들도 다변화할 수 있게 되었다. 하지만 불행히도 일부 부문들과 정부 프로그램에는 앞에서 말한 높은 장벽이 여전히 남아 있다.

협동조합은 사회적경제의 일부인가?

가장 예상치 못했던 갈등은 '샹티에'가 영구적 기관이 되었을 때에 협동조합운동의 여러 기구들과 '샹티에' 사이에 일어난 갈등이었다. 아이러니한 일이지만, 신용협동조합인 데자르뎅운동Desjardins Movement의 의장이었던 클로드 벨랑Claude Béland은 1996년 당시 정치적으로나 물질적인 차원에서나 사회적경제 워킹그룹의 가장 강력한 지원자였다. 퀘벡협동조합평의회*의 실행 책임자인 마젤라 생피에르Majella Saint-Pierre는 '대표자회의' 준비 작업에 소중하고도 활동적인 기여자였다. 우리의 보고서 〈연대가 먼저〉는 협동조합의 발전에 직

데자르댕의 전 의장 클로드 벨랑은 샹티에사회적경제의 명예 회원이 되었다. (1999년)

접적인 영향을 미쳤는데, 그중에서 가장 중요한 것은 '연대협동조합 coopérative de solidarité'이라는 새로운 유형의 협동조합을 창출한 것이었다.

협동조합운동 진영은 '대표자회의'가 끝난 뒤에도 지원의 입장을 유지했다. 퀘벡협동조합평의회는 사회적경제의 조정위원회에 적극적으로 참여하기도 했다. 하지만 '샹티에'가 법적인 지위를 추구하면서 영구적인 구조를 갖추는 쪽으로 결정이 나자 그 순간부터 사태는

* 오늘날에는 '퀘벡 협동조합 및 상호공제회 위원회(Conseil Québécois de la Coopération et de la Mutualité, CQCM)로 알려져 있다.

연대협동조합이라는 새로운 법적 형태를 창출하다

1997년 퀘벡의 협동조합법 개정안이 통과되면서 '연대협동조합'의 설립이 가능해졌다. 기본적으로 이 연대협동조합이라는 것은 '노동자'와 '사용자'라는 최소 두 개의 범주에 기초한 조직으로서 여기에 '후원회원'이라는 세 번째 유형을 덧붙일 수도 있다. 이러한 입법상의 변화는 협동조합운동에 역동성과 중요한 변화를 가져왔고, 어느 정도는 중흥을 불러왔다고까지 할 수 있다. 1997년에서 2015년 사이에 연대협동조합은 거의 500개가 새로 만들어졌다. 이 시기에 다른 유형의 협동조합들은 성장에 일정한 정체가 나타난 바 있다.

극적으로 변하기 시작했다. 우리가 파악한 바에 따르면, 일부 협동조합 기관들과 부문별 네트워크에서 강한 반대의 목소리가 터져나왔던 것으로 보인다. 그들은 협동조합의 발전을 자기 임무로 하는 조직이 또 하나 생기고 게다가 그게 큰 조직이든 작은 조직이든 협동조합의 입장을 대변하기까지 하는 것은 용납할 수 없다고 생각했다. 또 문제가 있었다. 일부 협동조합 행위자들은 '샹티에'가 '너무 사회문제에 치우쳐 있다'고 비판했다. 각종 사회운동 단체들까지 포괄했던 것이 그들을 불편하게 만든 것이다. 실제로 주요 협동조합 기관들은 '샹티에'와는 전혀 다른 차원과 환경에서 운영되었으므로, 우선적 목표로 삼았던 것들 또한 '샹티에'와는 전혀 달랐다. 우리의 결정 이후 갈등이 구체적으로 드러나기 시작했고, 심지어 '샹티에'에 가입하기로 한 협동조합과 네트워크들에 대해서는 자금 지원을 끊어야 한다는 위협까지 나왔다.

여기서 주의 깊게 살펴보아야 할 점이 있다. 이미 제도적으로 안착된 사회적경제 부문과 새로이 출현하는 사회적경제 부문 사이에 이런 갈등은 세계 여러 나라에서 벌어진 현상이라는 것이다. 프랑스와 브라질을 포함하여 세계의 수많은 나라에서 새로이 출현하는 사회적경제운동들은 대형 협동조합과 상호공제회 등이 사용하는 용어를 거부했고, 대신 '연대경제'라는 깃발로 모여들었다. 이 논쟁은 국제적으로도 거세게 일어났다. 유럽에서의 협동조합 혁신을 놓고 이탈리아 볼로냐에서 국제회의가 열렸을 때 퀘벡 쪽 대표로 갔던 나는 이 문제로 입장들이 정면충돌하는 것을 목격한 바 있다. 독일의 한 대형 협동조합 은행에서 온 대변자는 경제적 성공을 추구하는 것을 긍지로 삼아야 할 기관이 사회적(혹은 연대)경제를 발전시킨답시고 각종 사회운동과 연관을 맺는 것은 용납할 수 없는 이단이라고 선언했다. 반면 이탈리아에서 온 발표자는 정반대의 주장을 내놓았다. 각종 사회운동으로부터 우리 스스로를 단절시키는 것은 곧 협동조합운동의 안락사를 뜻한다고 선언한 것이다. 이 논쟁은 오늘날에도 계속되고 있지만, 양쪽의 적대감은 예전보다 줄어든 상태이다.

하지만 1999년 당시의 '샹티에'로서는 이러한 사태가 대단히 큰 충격이었다. 당시 우리는 사회적경제를 지지하는 다종다기한 행위자들이 함께 만나는 교차로의 역할을 하고 있었기 때문이다. 사실 이러한 상황 자체가 우리로서는 이해할 수 없는 것이었다.

우리 '샹티에'의 회원들(협동조합이든 아니든)은 협동조합이 자유롭게 연대할 권리 그리고 집단적 사업체를 함께 만들고자 하는 더 큰 운동에 합류할 기회를 누군가가 부인하려 든다는 것은 상상조차 할 수 없었기 때문이다. 사실 마을 차원에서는 협동조합 활동가들과 마을 행위자들의 협력이 상당히 적극적으로 이루어지고 있었다.

협동조합의 많은 활동가들*은 이러한 압력에 굴하지 않고 '샹티에' 이사진에 계속 참여했고, 퀘벡주택협동조합연맹 등 다른 몇 협동조합 네트워크의 회원들도 그렇게 했다. 이렇게 '샹티에'는 일부 협동조합 기관들의 거부를 뚫고 포용적인 사회적경제의 비전을 유지했을 뿐만 아니라 '샹티에'의 회원이든 아니든 개의치 않고 모든 협동조합에게도 문호를 크게 개방했다. 이러한 관행을 통해 사회적경제의 여러 도구들을 '조직 형태'를 막론하고 모든 집단적 사업체들에게 완전히 개방했을 뿐만 아니라 가능한 한 많은 협동조합들과도 대화를 유지할 수 있게 되었다.

불행히도 협동조합과의 이러한 갈등은 '샹티에'가 출범한 뒤 20년이 지나도록 전혀 줄어들지 않았다. 그 이후로 '샹티에'가 '대표자회

---

* 개중에는 우타우에로랑티드(Outaouais-Laurentides)의 지역개발협동조합 임원이었던 파트릭 뒤귀에(Patrick Duguay, 2004~2018년 샹티에사회적경제 이사장 재임), 세인트로렌스강 하류의 지역개발협동조합에서 일하던 클로드 우엘레(Claude Ouellet) 등이 있었다.

의'를 통해 정부와의 협상으로 사회적경제에 관련한 다양한 신규 정책들을 끌어냈고 협동조합들 또한 여기에서 여러 혜택을 보았지만, 이 또한 사태 해결에 영향을 주지 못했다. 주목할 만한 유일한 예외는 '영유아센터네트워크'의 법적 지위를 비영리로 만드는 정책 정도였다(이 센터의 전신인 마을어린이집들은 그전에 이미 비영리 기구의 구조를 채택하고 있는 상태였기에 이 신규 정책 또한 그러한 모델에 기초한 것이었다). 이런 점에서 볼 때 그 이후로 오늘날까지 새로이 생겨난 협동조합 대다수가 다양한 행위자들에게 문호를 개방하여 장소 기반의 발전에 든든하게 뿌리를 내린 연대협동조합의 형태를 띠어왔다는 사실은 놀라운 일이 아니다. 그리고 연대협동조합 상당수의 회원이 명시적으로 자신들을 사회적 경제의 일원으로 여기고 있다.

'진짜' 경제가 아닌, 그 주변부의 '가난한 이들의 경제'에 불과하다?

사회적경제의 행위자들은 좀 더 민주적이고 포용적이며 지속가능한 경제라는 공통의 비전을 공유하고 있으므로 모든 경제 부문에 걸쳐 집단적 사업체를 만들고 발전시켰다. 그들에게는 어떤 장벽도 없었다. 하지만 우리는 걸핏하면 사회적경제를 왜소하게 축소시켜 이해하는 이들과 부딪쳐야 했다. 즉 사회적경제를 '진짜' 경제의 주변에 가두어놓고자 하는 이들이다. 사회적경제를 구성하는 사업체들은 오직 주변화된 개인들을 노동시장으로 통합시키거나 민간 영리 부문 혹은 공공부문에서 충족시키지 못하는 요구와 관련된 재화 및 서비스의 간극을 메꾸는 것에 국한되어야 한다는 것이다. 이렇게 생각하는 이들이 당시에도 많았고 지금도 많다. 다른 말로 하자면, 사회적경제의 기능은 인구의 상당 부분을 내팽개친 오늘날 사회구조가 어질러놓은 온갖 문제들을 군말 없이 묵묵히 해결하고 뒷처리해주는 것이라는 말이었다.

이렇게 사회적경제를 그저 가난한 이들을 위한 경제라고 바라보는 것이 1996년 '대표자회의' 당시 정부 쪽의 지배적인 시각이었다. 이 행사를 준비하기 위해 구성된 워킹그룹 중에는 몬트리올 경제 관련 그룹이 하나 있었고 기업 발전 관련 그룹도 한 곳 있었다. 그 각각의 의장이었던 앙드레 베라르André Bérard와 장 쿠튀Jean Coutu 등에게는 정부 쪽 담당자로서 경제 부처의 차관들이 함께했던 반면, 사회적경제 워킹그룹의 의장이었던 나에게는 노동력개발·복지부의 복지 프로그램 담당 국장이 배정되었다. 당연히 나는 이를 거부했다. 정부가 사회적경제를 복지 수혜자들만 참여하는 부문으로 이해하고 있다는 게 분명했다. 내가 1984년 '푸앵트생샤를 경제 프로그램'에 참여했을 때부터 목적은 분명히 지속가능한 진짜 일자리를 만드는 것이었지 '복지 관련 공공근로' 프로그램을 만들자는 게 아니었다. 따라서 우리가 하고자 하는 바를 이런 식으로 이해하고 접근하는 태도에 조용히 따른다는 것은 절대로 있을 수 없는 일이었다. 다행히 데자르뎅운동의 의장이었던 클로드 벨랑(1996년 '대표자회의'의 의장으로 임명)이 우리 워킹그룹의 입장을 지지해주었다. 이 기간 전체에 걸쳐 우리는 몬트리올 동쪽 끝에 있는 데자르뎅 빌딩의 사무실을 쓸 수 있었고 또 여러 지원팀의 도움도 받을 수 있었다. 우리가 '대표자회의'에 그토록 힘 있고 질 좋은 보고서를 내놓을 수 있었던 데에는 이러한 지원이 결정적인 역할을 했다. 또한 이들과 함께하면서 우리는 주변화된 사람들의 통합을 중요한 성과로 삼지만 결코 그것에 국한되지 않는, 폭넓고 다각적인 사회적경제의 비전을 우리의 토대로 닦을 수 있었다. 우리의 보고서 〈연대가 먼저〉의 한 부분이다.

이미 말했듯이 사회적경제는 아주 다양한 사회경제적 행위자들을 포괄한다. 이러한 일꾼들은 마을과 그 주민 개인들의 안녕을 최우선으로 삼는 진정한 의미의 집단적 창업가일 뿐만 아니라 마을 발전의 역동적인 주체이다. 이것이 현실이며 사회적경제를, 배제된 이들만을 위한 경제로 보는 잘못된 통념과 철저히 구별해야 한다. 이러한 통념에 따르면 사회적경제는 '가난한 이들만을 위한 경제'이며, 복지 수급자들을 노동시장에 통합하는 것을 본질로 삼을 뿐, 지속가능한 일자리와 사업체 개발이라는 우리의 비전은 어디에도 없다. 우리 사회적경제 워킹그룹은 다음의 사실을 강조하고자 한다. 실업자들을 노동시장으로 통합하고 거기에 따르는 훈련을 제공하는 것은 사회적경제 행위자들만이 짊어져야 하는 책임이 분명코 아니라는 것이다. 이는 퀘벡 사회의 모든 행위자들이 함께 져야 할 책임이다.

사회적경제와 문화 : 복잡하지만 암묵적인 동맹

　문화가 사회적경제에서 차지하는 역할 그리고 문화적 환경과 사회적경제의 관계가 무엇인가 하는 것은 우리 운동 초창기 때의 중요한 문제였다. 1980년대에도 여러 동네를 다시 생기 있게 만드는 데에 각종 예술가들의 역할이 컸다. 그러나 한편 일부 마을에서는 긴장과 갈등을 낳는 원천이기도 했다. 어느 면에서는 마을공동체의 삶의 질을 높이는 결정적 요인 중 하나가 문화에 대한 접근이다. 이러한 의미에서 예술가와 문화단체들이 함께 참여하는 것은 아주 환영할 만한 일이었다. 몬트리올시의 한 지역인 로즈몽페티트 파트리^{Rosemont-Petite} ^{Patrie}에서 '지역경제개발공기업'의 지원을 통해 로즈몽^{Rosemount}의 보비앵 영화극장^{Cinéma Beaubien}을 보존했던 일 그리고 한 민간 프로젝트를 통해 코로나 극장^{Corona Theatre}을 새롭게 단장하는 공사를 '남서부 경제·사회 재생연합'이 지원했던 것 등은 동네에 문화적 활력을 불어넣는 것을 우리들의 중요한 책임으로 본 사례가 될 것이다.

　하지만 예술가들이 동네에 드나들기 시작하는 것이 주민들에게는 걱정의 원인이 되기도 했다. 왜냐면 대부분의 경우 이렇게 예술가들이 동네에 나타나는 것이 바로 젠트리피케이션의 첫 단계를 알리는 신호였기 때문이다. 뉴욕의 소호 지역이 대표적인 사례이다. 그렇기 때문에 일정한 긴장이 불가피했으며, 이를 해소하기 위해서는 누구나 문화적 창조성에 접근할 수 있도록 그리고 문화 창조자들 스스로가 마을의 문제에서 주민들 편에 서도록 만들어야 했다. 그래서 열린 대화와 협력 과정이 반드시 필요했다. 어떤 이들은 이를 '문화적 민주화' 접근법이라고 부르기도 했다.

'대표자회의'를 준비하는 동안에도 문화의 임무는 분명하게 떠오르지 않았다. 경제개발에 초점을 둔 역동적인 상황에서 문화 부문이 할 수 있는 역할은 무엇일까? 물론 문화 부문에서도 〈태양의 서커스〉처럼 번성하는 민간 사업체가 있었고, 여기에는 아무런 문제도 없었다. 대형 은행 총재가 의장을 맡고 퀘벡과 캐나다의 대기업 최고경영자들로만 구성된 워킹그룹에서도 〈태양의 서커스〉가 그룹에 들어오는 것을 환영했었다. 하지만 그 밖에도 온갖 가지 형태의 예술을 창작하고 퍼뜨리는 것을 임무로 삼는 무수한 비영리 문화단체들에 대해서는 어떻게 할 것인가?

그때 내 오랜 친구였던 퀘벡주립연극학교National Theatre School의 교장 시몽 브로Simon Brault가 연락을 했다. '대표자회의' 때 문화 쪽에서 어떤 역할을 맡을 수 있을지를 논의하자는 것이었다. 우리는 퀘벡의 미래를 만드는 중차대한 토론의 장에 문화를 반드시 전면이자 중심에 배치해야 한다는 것에 동의했다. 하지만 이 회의는 경제와 일자리에 대한 것이며 규모가 큰 프로젝트를 기획하는 데에 맞추어져 있으니, 그 논리와의 접점을 찾아야 했다. 이때 시몽이 해결 방안을 내놓았다. 유럽에서 매년 열리는 전통 축제에서 영감을 받은 그는 〈문화 축제 기간Journées de la culture〉을 제안했고 여기에 맞추어 여러 다양한 문화 쪽 네트워크들을 동원했다. 우리의 보고서 〈연대가 먼저〉에도 소개되어 있지만, 이 〈문화 축제 기간〉은 몇 년에 걸쳐서 우리

'샹티에' 내부에서 준비와 진행을 맡아 발전시켜 마침내 '샹티에' 스스로의 힘으로 진정한 퀘벡의 문화 제도라 할 만한 것으로 발돋움했다. 루이즈 시퀴로Louise Sicuro의 지도로 '모두를 위한 문화Culture pour tous'라는 이름의 연대체가 만들어졌으며, 이를 통해 우리들 모두가 매년 9월마다 행사를 열었고, 마침내 퀘벡주 의회에서 공식적인 인정을 받기에 이르렀다.

그러나 이러한 사회적경제와의 연대라는 것이 문화 부문 내부에서는 널리 받아들여지지는 못했다. 사회 부문과 연계하여 무슨 경제 사업 같은 '사업체'를 만든다는 것에 대한 반감을 가진 집단들이 많았기 때문이다. 하지만 그래도 우리는, 모든 것을 신자유주의경제학의 명령에 순순히 내놓는 사회를 용납할 수 없다는 공통의 가치와 비전을 공유하고 있었다. 문화단체들의 대다수가 비영리단체들이었으므로 넓은 의미에서의 사회적경제에 포함되는 것들이었기에, 다른 차원에서 접점을 찾아나갈 수 있었다.

이 미묘하고 예민한 문제에 해답을 준 것은 결국 지역의 마을공동체들이었다. 몇 년이 지나자 '마을발전센터'들에서 나온 사회적경제 기금 중 20퍼센트가 각종 문화 프로젝트로 나간다는 사실을 알게 되었다. 이러한 결과에 공동체 발전과 개발에서 문화가 정말 중요한지 의문을 품었던 이들도 이 확연한 결과를 보면서 생각을 바꾸게 되었다. 실제 현장에선 문화 부문과 사회적경제가 한 점으로 모이는 것은 피할 수 없는 분명한 현상이었던 것이다.

집단적 소유의 모습을 띤 각종 문화단체들 또한 사회적경제에서 마련한 여러 도구들을 오랜 기간 동안 아주 잘 활용했다. 한 예로 '퀘벡사회적투자네트워크'는 100개가 넘는 각종 문화 프로젝트에 투자했다. '샹티에사회적경제 신탁기금Chantier de l'économie sociale Trust' *은 가스페Gaspé 지역의 페티트발레Petite-Vallée에서 열리는 가요제Festival en chanson de Petite-Vallée, 토위TOHU 서커스예술극장, 졸리에트 미술관Musée d'art joliette, 베르됭 서커스학교École cirque Verdun, 보비앵 영화관 등과 같은 중요한 문화 프로젝트들을 지원했다. '샹티에'와 각종 문화 네트워크 사이에 연합이 이루어진 일들은 그 밖에도 많다. 한 가지 중요한 예로, 2007년 몬트리올 문화연합Culture Montreal**이 주최한 〈몬트리올 문화 메트로폴리스 회의Rendez-vous Montroal Métropole culturelle〉가 있다. 몬트리올을 문화 메트로폴리스로 개발하자는 취지로 열린 규모 있는 포럼이었는데 '샹티에'도 참가한 바 있다.

사회적경제와 문화가 어떠한 관계가 있는지는 여전히 논쟁거리이지만, 지역문화위원회Conseils régionaux de la culture***들 중 일부는 자기 지역에 있는 사회적경제 허브에 가입했다. 2017년에는 '몬트리올 사회적경제 허브CÉSIM'가 몬트리올 문화연합과 함께 '사회적경제를 문화 부문의 사업 모델로 만들자'는 구호 아래 활동을 조직하기도 했다. 여기에서 전통 의상을 수집하기 위해 만든 사회적경제 사업체 그

---

* 2007년에 창립. 이 책의 5장을 보라.
** 몬트리올시의 문화 부문과 그 파트너들을 대표하는 조직.
*** 퀘벡주 내의 지역문화를 증진하고자 하는 단체들의 네트워크.

위그 시빌(Hugues Sibille)이 프랑스 정부의 사회적경제 및 사회혁신부의 대표로 파견되어 낸시 님 탄 및 제랄드 라노즈(Gerald Larouse)와 함께했다. (1999년)

랑 코스튀미에Grand Costumier의 성공 사례가 주목을 받았다. 이 사업은 본래 캐나다 국영 라디오방송국에서 해오던 일이었는데 이를 맡아서 성공적으로 수행했던 것이다. 오늘날에는 지역문화위원회가 아예 '샹티에'의 회원으로 가입해 있으며 이사회에서도 한 석을 차지하고 있다. 그리고 우리의 토론은 지금도 계속되고 있다.

퀘벡 사례가 국제 무대에서 자리를 잡다

1996년 '대표자회의'에서 사회적경제가 받은 인정은 퀘벡의 국제 관계에 신속하게 반영되었다. 퀘벡주 지사와 프랑스 수상의 전통적인 회합의 자리가 '대표자회의' 몇 개월 후 있었다. 그다음 날 신문에 프랑스 수상 리오넬 조스팽Lionel Jospin과 퀘벡주 지사 뤼시앵 부샤르가 향후 두 나라의 교류 중 하나로 사회적경제를 포함시키기로 했다는 기사가 실렸다. 우리는 크게 놀랐다. 나중에 알고 보니 사회적경제를 강력하게 지지하는 '전국노동조합연맹' 의장 제랄드 라로즈 Gérald Larose가 그 회합에 제안했다고 한다. 그리하여 그 후 몇 년 동안 두 나라의 정부 대표자들, 연구자들, '전국노동조합연맹', '샹티에'가 한자리에 모이는 지속적인 관계를 맺게 되었다. 프랑스에서도 경제발전에 사회적경제를 중요한 요소로 인식하는 과정에 있었고, 또 우리와 비슷한 여러 요구에 직면해 있었다. 그중에는 대형 협동조합들과 상호공제회 같은 제도화된 사회적경제와 당시 막 생겨났던 연대경제(이는 또한 대안 지구화 세력 및 각종 사회운동과 밀접하게 연결되어 있었다)의 전혀 다른 현실을 어떻게 화해시킬 것인가의 문제도 있었다. 이 자리에 참여했던 이들은 모두 의욕적으로 토론했다. 아쉬웠던 것은 프랑스 노동운동 진영의 참여가 미미했다는 점이지만, 노동운동계의 참여가 저조한 것은 다른 나라들과 관계에서도 마찬가지였다(남미 지역을 제외하고).

프랑스와의 관계는 곧 국제적인 네트워킹의 기회로 이어졌다.

2000년에는 프랑스 정부가 녹색당 국회의원이었던 기 아스코에Guy Hascoët를 사회적경제 국무장관으로 임명하는 대담한 행보를 보였다. 아스코에는 비록 2년만 재임했지만 그 기간 중인 2002년에 프랑스가 유럽연합 집행위원회의 의장국이 되어 그 기회에 유럽 차원에서 최초로 사회연대경제 회의를 개최했다. 나도 '샹티에사회적경제'의 최고경영자로서 초청을 받아 모두가 참여하는 본회의에서 퀘벡의 경험을 발표했다. 이 행사의 주최자였던 아스코에 씨가 당황스럽게도 나에게 유럽 각국 장관들의 비공식 모임에도 함께해야 한다고 밀어붙이는 바람에 그곳에서 장관들의 공식 사진에 모습을 드러내게 되었다. 나는 외교상 큰 실수를 했다는 생각에 걱정스러웠다. 퀘벡으로 돌아오는 비행기에서 보고서를 작성했다. 외무부 장관에게 제출하는 보고서였는데 앞으로는 퀘벡 정부가 적절한 대표자를 보낼 수 있도록 하겠다고 썼다. 2002년 스톡홀름에서 열린 다음 유럽 회의에는 퀘벡 주의 재정경제부 장관이자 사회적경제의 정부 책임자인 폴린 마루아Pauline Marois가 참여하여 프랑스의 저명한 사회당 지도자인 미셸 로카르Michel Rocard 및 다른 유럽의 명사들과 같은 연단에서 연설을 했다. 우리 쪽에서는 연대경제신용조합Caisse d'économie solidaire의 이사장이었던 클레망 귀몽Clement Guimond과 내가 마루아 장관과 함께 참여했다. 퀘벡의 사회적경제 모델은 당시 유럽 안에서도 이미 인정을 받고 있었던 것이다.

퀘벡은 또한 2002년 미국 워싱턴에서 열렸던 경제협력개발기구 사회혁신포럼 제1차 회의에도 참여한 소수의 나라 중 하나였다. 퀘벡 대표는 세 사람이었다. 사회적경제의 정부 쪽 책임자였던 디안 레미외Diane Lemieux, 콩코르디아대학 교수이자 사회적경제 연구를 위한 대학·공동체연합ARUC-ÉS의 일원이었던 마르지 멘델, 그리고 '샹티에'의 최고경영자인 나였다.

국제적 네트워킹과 사회연대경제

같은 기간 동안 선진국과 저개발국들 사이에 국제적 네트워킹이 활발하게 이루어졌고, '사회적경제 퀘벡 모델'은 계속해서 확산되었다. 지구의 모든 대륙에 있는 사회적경제 활동가들을 한자리에 모은 두 개의 행사가 있었다. 첫 번째는 '페루연대경제그룹GRESP'이 기획한 것으로서, 1997년 페루 수도인 리마에서 사회연대경제를 주제로 열린 최초의 전 지구적 회의였다. 32개국에서 참여했고 이는 선진국뿐만 아니라 저개발국가에서도 사회연대경제로 사람들이 모여들고 있음을 잘 보여주었다. 퀘벡 대표들은 그다음 회의를 2001년 퀘벡에서 열 것을 제안했다. 우리는 '저항하고 건설하자'라는 구호를 내걸고, '전국노동조합연맹'과 '샹티에'를 필두로 퀘벡에 있는 몇 개의 단체와 개인이 힘을 합쳐서 '퀘벡연대경제그룹GESQ'이라는 연대체를 만들어 함께 이 회의를 준비했다. 모든 대륙의 37개국에서 모인 400명의 사람들이 이 행사에 참여했다. 2002년에는 '사회연대경제 진흥을 위한 국제 네트워크RIPESS'를 창설했는데, 이 단체는 오늘날에도

브라질 연대경제포럼 조직가 다니에우 치제우(Daniel Tygel)가 '샹티에사회적경제'와의 교류의 장에서 발표하고 있다. (2006년)

활발히 움직이고 있다. 2005년 세네갈의 다카르에서 열린 제3차 '사회연대경제 진흥을 위한 국제 네트워크' 국제회의에는 1200명의 사람들이 참여했는데 그중 다수가 아프리카 대륙에서 모인 이들이었다.

2002년부터는 세계사회포럼이 사회연대경제 행위자들의 국제적 네트워킹에 중요한 시간을 제공했다. 그해에 나는 브라질 포르투알레그리에서 열린 세계사회포럼에서 브라질 네트워크가 조직한 분과 회의에 초청받았다. 그 분과 회의의 주제는 '민주주의가 급진화된 형태로서의 사회적경제'였다. 브라질 활동가들과 우리 퀘벡 활동가들이 사용하는 용어는 전혀 달랐지만, 우리는 서로의 경험이 얼마나 비슷한 점들이 많은지 금세 깨달았다. 이 회의에는 500명이 참가했다. 발표자로 연단에 앉아 있었던 내 옆자리에는 초면의 나이 지긋한 남성이 앉아 있었는데, 내가 발표하는 동안 계속해서 고개를 끄덕이며 동조해주었다. 나중에 알고 보니 그는 상파울루대학 교수이자 브라질 노동자당의 창당 멤버였던 파우 신제르$^{Paul\ Singer}$였다. 회의가 끝나고 우리는 커피를 함께 마셨고 나중에 논의를 이어가기 위해 만났다. 그때 만남을 계기로 오랜 시간 지속적이고 우호적인 관계를 맺게 되었다.

2002년 세계사회포럼은 퀘벡의 '샹티에사회적경제'와 브라질의 활동가들 사이에 긴밀한 협력이 이루어지는 시발점이 되었고, 우리는 함께 힘을 모아 '브라질연대경제포럼^{FBES}'을 만들어냈다. 브라질에서 노동자당이 선거에 승리하여 룰라 대통령 정권이 들어서자 사회적경제 담당 대통령 비서관 자리가 신설되었다. 이는 향후 브라질에서 연대경제운동이 일어서는 데에 있어서 중요한 일이 되었다. 여기에 퀘벡 외무부 장관의 지지까지 합쳐지면서 퀘벡과 브라질 사이에 긴밀한 인적 교류가 생겨나게 되었다. 퀘벡과 브라질 사이에는 실로 큰 차이점들이 존재했지만(브라질의 인구는 당시 1억 8000만 명이었다), 비전과 가치들은 큰 공통점을 가지고 있었고, 브라질 사람들은 양국 간에 심화된 교류를 원했다. 이러한 긴밀한 교류 끝에《대담한 연대 : 브라질과 퀘벡의 사회연대경제의 실천을 공유한다》라는 책자를 출간했다. 이 소책자는 포르투갈어와 프랑스어로 되어 있으며 두 나라 각각

연대의 지구화. 2005년 세네갈 다카르에서 '사회연대경제 진흥을 위한 국제 네트워크(RIPESS)' 국제회의가 열렸다.

에서의 다종다기한 경험들을 살펴보면서 서로 배우고 가르칠 것을 촉진하는 책이었다.

당시 퀘벡은 퀘벡당Parti Québécois 정부였던바, 특히 외무부 장관이었던 루이즈 보두앵Louise Beaudoin은 사회적경제 분야에서 퀘벡이 전 지구적으로 자리를 잡는 데에 상당한 지원을 제공했다. 이후 2003년에는 자유당 정부가 들어서서 퀘벡의 사회적경제운동을 국제적으로 알리는 것에 대한 관심이 줄어들었다. 하지만 이와 무관하게 퀘벡 사회적경제가 국제 무대에서 갖는 영향력은 계속되었다. 새 정권의 외무부 장관인 모니크 가뇽트랑블레Monique Gagnon-Tremblay가 2004년 브라질로 갔을 때에 단 한 번 있었던 장관 회의에서도 사회적경제가 대화의 주제였다. 몇 년 후에는 유럽에서 있었던 한 국제회의에서 브라질의 리우데자네이루에서 온 사회적경제 담당 선출직 공직자가 나를 찾아와서 큰 열정을 보이며 퀘벡 사회적경제 모델에 자신이 얼마나 큰 경외심을 가지고 있는지 토로하기도 했다. 그는 자신이 일하는 리우데자네이루시와 '샹티에' 사이에 파트너십을 확립할 것을 제안했다. 이는 우리에게는 정말 분에 넘치는 고마운 제안이었지만, 도저히 우리가 감당할 수 있는 것은 아니었다(리우데자네이루의 인구는 당시 1000만 명이었다). 그 정도 규모의 협력 관계 상대는 우리 '샹티에'가 아니라 퀘벡 정부쯤은 되어야 하는 것이었다. 물론 '샹티에'는 이를 적극 도울 생각이었다. 그 결과 퀘벡의 외무부 장관 피에르 아르캉Pierre Arcand이 사회연대경제를 논의하는 임무를 띠고 리우데자네이루의 시장과 만나게 되었다. 다행히도 '샹티에'의 한 성원이 거기에 동행하여 아르캉 장관을 보좌했다.

브라질의 세계사회포럼은 그 후 몇 년 동안 국제적으로 사회연대경제가 교류 및 만남을 갖는 장이 되어주었다. '샹티에'와 다른 많은 퀘벡의 사회적경제 단체들이 여기에 적극적으로 참여했다. 2001년 이후에는 퀘벡도 브라질과 프랑스 등 몇 나라와 함께 하나의 준거점이 되는 위치를 갖게 된다. 특히 퀘벡 사회적경제는 그 내부 네트워크들의 강력한 힘과 사회연대경제를 지지하는 공공정책, 또 그렇게 해

'사회연대경제 진흥을 위한 국제 네트워크'

'사회연대경제 진흥을 위한 국제 네트워크RIPESS'는 2001년에 공식적으로 창설되었다. 이는 대륙별(남미, 카리브해 지역, 북미, 유럽, 아시아, 오세아니아, 아프리카)로 존재하는 여러 사회연대경제 네트워크들을 한데 모으고, 이를 통해 전국적 및 부문별 네트워크들을 아울러서 이 '사회연대경제 진흥을 위한 국제 네트워크'라는 조직을 사람들이 실제 살아가는 곳에 긴밀히 뿌리내리도록 했다. 그 으뜸의 작업은 사회연대경제를 증진시켜 대륙 간의 협력을 증진하고 또 여러 다른 수준에서 사회연대경제가 뻗어나가도록 지원, 옹호하는 것이었다. 1997년 리마 회의를 필두로 2001년 퀘벡, 2005년 다카르, 2009년 룩셈부르크, 2013년 마닐라 등여러 번의 국제 회의를 '사회연대경제 진흥을 위한 국제 네트워크' 성원들이 함께 조직했다. 이 행사에서 다룬 주제는 우선 식량주권, 사회연대경제를 지지하는 공공정책의 증진, 사회연대경제를 통해 지속가능한 발전의 목표 달성, 사회연대경제에서의 여성의 역할, 윤리적 금융과 포용적인 지역 및 마을 발전 등이었다. '사회연대경제 진흥을 위한 국제 네트워크'의 접근법은 여러 네트워크를 통해 작업하면서 성원들 사이의 협력을 증진하고 사회 전환의 비전을 공유하는 다른 운동들과 연대하면서 핵심적인 국제 무대와 장에서 사회연대경제를 강조하는 책임을 맡는 것 등이었다.

서 만들어진 혁신적 도구들 등이 강점으로 부각되었다. 2002~2004년의 기간만 해도 '샹티에'와 다른 몇 파트너들이 프랑스, 아르헨티나, 세네갈, 미국, 멕시코, 인도, 일본 등의 나라들과 왕래하며 교류를 강화했다. 우리의 모델은 2009년 나와 마르지 멘델 교수가 브뤼셀을 방문하던 기간 동안 유럽 집행위원회의 연구 대상이 되기도 했다.

쟁점과 교훈

1. 사업체로서, 경제발전에 대한 접근법으로서, 사회경제적 변화를 위한 운동으로서 사회적경제가 갖는 다양한 차원을 기반으로 활용한다

'샹티에'가 성공을 거두게 된 결정적 요인은 그 독특한 구성과 거버넌스의 형태였다. '샹티에'를 창립한 이들은 사회적경제가 갖는 중층의 차원들을 반영하고자 했고 무엇보다도 이 운동에 가담한 이들의 근본적 동기가 무엇인가를 중시했으며, 이를 위해서 그 범위를 사업체들 및 사업체 네트워크들에만 두는 것을 피했다. 이러한 선택은 '샹티에'가 혁신, 활동, 사람들의 동원 등에 대해 큰 역량을 발휘하는 데에 근간이 되었다.

사회적경제 사업체들은 모든 사회 혁신이 그러하듯이 사람들의 필요뿐만 아니라 그들의 열망에서도 비롯된다는 말을 자주 들을 수 있다. 사회 혁신과 사회 전환 문제에 관한 국제적 명성을 가진 전문가인 베누아 레베스크의 말을 인용하자면, "사회 혁신은 위기 속에서 출현할 때가 많으며, 각종 사회문제들을 해결하기 위한 새로운 돌파구를 열어준다. 사회 혁신은 사회의 여러 필요에 대응하지만, 그 이상으로 사회 성원들의 여러 열망에도 부응하는 것이다. 보육서비스의 예를 들어보자. 여기에는 분명히 하나의 사회적 필요가 존재하지만 뿐만 아니라 여성들의 해방, 아이들의 사회화, 힘든 처지에 있는 가족들의 사회 통합 등에 대한 열망 또한 존재하는 것이다"라고 했다.

단순히 집단적 사업체들을 만들어내는 것 이상의 목적을 지향하는 사회적경제를 건설하는 과정에서 우리가 발견한 결정적인 것 하나는 경제발전이라는 목표에서 나오는 매일매일의 일상적 문제들과 경제민주화 및 사회 변화라는 장기적 비전 사이에 연결 고리를 만들기 위해 끊임없이 노력해야 한다는 점이었다. 우리가 스스로를 결코 사업가 혹은 경제발전의 참여자로 여기지 않았을 법한 개인, 단체, 운동들을 동원해낼 수 있었던 것도 바로 이 오래된 구호인 '지구적 차원에서 생각하고 지역과 마을 차원에서 행동하라'는 말을 실천적으로 적용한 덕분이었다.

2. 여러 사회운동이 중요한 역할을 맡는다

애초부터 노동운동, 마을운동, 여성운동, 환경운동 등이 우리 운동에 함께했던 것이야말로 사회적경제를 운동으로서 구축하는 데에 핵심적인 성공 요인이었다. 이러한 접근법은 우리 네트워크의 거버넌스 구조 자체에 깊게 뿌리박고 있으며, 사회적경제의 '퀘벡 모델'에 본질적인 특징이라고 할 수 있다.

우리가 여러 사회운동과 함께했던 데에는 여러 이유가 있다. 첫째, 이제 막 붐을 이루던 집단적 사업체 창업의 흐름을 보다 폭넓은 비전으로 이끌고자 했던 우리의 바람을 반영한 것이었다. 둘째, 각종 사회운동은 사회적경제가 다종다기한 사회적 투쟁의 도전적 질문에 하나의 대응책이 될 수 있음을 이해했던 새로운 창업 프로젝트들과 집단적 사업체들의 전략적 원천이 되어주었다. 예를 들어 영유아발전센터네트워크를 만드는 데에 여성운동이 맡았던 역할에서도 또 사회적금융에서 노동운동이 수행했던 역할에서도 그리고 주택, 각종 개인서비스, 공동체 부동산 등 다양한 부문에서 마을공동체운동이 참여했던 것도 이 기간 동안 사회적경제 프로젝트들에서 큰 비중을 차지하고 있었다. 마지막으로, '샹티에' 내부뿐만 아니라 '샹티에'를 지지하는 생태계 내에도 각종 사회운동 단체들이 참여하게 된 덕분에, 바깥 사회와의 관계는 완전히 도외시하는 폐쇄적인 조합 이기주의corporatism와 집단적 사업체에 대한 경직된 충성심이라는 언제나 존재하는 함정을 부분적으로나마 피해갈 수 있었다. 우리 사업체들은 가치, 비전, 실천에 있어서 일관성을 유지하는 것이 중요하다는 것을 끊임없이 상기할 수 있었던 것이다.

노동조건의 질, 공공서비스의 중심적 역할 인정, 여성의 역할, 경제활동이 사회와 생태계에 미치는 충격 등의 문제에서 여러 사회운동 대표자들의 참여로 사회적경제 행위자들은 이러한 차원들을 항상 염두에 두고 끊임없이 실천을 개선해나가도록 독려받았던 것이다.

3. 퀘벡 영토 내의 모든 장소와 각급 정부 영역 내의 현실을 존중하고 인정할 필요가 있다

전국적 차원에서 활동하는 조직은 모든 지역과 공동체들 각각의 기여를 존중할 줄 알아야 한다는 자세를 공통적으로 주문받는다. 그 지역 및 공동체들의 위치가 어디이건 그것들이 대도시인지 농촌인지 멀리 떨어진 오지인지 등을 넘어서서 말이다. 자원을 어떻게 나눌 것인지 또 퀘벡 전체 차원에서 진행되는 큰 프로젝트들을 어떻게 배치할 것인지에 관한 토론 중에서 몬트리올, 퀘벡주, 그 밖의 지역들 사이에 긴장감이 돌 때가 많다. 사회적경제운동 또한 이러한 긴장이 없지 않았지만, 다행히도 우리는 이를 최소한으로 줄이도록 스스로를 조직할 수 있었다. 우리가 이렇게 할 수 있었던 것은 각 지역 안에서의 조직 구조를 '샹티에'의 지부사무소쯤으로 여기는 것이 아니라 동등한 파트너로 인정하고, 부문 내 전략이나 여타 전략의 배치 문제라든가 여러 도구들의 활용 문제 등에서 각자가 최대한의 탄력성을 발휘하도록 강조한 것에 있다. 그 결과는 아주 고무적이었다. 사회적경제의 성장이 지난 20년간 다양한 방식으로 나타났지만 퀘벡의 영토 내부 전체에 영향을 주게 되었던 것이다.

4. 연구자나 대학과의 제휴를 전략적으로 활용한다

이 기간 동안 사회적경제의 발흥과 함께 많은 사회 혁신이 특징으로 나타났다. 이 혁신들은 기술 혁신처럼 과학 연구에서 이루어진 게 아니라 밑바닥에서 시행착오를 거듭하는 과정으로부터 나왔다. 하지만 초기에는 이러한 새로운 지식의 영향력은 제한적이었다. 왜냐하면 얼핏 보면 특정 장소와 경우에 한정된 특수 사례에 불과하여 일반화될 수 없는 것으로 보였기 때문이다. 이에 우리가 연구자들 개인 차원으로 조직했던 것을 '사회적경제 연구를 위한 대학·공동체연합' 차원으로 구축한 연구자 협력 관계는 사회적경제운동을 구축하는 데에 있어서 중요한 역할을 수행했다.

첫째, 우리의 실천을 분석하고 체계화함으로써 활동가들은 자기들 스스로의 프로젝트가 성공 혹은 실패한 요인들을 더 잘 이해할 수 있었을 뿐만 아니라 정부에도 이 활동가들의 역할이 얼마나 절실히 중요한 것인지를 똑똑히 보여주었다. 이는 퀘벡에서 벌어진 새로운 실천과 혁신에도 중요한 영감을 주었다. 연구의 양과 질이 늘어남에 따라 사회적경제는 이제 대학 내 사회과학 분야에서도 또 경영대학에서도 하나의 주요한 연구 분야가 되었다. 이렇게 대학의 교육 과정에 사회적경제가 포함된 일은 새로운 혁신의 물결과 사회적경제가 생기를 되찾는 계기가 되었고, 이는 지금까지도 계속되고 있다.

둘째는 '사회적경제 연구를 위한 대학·공동체연합'은 우리 운동 내에서 훈련 및 역량 구축을 이루어내는 강력한 수단이었다. 일부 연구자들이 우리와 무척 긴밀하게 함께해준 덕분에 우리 상황에 꼭 맞는 맞춤형 분석 및 정보를 얻을 수 있었고, 이를 다시 사회적경제 네트워크 전체에 개방했다. 하지만 중요한 문제점은 이렇게 해서 얻은 지식을 더 폭넓은 규모에서 전수하고 이전할 충분한 수단이 없었다는 점이다. 2013년이 되어서야 우리 운동은 연락과 지식 전수 센터인 '사회연대경제혁신지대TIESS'를 만들 수 있었다.

5. 어렵지만 꼭 필요한 논쟁들은 열어둔다

사회적경제운동은 고무적이기는 하지만 아주 어려운 논쟁의 결과물이었다. 하지만 이러한 논쟁들을 회피하는 것은 비경제적이라는 점을 우리는 빠르게 이해했다. 그리하여 여러 쟁점들을 명확히 하고 또 합의를 도출하기 위해 여러 다른 관점들을 표출할 수 있도록 하고 또 그러한 견해들을 정리하는 데에 시간과 자원을 투자했다. 광범위한 영역의 사람들과 단체들이 우리의 거버넌스 구조를 통해서 또한 특정한 성찰의 자리와 공적 논쟁을 통해서 이러한 의견 교환에 참여했다. 이러한 논쟁의 주제는, 사회적경제의 정의는 무엇인가, 그 구성 요소 각각의 역할은 무엇인가, 공적 영역과 민간 영리와 집단적 사업체의 관계는 무엇인가를 포함하여 아주 다양했다. 사람들은 이를 통해 걱정, 오해, 심지어 공공연한 반대도 거침없이 표출했고, '샹티에'는 열려 있는 정직한 논쟁을 결코 회피하지 않았다. 우리가 확실한 결과를 낼 수 없었을 때에도 이는 변하지 않았다. 정치면에서 보자면 '샹티에'는 어느 특정 정당이나 특정 정치적 입장에서 나오는 논쟁은 거부했다. 사회운동 측면에서 보자면, 다양한 사회운동으로부터 나온 파트너들 사이에 합의를 끌어내기 위한 노력을 몇 배 더 기울였다. 지역 경계선의 문제에서 '샹티에'는 도농 격차와 관련된 문제들에 대해 항상 정면으로 대처했다. 아쉬운 점은 다양성이라든가 여성의 역할과 같은 문제들은 크게 두드러지지 못했고 논쟁의 빈도도 적었다는 것이다. 하지만 그로부터 불과 몇 년 지나지 않아 이런 문제들이 다시 힘차게 논의의 전면으로 나왔다. 비록 이런 논쟁들은 많은 어려움을 낳기는 했지만 이런 것들이 없었다면 우리 운동은 전진하지 못했을 것이다. 이러한 의견 교환이 있었던 덕에 우리 입장을 분명히 가다듬고 또 단단하고 검증된 기반 위에서 동맹을 형성해나갈 수 있었다.

깊게 뿌리를 내린
사회운동은 엄혹한 시기에도
튼튼히 버텨낸다

2004
-
2015

Un mouvement social solidement enraciné et capable de traverser des zones de turbulence

몇 가지 배경

2003년부터 2006년에 이르는 기간은 캐나다 연방정부에서나 퀘벡 주정부에서나 정권 교체가 있었던 기간이다. 연방정부의 경우 스티븐 하퍼Stephen Harper가 이끄는 보수당 정권이 2006년에 들어섰고, 이 정권은 사회 영역에서 그간 이루어온 진보를 완전히 무시하는 아주 보수적인 관점에 입각하여 나라를 이끌었다. 폴 마틴 정권 기간 동안 정부의 인정을 받았던 사회적경제는 하퍼 정권 기간 내내 연방정부의 정책 의제에서 완전히 사라졌다.

퀘벡 주정부의 경우 경제발전, 감세, 사회 지출 통제 등을 공약으로 내건 장 샤레스트Jean Charest가 이끄는 자유당 정권이 들어섰다. 퀘벡 정부와 시민들의 집단적 활동은 또다시 문제가 되었으며, 정부와의 협력 구조 속에서 시민사회단체들이 맡았던 역할 또한 크게 축소당했다. 이러한 일련의 조치들로 인해 사회적경제가 당시 막 이루어놓았던 여러 성과들이 큰 위기에 처했고, 특히 군과 마을 등 지역 차원에서 이루어놓았던 발전을 지지하는 생태계가 위협을 받게 되었다.

2008년의 세계 금융위기로 전 세계가 타격을 받았으며 캐나다 또한 예외가 아니었다. 그래서 캐나다의 연방정부 및 퀘벡 주정부는 경제를 지원하기 위해 여러 조치들을 취했다. 경기침체를 면하기 위해 여러 공공투자가 이루어졌지만 그 성격은 종래의 통념을 그대로 답습하는 것이어서, 공공 인프라 지출, 어려움에 처한 산업들에 대한 지원, 노동력 훈련에 대한 투자 등이 핵심 요소를 이루고 있었다.

당시 금융위기의 기원은 기능부전에 빠진 국제금융 시스템과 사실상의 규제 소멸에 있었고, 그토록 광범위한 위기가 벌어진 원인도 거기에 있었다. 이 때문에 많은 저항과 시위를 촉발시켰고 지구화 그리고 국제경제의 금융화가 어떠한 부정적 효과를 낳는지에 대해 사람들의 경각심을 불러일으켰다. 국제기구들은 좀 더 엄격한 규제 환경을 요구했지만, 캐나다는 은행 시스템이 비교적 건전했기에 이러한 국제적인 조치들에 영향을 덜 받고 있었다.

이 기간 동안 각종 사회적 불평등은 계속해서 늘어갔으며, 이에 비례하여 대자본의 이윤과 유동자산 또한 더 크게 늘어갔다. 하지만 이러한 대기업들의 회복은 일자리 창출에는 거의 영향을 주지 못했고, 많은 경제협력개발기구 국가들 특히 유럽에서는 높은 수준의 실업을 겪게 되었으며 특히 청년들의 희생이 컸다. 2011년에 벌어진 '월가점거운동Occupy Movement'은 이러한 자본주의의 구조적 문제들을 해결하지 못하는 엘리트들의 무능력에 대항하는 것이었다. 여기에 참여한 이들의 제1차 표적은 월스트리트였지만 이 운동은 금세 전 세계의 대도시로 확산되어나갔다.

불만에 가득 찬 것은 정치적인 좌파 진영뿐만이 아니었다. 오히려 그 이후 몇 년간 서방국가들에서는 우익 세력들의 발호가 나타나게 된다. 그 좋은 예가 바로 프랑스에서 극우 성향의 장마리 르펜Jean-Marie Le Pen이 이끄는 '국민전선'이 일어난 사건이다. 장마리 르펜은 2002년 프랑스 대통령 선거에서 결선 투표에까지 진출한 적이 있었던바, 2017년에는 그의 딸 마린 르펜도 결선 투표에 진출했다.

짧은 역사

이행의 시간 : 어렵지만 성공적이었다

1996~2003년의 기간은 사회적경제를 지지했던 퀘벡당 집권의 기간이었으므로 부문에서나 지역에서나 사회적경제가 널리 인정받는 데에 중요한 진전을 이룬 기간이었다. 사회적 토론에서나 각종 사회 협의체 등에서 사회적경제 행위자들이 적극적으로 참여했던 덕에 집단적 사업체라는 존재는 이제 사회의 여러 다른 수준에서 깊게 뿌리 내리게 되었다.

하지만 2003년에는 퀘벡에서 정권 교체가 있었고 정부의 우선순위와 비전이 달라짐에 따라 막 출현한 우리 운동이 얼마나 힘과 깊이를 가지고 있는지 또 퀘벡 사회에서 얼마나 인정을 받고 있는지가 최초로 시험대에 올랐다. 이는 일정 정도 사회적경제의 현실을 직시해야 할 진실의 순간이었으며, 다행히도 우리는 그 시험을 통과했다.

2004년 사회적경제 홍보 활동의 중심은 집단적 사업체들의 여러 가치에 대한 것이었다.

대화 상대인 정부가 바뀌었으니 우리를 알리고 홍보하기 위한 노력을 곱으로 들여야 했고, 특히 사회적경제의 잠재성과 대중적 지지를 명확히 보여주어야 했다. 그 결과 2004년의 '샹티에'는 사회적경제 홍보 작업을 최우선으로 삼아 제한된 자원의 상당 부분을 공공포스터 캠페인 등으로 돌렸다. 우리의 구호는 '수많은 다양한 가치를 더합니다Values Added'였다. 즉 사회적경제가 민주주의, 포용, 연대 등과 같은 여러 가치들을 담아낸다는 점을 강조하여 오로지 금전적인 부가가치의 창출에만 초점을 두는 전통적인 영리기업체와 우리의 집단적 사업체를 명확히 구별하고자 했던 것이다. 이러한 홍보가 공공 일

퀘벡 동부 지역 샹티에 청년 조직 집행위원회 모임.

반에 미친 영향은 크지 않았지만, 이는 사회적경제를 구성하는 다양한 집단들이 처음으로 스스로의 정체성을 명확히 밝히고 움직임에 나서는 수단이 되었고, 또 공공정책에서 그동안 우리가 이루어낸 여러 진전을 확고히 굳히는 데에도 도움이 되었다.

하지만 이런 노력에도 불구하고 2004년이 되자 사회적경제 영역은 몇 가지 후퇴를 겪어야만 했다. 그중 가장 심각한 것은 지역과 마을의 개발 및 발전에 있어서 시민사회의 역할을 흔들고자 하는 이들이 있었다는 것이다. 퀘벡 정부는 군 단위와 마을 단위에서의 경제개발을 위해 마련된 조직 구조들에 대한 통제권을 선출된 지자체장에

깊게 뿌리를 내린 사회운동은 엄혹한 시기에도 튼튼히 버텨낸다

게 완전히 되돌려주는 쪽을 선택했으니, 이는 지역에 기반한 발전 전략의 역동성을 완전히 바꾸어놓는 일이었다. 그리하여 '마을발전센터' 이사회에서 노동운동과 지역마을운동의 대표자들이 밀려나게 되었다. 다행히도 '샹티에'는 경제발전 담당 장관이었던 미셸 오데^{Michel} Audet에게 보낸 마지막 순간의 탄원 덕분에 사회적경제를 대표하는 한 석을 유지하여 민간 영리 부문과 동등한 입장에 서게 되었다. 새로 들어선 자유당 정권과의 관계에서 사회적경제의 입장을 다시 설정해야 한다는 것이 분명해졌다. 우리는 퀘벡당 정권 아래에서 아주 빠르게 성장을 이루었으니 새 정권 입장에서는 '수상한 존재'로 볼 수밖에 없었던 것이다. '샹티에'는 이 새 정부 또한 사회적경제를 인정하도록 만드는 작업에 착수하여 다양한 수단을 동원했다. 회원 네트워크도 동원했을 뿐만 아니라 무엇보다도 우리 스스로가 뿌리를 박은 퀘벡의 풀뿌리 동네들을 활용했다.

선거 1년 후, '샹티에'의 커뮤니케이션 담당 이사인 장 로비타유와 나는 마침내 사회적경제의 몇몇 대표자들과 함께 퀘벡주 지사 장 샤레스트를 만나는 자리를 가질 수 있었고, 그는 우리의 '숙청 기간^{pur-gatory}'이 끝났음을 알려주었다. 그리하여 새 정권 또한 노령화, 사회적 배제의 극복, 농촌 활성화 등의 중요한 사회문제들을 해결하는 데에 사회적경제의 집단적 사업체가 중요한 가능성을 가지고 있다는 점을 인정하기 시작했다. 이러한 일이 벌어진 것은 예상치 못하게 캐나다 연방정부가 힘을 실어준 덕분이었다.

캐나다 연방정부가 (잠깐 동안) 잠에서 깨어나다

사회적경제가 정부의 인정을 받았던 것은 오로지 1996년의 '대표 자회의' 직후 퀘벡에서만 벌어진 현상이었다. 연방정부와도 일정한 정치적 행정적 차원의 교감이 있기는 했지만, 당시의 장 크레티앙 Jean Chrétien의 연방정부는 이 주제에 전혀 관심을 보이지 않았다. 폴 마틴과 같은 퀘벡 소수 정치인들이 예외의 인물이었을 뿐이다. 그래서 우리는 폴 마틴의 제안에 따라 연방정부에 사회적경제를 알리기 위해 연방 각료들과 몇 번 회합을 가지는 등 다른 수단들을 써보기도 했다. 하지만 결과물을 얻게 된 것은 폴 마틴이 캐나다 연방정부의 수상이 된 다음의 일이었다. 그는 취임하자 그 즉시 신속한 처리를 굳게 약속하며 '샹티에'와 캐나다 차원의 파트너인 '캐나다공동체경제개발네트워크CCEDNet'*에 연방정부가 할 수 있는 일을 제안하라고 요청했다.

'스폰서 스캔들'**이 계속 논란을 낳는 와중에서도 폴 마틴 수상은 약속을 지켰다. 그는 심지어 '샹티에' 사무실을 방문하여 이사진과 회합을 갖기까지 했다. 2004년 10월 5일 '개원 연설The throne speech'***

---

* 2장 참조.
** 퀘벡에서 독립 여부를 묻는 주민투표가 있었던 1995년 이전에 연방정부가 '캐나다 통일'을 지지하는 세력들에게 충분한 통제와 감사도 없이 지금을 준 사실이 드러난 사건이다.
*** 캐나다 상하원이 회기를 시작할 때에 캐나다의 정부 수반인 영국 여왕 혹은 캐나다 총독이 행하는 연설. 그해의 국정 운영의 방향과 철학을 밝히는 내용으로, 보통 총독이 영국 여왕의 옥좌(throne)에 앉아서 행한다. (옮긴이 주)

에는 다음과 같은 내용이 있다.

우리의 공동체를 강력하게 하는 것은 모든 직업의 사람들이 자신들
스스로와 서로서로의 미래를 기꺼이 책임지겠다는 태도입니다. 우리
는 이를 지역 문제들에 대해 지역 맞춤형 해법을 찾아내는 수많은 풀
뿌리 단체들과 사회적경제 사업체들에서 발견할 수 있습니다. 정부
는 사회적경제를 지원하겠다는 강력한 결의를 가지고 있습니다. 캐
나다 전역에 걸쳐 마을과 공동체에 이익을 가져다주기 위해 아래로
부터 올라오는 시민들과 사업체들의 힘을 담아내는 무수한 비영리
활동들 및 사업체들을 도울 것입니다. 정부는 이들이 성공할 수 있는
조건을 창출하기 위해 도울 것이며, 또한 그들의 사업 환경도 개선할
것입니다.

그리하여 2004년의 연방정부 예산에는 사회적경제와 관련한 몫이
책정되었다. 총액 1억 3200만 달러의 예산을 역량 구축(1700만 달러),
사회적금융(1억 달러), '인문사회과학 연구위원회'를 통한 공동체·대
학 연구연합 네트워크 지원, 사회적경제의 집단적 사업체에 중소기
업 지원 프로그램 개방 등의 네 가지 정책에 편성했다. 하지만 2006
년 스티븐 하퍼의 보수당 정권이 들어서자 이들은 즉각 사회적경제
에 대한 연방정부의 지원을 끊어버렸다. 그로 인해 캐나다 모든 주에
서 사회적경제와 사회적금융을 위한 연방 자금도 끊어졌다. 그런데
퀘벡주에서만큼은 예산을 짜고 집행하는 부서에서 내게 전화를 걸어

이미 그 전에 연방정부가 퀘벡 정부에 배분한 사회적경제 관련 예산은 건드리지 않겠다고 약속했다. 이 사업의 정치적 중요성을 감안한다는 것이었다. 그래서 퀘벡에서는 2007년에도 역량 구축 예산과 '샹티에사회적경제' 신탁에 들어오는 연방정부 예산이 그대로 계속되었다. 하지만 중앙정부의 지원 중단으로 캐나다 다른 지역에 대한 지원은 '사회적경제 연구를 위한 대학·공동체연합' 관련 예산뿐이어서, 브리티시컬럼비아주의 빅토리아시에 있는 범캐나다 네트워크가 캐나다 전국에 걸친 연구의 협력을 추진했다. 퀘벡에서는 '사회적경제 연구를 위한 퀘벡 파트너 네트워크RQRP-ÉS'가 퀘벡 각 군 단위에서의 연구 사업을 강화해주어 우리 '사회적경제 연구를 위한 대학·공동체연합'의 작업을 더 다양하게 만들었다. 사회적경제 내부에서의 사회적금융, 각종 개인서비스, 공동체주택, 행정 단위별 거버넌스, 노동조합 창설 등과 같은 다양한 주제들로 연구 작업이 이루어졌으며 이를 기초로 하여 우리 '사회적경제 연구를 위한 대학·공동체연합'은 두 번째 단계를 맞아 85권의 연구 책자 그리고 몇 권의 단행본을 출간했고, 수많은 세미나, 학술회의, 훈련 프로그램 등을 진행했다.

우리 스스로 '대표자회의'를 열어 우리의 힘을 증명하다

정권이 바뀌자 우리 역시 퀘벡의 경제발전을 조직하는 데 새로운 방식이 필요했으며, 이를 위해서는 좀 더 포용적이며 좀 더 민주적인

2006년 사회적경제 정상회의. 퀘벡 주지사 장 샤레스트가 연설하고 있다.

2006년 사회적경제 정상회의.모든 지역과 부문에서 700명 이상의 대표자들이 모였다.

2006년 사회적경제 정상회의에 참가한 브라질 연대경제부 장관 파우 신제르(Paul Singer).

경제발전의 방향으로 사회적경제운동이 굳건히 나아가게 만들 필요가 있었다. '샹티에' 이사회는 〈사회적경제 기간〉이라는 행사를 조직하기로 결정했고, 그 절정은 1996년 '경제 및 고용을 위한 대표자회의' 10주년을 기념하는 행사인 2006년 '사회연대경제 대표자회의'였다. 이는 상당한 위험을 안고 있는 행사였다. 10년 전의 '대표자회의'가 '현실적인 사업 논의'를 위해 모였을 때 사회적경제는 소개되는 정도의 수준이었고 여전히 주변적 존재였다. 이제 10년밖에 지나지 않은 상황에서 과연 사회적경제가 '대표자회의'를 성공적으로 조직할 수 있는 단계까지 성장했는지가 백일하에 드러날 수밖에 없기 때문이었다.

우려를 깨고 〈사회적경제 기간〉도 '대표자회의'도 기대 이상의 대성공을 거두었다. 이 자리를 축하하기 위한 행사들이 퀘벡 내의 모든 군 단위에서 개최되었다. '대표자회의'는 준비에만 1년이 걸렸으며 여러 주제에 걸쳐 조직된 워킹그룹 위원회에 다양한 파트너가 참여했다. 사업체 운영과 사회 연대, 연대를 북돋는 작업, 연대를 북돋는 투자, 사회연대와 장소 기반의 경제발전, 책임 있는 소비, 지구화 속에서 연대의 역할 등과 같은 주제들이었다. 위원회들은 '대표자회의'에서 발표할 행동 계획과 그에 따른 토론과 수정을 위한 제안서를 준비했다.

　그리하여 2006년 11월, 퀘벡의 사회적경제에 참여하는 모든 지역, 부문, 네트워크, 사회운동 단체 등을 대표하는 700명의 대표자들이 몬트리올 동쪽 끝 지역에서 만나 행동과 책임으로 이어질 일련의 우선적 과제들과 그 실행 과정 계획 또한 논의했다. 여기서의 제안들이 기초가 되어 다음 해에는 퀘벡 주정부가 사회적경제 행동 계획을 채택하기에 이른다. 여기에 퀘벡 협동조합 평의회가 적극적으로 참여했고, '샹티에'와 좀 더 긴밀하게 협조하겠다는 의사를 최초로 공식 표명한다. 이는 비록 퀘벡 차원의 행사였지만, 외국에서도 무려 21개국에서 참관자로 참여하여 이번 '대표자회의'가 얼마나 중요한 자리였는지를 보여주었다. 실제로 이 행사에서 가장 많은 이들에게 좋은 반응을 얻었던 강연자는 '브라질연대경제포럼FBES'을 대표하는 다니에우 치제우Daniel Tygel였다. 그가 "나무가 쓰러지는 소리는 누구나 들어보셨을 겁니다. 하지만 숲이 자라나는 소리를 들어보신 분이 계신가요? 자, 여기 지금 큰 숲 하나가 자라나고 있습니다. 이 소리를 들어보십시오!"라고 외치자 회의장은 환호성으로 폭발했다.

2006년은 사회적경제가 진정한 의미의 시민 기반 운동이며 '샹티에'가 퀘벡의 경제 및 지역 발전에 필수적 행위자라는 것이 인정되는 중요한 이정표였다. 이 '대표자회의'에 참석한 이들은 다양성에서나 대표성에서나 분명한 성격을 띠고 있었으며, 이는 그 회의가 퀘벡의 동네와 마을, 도시, 군 단위 지역 등에 깊이 뿌리를 내렸을 뿐만 아니라 실제로 사람들을 동원할 수 있다는 것을 분명하게 보여주었다. 퀘벡의 모든 정당에서도 대표자들이 참가하여 연단에 올랐고, 샤레스트 퀘벡주 지사와 퀘벡 경제발전·혁신통상부MEIE 장관 레몽 바샹 Raymond Bachand도 참여했다. 그는 "지원은 계속될 것입니다. 여러분은 번영을 가져오는 분들이며, 각종 공동체에 진정한 자산이십니다"라며 사회적경제의 의미를 명시적으로 인정했다.

뿐만 아니라 우리의 '대표자회의' 과정에서 있었던 의견 교환과 토론은 나중에《연대가 먼저 : 사회 혁신에 뿌리박은 경제를 구축한다》라는 출판물을 통해 널리 알려졌다. 여기에 모인 대표자들이 채택했던 전략적인 방향은 또한 그 후 '샹티에'의 작업에 틀을 제공했다. 실로 그 기간은, 지역과 마을에 더 깊이 뿌리박기, 금융적 혁신, 시장 접근의 확대, 국제적 네트워크 조성, 다음 세대를 위한 투자 등의 다섯 가지 성과를 특징으로 한다고 분명히 말할 수 있다.

다른 방식으로 풀뿌리를 성장시키다

퀘벡에서 고안되고 발전된 사회적경제 프로젝트들은 예외 없이 지역의 마을공동체들의 필요와 열망에서 기원한 것들이었다. 따라서 사업체를 만들어내고 공고히 하는 과정에서 사회적경제 행위자들이 가장 큰 관심을 두었던 과제는 풀뿌리와의 관련성을 어떻게 심화시킬 것인가였으며, 지역이 아닌 일정 부문을 틀로 삼아서 행동을 만들어나가는 것은 그다음 문제였다. 하지만 새로 들어선 정부는 종래의 경제발전 접근법에 초점을 두고 있었으므로, 새로운 부문별 정책들 혹은 전략들은 기회가 제한되는 면이 있었다. 이러한 이유에서 '샹티에'와 사회적경제운동은 2003년 이후로 부문별 접근법을 떠나서 도 단위와 여러 지역들에 걸친 풀뿌리의 성장 쪽으로 방점을 이동했고, 그쪽으로 투자의 양도 늘려나갔다.

자유당 정부도 2004년이 되자 장소에 기반한 경제발전의 여러 구조들을 재조직하게 되었고, 이는 지역 단위에서 사회적경제의 존재를 더 명확히 더 공고히 할 뿐만 아니라 더 자율성을 갖게 만드는 좋은 계기가 되었다. 기존의 도 단위 사회적경제위원회들은 이제 사회적경제 허브^{pôle}가 되었고, 이 허브들과 도 당국과 '샹티에' 사이에 '특별 협정'이 조인되면서 자금 조달 문제도 해결되었다. 우리는 위계적 관계는 만들지 않는다는 우리의 원칙을 지키기 위해 이 협정 또한 도 단위 행위자들과 퀘벡주에서 마련한 구조들 사이에 새로운 관계를 조성하고 그것을 반영하는 방식으로 내용을 마련했다. 이제 사회적경제 허브는 퀘벡 안의 모든 도 단위에서 정도의 차이는 있어도 분명한 위치를 가지게 되었으며, 동시에 '샹티에'의 회원이자 파트너가 되었다. 또한 이 협정은 각 도의 허브들에게 더 많은 자금 지원이 가도록 했고 상호성을 원칙으로 삼았다. 모든 각각의 단위는 다른 모든 단위들에게 정보와 자문을 주고받고 또 함께 협력하여 일하되, 어느 단위도 다른 단위에 종속되는 일이 없도록 한다는 것이었다. 또한 '샹티에'는 모든 허브들을 1년에 세 번 이상 소집하여 회의를 열 것과, 선거인단을 구성하여 거기에서 선출된 5인이 '샹티에'의 이사진에 합류하도록 보장할 것을 약속했다.

이렇게 우리는 군 단위 풀뿌리와의 관계를 강화하면서도 그 방식을 다르게 하기로 결정했다. 이러한 우리의 결정이 분명하게 드러난 계기가 2007년 퀘벡 주정부 예산 작성 과정이었다. 퀘벡의 재무부 장관 모니크 제롬 포르제Monique Jérôm Forget는 집단적 사업체 조성이라는 '샹티에'의 접근법에 (그녀 자신의 표현대로) '완전히 반했고', 자신이 얼마나 우리의 접근법을 지지하는지를 밝히는 의미에서 정부지원금을 대폭 늘려 우리를 깜짝 놀라게 했다. 보통 때라면 쌍수를 들어 환영할 일이었지만, 문제는 각 도 단위의 사회적경제 허브들에 대해서는 자금 지원이 없었다는 데에 있었다. 그 때문에 나는 비공개 예산 회의 기간 내내 거세게 항의할 수밖에 없었다. 우리 전체 사회적경제 운동의 입장에서 볼 때 각 도 단위의 활동을 강화하지도 않으면서 퀘벡 전체 차원의 조직인 '샹티에'만 강화한다는 것은 사실 독이 든 잔이나 마찬가지였다. 물론 재무부 장관은 좋은 의도에서 한 일이었겠지만. 이러한 나의 입장이 워낙 강력했기 때문에, 오히려 정부 쪽에서 당황했고, 혼란에 빠진 이들의 요청으로 재무부 장관뿐만 아니라 지역개발부 장관이었던 나탈리 노르망도Nathalie Normandeau까지 개입하게 되었다. 결국 회의가 끝날 때에는 도 단위의 사회적경제 허브들에도 100만 달러의 자금 지원이 마련되었다.

이후 이 예산을 어떻게 관리할 것인가가 또 다시 정부와의 쟁점이 되었다. 정부의 처음 제안은 '샹티에'가 그 자금을 관리하라는 것이었다. 우리는 거부했다. 이 허브들은 모두 '샹티에'의 독립적인 회원 단체들이거니와, '샹티에'가 이 돈을 정부로부터 받아 물주 노릇을 하게 되면 이 허브들이 '샹티에' 내에서 자유롭고 민주적으로 발언할 수 있는 역량이 조만간 제한될 것은 명약관화의 일이었다. 그래서 '샹티에'는 다른 길을 선택했다. 각 도의 단위들 및 허브들과 '샹티에'와 정부가 삼자 협약을 맺는 것이었다.

'샹티에'와 각 도의 허브들이 조인한 동반자 협정 덕에 사회적경제 운동은 그 뿌리를 깊게 하고, 그 범위를 확장했을 뿐만 아니라 행동 역량도 늘릴 수 있었다. 하지만 장소 기반의 발전에 있어서는 선출직 공직자들이 지배적 역할을 하고 있었으므로 각 지자체와의 연계를 강화할 필요가 있었다. '샹티에'는 이미 '퀘벡 마을발전센터연합'과 지속적인 협력 관계를 맺고 있었지만 여기에 더하여 '퀘벡지자체연합 UMQ'과 '퀘벡지자체연맹FQM'과 논의를 시작했다. 선출직 공직자들에게 자기들 지차제의 여러 공동체가 복지와 번영을 누리는 데에 사회적경제가 중요하다는 인식을 일깨우고자 했다. 이러한 과정은 완전한 성공을 거두지는 못했다. 일부 지차체의 경우 선출직 공직자들이 지역발전에 집단적 사업체들의 기여를 기쁘게 받아들이기도 했지만, 반면 기존의 경제발전 패러다임이 계속 지배했기에 사회적경제의 기회는 여전히 많지 않은 곳들도 있었다.

지자체들과 작업하는 동안 이룬 가장 중요한 성과는 몬트리올시를 대표하여 시장 제랄드 트랑블레와 동반자 협약에 조인했던 것이다. 몬트리올 시청에서 그들 스스로가 만든 정책을 일방적으로 공표하는 식이 아니라, 함께 협력하여 일하기로 한 협약에 양측이 서명했으니, 이는 사회적경제가 도시 발전에 기여하는 바를 인정하는 것임과 동시에 사회적경제의 발전에 시정부가 기여하는 바를 인정하는 것이었다. '샹티에', '몬트리올 사회적경제 허브', 몬트리올·라발 지역의 지역개발협동조합, 몬트리올의 주요한 사회적경제 프로젝트인 앵거스 개발공사Société de développement Angus와 토위TOHU 등 다양한 조직들이 이 협약에 서명했다. 그 협정문 일부를 보자.

사회적경제의 행위자들과 각급 지자체 정부는 동반 협정을 맺으며, 이를 통해 양측 모두는 몬트리올의 여러 다른 활동 영역에서 각자의 활동을 수행하기로 합의한다. 특히 지속가능한 발전, 문화 발전, 주택과 부동산 개발, 레크리에이션과 여행업 등이 중요한 영역이 된다. 지자체 정부는 몬트리올 사회적경제의 행위자들에게 장기적 행동 계획의 실행에 있어서 책임을 공유한다는 인식에 기초한 파트너십 관계를 제안한다. 이 파트너십은 세 가지의 목표를 갖는다.

깊게 뿌리를 내린 사회운동은 엄혹한 시기에도 튼튼히 버텨낸다

1) 사회적경제가 몬트리올의 발전에 이루어놓은 기여를 공식적으로 인정하는 것.

2) 사회적경제가 기존에 이루어놓은 성과에 기초하여 더 번성할 수 있는 새로운 접근법들을 발전시키고 또 이미 존재하는 여러 수단들을 더욱 강화하는 것.

3) 시민들의 필요를 충족하기 위한 공동체 기반의 사업체들을 육성하고 창출함으로써 몬트리올 지역 전체에 지속가능한 발전을 이루는 데에 사회적경제의 행위자들이 기여하는 바를 확장하고 또 공고히 할 것.*

이렇게 작은 지역 내에 보다 깊게 활동이 묻어 들어가도록 만드는 것이 중요해짐에 따라 사회적경제를 담당하는 퀘벡 정부의 부서에도 변화가 생겼다. 기존 경제발전·혁신통상부MEIE는 이러한 현실을 이해하는 데에 거의 관심을 보이지 않았기 때문이다. 그리하여 '샹티에'는 정부의 담당 부서를 바꾸어줄 것을 요청했고, 2006년 '대표자회의'에서 퀘벡주 지사는 사회적경제에 대한 정치적 행정적 책임 부서를 퀘벡 자치행정부MAMROT로 이관한다고 공표했다. 이러한 조치는 사회적경제가 지역발전에 다양한 긍정적 영향을 가져온다는 것을 고려한 것이었으므로 우리로서는 아주 고무적인 것이었다. 경제발

* A Social Economy Partnership for Community-Based Sustainable Development(Ville de Montréal, 2009, p. 4.)

퀘벡 자치행정부 차관 로베르 소베, 샹티에 의장 파트리크 뒤귀에, 샹티에 CEO였던 낸시 님탄.
(2007년)

전·혁신통상부와는 달리 퀘벡 자치행정부의 접근법은 매출과 수출을 끌어올리는 데 있는 게 아니라 공동체의 필요에 응하는 것을 목표로 삼는 집단적인 프로젝트들을 품을 수 있는 여지가 아주 많았다. 이 시기는 부서 내에서 지역발전 책임을 맡은 이들, 특히 차관보였던 로베르 소베Robert Sauvé 그리고 차관이었던 장폴 볼리외Jean-Paul Beaulieu 등과 좋은 동료 관계를 맺었던 기간이다. 2008년 퀘벡 주정부는 사회적경제를 위한 첫 번째 행동 계획인 '집단적 사업체 육성을 위한 행동계획Plan d'Action Gouvernemental en Éntrepreneuriat Collectif, PAGÉC'을 도입했다. 이는 2006년 '대표자회의'에 대한 응답으로서, 부문과 장소에 기초하여 사회적경제의 발전을 지원하기 위한 일련의 조치들을 제시했을 뿐만 아니라 그 이후의 진전 상황을 모니터하기 위해서 정부 부처 간의 위원회를 설립했다.

퀘벡의 사회적경제 행동 계획

퀘벡 주정부는 1996년을 필두로 사회적경제에 대해 몇 가지 투자를 행했거니와, 이는 무엇보다도 부문을 기초로 삼는 것이었다. 이러한 부문 위주의 조치들은 계속되었고 2003년에는 주정부가 그 예산 안에 3년에 걸쳐 2000만 달러를 투자하여 사회적경제 사업체들을 육성한다는 방대한 행동 계획을 넣어서 이를 발표한 바 있었다. 하지만 2004년 4월의 선거에서 퀘벡당이 자유당에게 권력을 넘겨주면서 이 계획도 폐기되었다. 2007년, 사회적경제의 책임 부서가 퀘벡 자치행정부로 넘어가고 2008년 11월에는 정부가 '집단적 사업체 육성을 위한 행동계획PAGÉC'을 발표하게 된다.

이 최초의 '행동계획'은 사회적경제 부문에 의미가 큰 몇 가지 조치들을 함께 묶은 것이었다. 우선 당시에 존재하던 사회적경제 부문 전체의 자금 지원을 유지하면서 이에 추가하여 '특별 협약'을 통하여 퀘벡 전역의 도 단위 사회적경제 허브들과 '샹티에'에 대한 연간 단위 자금 지원을 공식화했다. 또한 10만 달러를 내어 사회적경제 부문의 연구 조사를 지원하기 위해 '사회적경제 연구기금Fonds d'Initiatives en Économie Sociale,

FIÉS을 도입했고, 그 밖에도 북미 원주민들, 이민자들, 문화 사업체들을 위한 몇 가지 조치들이 포함되었다.

2015년 5월에는 2013년 입법 틀을 채택하여 '사회적경제 육성을 위한 행동계획Plan d'Action Gouvernemental en Économie Sociale, PAGÉS'이 공표되었다. 이 계획은 2020년까지 시행된 것으로서, 사회적경제 부문의 장기적인 우선 과제들 몇 가지를 언급하고 있다.

— '집단적 사업체 인프라 프로그램PIEC', '퀘벡사회적투자네트워크'와 '샹티에 신탁' 등에 대한 투자와 같은 다양한 수단을 통하여 사업체들에 대한 자금 지원을 늘린다. 여러 '지역발전협동조합CDR'을 지원하고 사회적경제 사업체들을 자본화하는 데에 필요한 신규 자금을 창출한다.

— '나는 사회적경제 제품을 구매한다!Économie sociale, j'achète!'라는 프로젝트를 통해 사회적경제 사업체들로부터의 정부 조달을 장려한다.

— 3년에 걸쳐서 75만 달러를 투자하여 노인들 및 스스로 살아가기 힘든 이들의 필요를 해결하기 위해 사회적경제 사업체들이 제공하는 각종 서비스를 발전시키고 공고히 할 부문별 클러스터를 창출한다.

— 3년에 걸쳐서 75만 달러를 투자하여 사회적 배제를 겪고 있는 개인들을 사회적, 직업적으로 통합하는 데에 사회적경제 사업체들의 역할을 증대하는 부문별 클러스터를 창출한다.

— 사업체 승계 문제의 해결책으로 집단적 창업의 방법을 장려하기 위한 프로젝트들을 추진한다.

— 사회적경제를 알 수 있는 공식적 통계를 산출한다.

'집단적 사업체 인프라 프로그램(PIEC)'

사회적경제 행위자들은 그전부터 공공 인프라 프로그램들을 통하여 집단적 투자 프로젝트를 조직하는 것이 가능하다는 요구를 해왔다. 2002년, 레크리에이션·여행업 부문에서 이러한 방향으로 최초의 움직임을 보이기 시작했다. 2011년에는 정부의 '행동 계획'에 이러한 '집단적 사업체 인프라 프로그램'의 창출 방안을 풍부하게 담았다. 이 프로그램은 아주 호응이 좋았으며 여러 번에 걸쳐 갱신되었다. 이를 통해 상업 및 산업용 건물들의 건설, 리모델링, 인수 등의 자금을 얻을 수 있었으며, 이 자금으로 사회적경제 사업체들의 발전 혹은 이 사업체들의 서비스 개선이 가능하게 되었다. 2016년에서 2018년 사이에 이 프로그램의 지렛대 효과, 즉 다른 출처의 자금에 대한 집단적 사업체 인프라 프로그램 자금의 비율은 1대 5였다.

장소 기반의 발전에 있어서 도 단위의 사회적경제 허브가 중요하다는 것이 공식적으로 인정되었고, '집단적 사업체 육성을 위한 행동 계획'이 시행되면서 이러한 허브들은 발전을 위한 협력, 홍보, 지원의 센터가 되어 지역의 다종다기한 현실에 적합한 온갖 종류의 프로젝트들을 만들어냈다. 이러한 프로젝트를 통해 사회적경제 허브들은 '사회적경제 주간', 교육, 네트워킹, 사회적경제에 대한 정보 및 지역 비전 만들기 등 다양한 활동들을 이끌어냈다. 당시부터 오늘날까지 이 허브들은 보다 작은 지역의 단위들('마을발전센터'와 하위 지자체들)과 긴밀한 협력관계를 맺고 있으며, 뿐만 아니라 여러 '사회적경제 및 공동체조직 노동인력위원회', '사회적경제 연구를 위한 대학·공동체연합', '사회연대경제혁신지대', '샹티에사회적경제 신탁기금' 등 퀘벡 전체 차원에서 활동하는 다양한 단위들과도 협력하고 있다. 허브들 사이의 네트워크는 그때에도 또 지금도 퀘벡 사회적경제의 발전에 있어서 필수불가결한 동력으로 작용하고 있다.

사회적금융 : 누가 할 것이며, 누구를 위해서 할 것인가

'샹티에'의 핵심 역할 중 하나는 집단적 사업체를 만들고자 하는 이들에게 퀘벡 어디에서든 그 필요한 도구를 얻을 수 있도록 보장하는 것이다. 그렇기 때문에 연대에 기반한 금융은 시작부터 지금까지 항상 최우선의 중요성을 갖는 과제였다. '퀘벡사회적투자네트워크'는 많은 집단적 사업체들이 민간투자를 얻을 수 있도록 문을 열어주는 데에 핵심적인 역할을 했지만, 이렇게 해서 조달되는 자금은 자기자본이 아닌 부채의 형태를 띠고 있었기에 사업체들로서는 규모를 키울 수 있는 기초가 되지 못했다. 따라서 이 사업체들이 좀 더 긴 시간 지평을 놓고 성장해나가는 것을 지원하려면 모종의 자본 유입이 절실하게 필요하다는 것을 갈수록 절감하게 되었다. 이를 위해서 우리

'샹티에사회적경제 신탁기금'의 창립 발표회. 캐나다 정부의 장피에르 블랙번(Jean-Pierre Black-burn), 퀘벡 정부의 앙리 고트랭(Henri Gautrin), 퀘벡노련기금의 레오폴드 볼리외(Léopold Beaulieu), 퀘벡연대기금의 앙리 마세. (2007년)

'샹티에사회적경제 신탁기금'을 빚어낸 자크 샤레스트와 샤를 갱동. 샹티에 이사장 파트리크 뒤귀에가 함께했다. (2007년)

는 발상의 전환을 해야 했다. 그리고 그 과정에서 '인내자본'이라는 아이디어가 나오게 되었다.

2007년 '샹티에사회적경제 신탁기금'이 만들어진 것은 이 점에 있어서 중요한 혁신이었다. 이러한 결실이 나오기 위해서는 통념을 깨는 긴 과정을 거쳐야 했고 또 완고한 저항에 직면해야 했다. 이는 심지어 사회적경제운동에 친밀한 집단 내에서도 벌어진 일이었다.

'샹티에사회적경제 신탁기금'의 창설

'샹티에사회적경제 신탁기금Chantier de l'économie sociale Trust'은 '인내자본' 기금으로서, 그 목적은 스타트업을 지원하고 또 집단적 사업체들의 확장을 도우며, 이러한 단위들이 부동산을 얻고 사업자본을 만들어내는 것을 지원하는 것이었다.

2006년에 출범한 이래로 퀘벡의 모든 지역에서 189개의 사업체(236개의 프로젝트)를 대상으로 6200만 달러 이상의 자금 지원을 승인했다. 신탁기금의 자체적 추산에 따르면, '샹티에'가 이 자금 지원으로 가능해진 투자 총액은 4억 1100만 달러라고 한다. 이를 통해서 노동력 통합의 목적으로 3300개 이상의 일자리와 759개 이상의 수습직 자리가 만들어지고 공고해졌다. 신탁기금은 15년짜리 장기 금융서비스를 내놓았거니와, 이는 장기적인 시간 지평에서 발전 계획을 세우는 사회적경제 사업체들에게 있어서는 절실한 필요를 충족하는 것이었다.

깊게 뿌리를 내린 사회운동은 엄혹한 시기에도 튼튼히 버텨낸다 사회적경제 사업체들도 다른 모든 종류의 사업체들과 마찬가지로 자본에 대한 접근이 가장 결정적으로 중요한 문제이다. '샹티에 신탁기금'은 이 문제에 대응하기 위해 생겨났다. 2000년대 초에는 협동조합과 비영리 단체들의 현실에 적합한 금융 도구가 분명히 결여되어 있었다. 이들이 사업을 발전시키는 데에 쓸 수 있는 종류의 자금은 대출뿐이었다. 이는 금융적으로 큰 부담이었다. 이렇게 해서 들어온 자금은 모두 빨리 상환해야 할 부채가 되기 때문이다. 하지만 이와 정반대로 종래의 중소기업들에게는 다양한 선택지가 주어져 있었다. 무엇보다도 이 중소기업들은 발전 자금이 필요한 경우에는 투자자들에게 지분을 판매하여 자기자본을 모을 능력이 있다. 하지만 집단적 사업체들은 아무리 성장이 좋다고 해도 이러한 유형의 투자를 얻을 기회가 없기 때문에 분명한 난관에 부딪힐 수밖에 없었다. 분명히 해결책이 필요했다.

그래서 '샹티에'는 사회적경제운동의 통제하에 취지에 복무할 수 있는 금융 도구를 만들기로 결정했고, 그 과정에서 이념적으로나 실천적으로나 금융 부문의 전통과 과감하게 절연했다. '샹티에'는 투자자들의 관점에서 출발하기보다는 사업체들의 필요 분석에 기초했다. 그래서 사회적경제 사업체들을 위한 벤처자본 형태를 띤 '인내자본'을 창출하자는 것이 아이디어였다. 많은 이들이 우리를 미쳤다고 여겼다. 하지만 한번 따져보라. 벤처자본이란 그 본성상 '인내'를 특징으로 한다. 이는 투자자의 수익을 극대화하기 위한 전략인 것이다. 더욱이 사회적경제 사업체들의 설립 원칙 자체가 자본보다 사람을 우선한다는 것이므로, 투자 행위를 통해서 투자자가 그 사업체에 대해 직접으로든 간접으로든 통제권을 줄 수도 없다. 이러한 사업체는 민주적인 경영의 여지를 분명하게 품고 있어야 하기 때문이다.

금융 부문에서 혁신의 기회가 열린 것은 캐나다 연방정부 차원에서의 사회적경제 프로젝트 덕분이었다. 2004년 예산에서 사회적경제에 투자하기로 한 자금이 2800만 달러다. 이 예산이 발표되자 캐나다 경제발전부Canadian Economic Development(퀘벡을 담당하는 연방정부의 지역발전 부서)는 이 자금을 어떻게 쓸 것인지에 대한 제안서를 요청했다. 당시 '샹티에'의 회원이었던 자크 샤레스트*와 샤를 갱동이 전문성을 발휘하여 '샹티에'는 퀘벡노동자총연맹연대기금Fonds de solidarité FTQ 그리고 퀘벡 전국노동조합연맹기금Fondaction CSN이라는 양대 노총 연기금과 연대하여 새로운 '인내자본' 도구를 창출하자고 제안했다. 이 제안은 퀘벡의 모든 군 하나하나의 필요에 대해 광범위하게 조사를 행하여 이를 기초로 마련한 것이었다. 우리는 각 지역과 각 부문의 행위자들에게 지지 서한을 보내달라고 요청했다. 우리의 제안은 독창적이었을 뿐만 아니라 또한 강력하기도 했던 것이라, 마침내 정부에 채택되었다. 그리하여 2007년에 신탁기금이 창설되었던 것이다. 물론 1997년 이후 '퀘벡사회적투자네트워크'를 통해 생겨난 경험이 우리에게 유리하게 작용했다. 그 경험 덕분에 집단적 사업체에 이루어진 투자가 리스크도 낮고 또 상환도 책임 있게 이루어질 것이라는

---

* 그는 현재 '샹티에사회적경제 신탁기금'의 사장이다.

주장이 입증된 바 있기 때문이었다. 산업·상업부 장관인 미셸 오데는 우리가 부탁하지 않았는데도 스스로 나서서 퀘벡투자청을 통해 금융 패키지를 지원했고, 이 덕분에 퀘벡 정부로부터 1000만 달러의 투자를 얻어낼 수 있었다. 그리고 그를 기초로 총 5억 2800만 달러의 기금을 조성해내는 데에 성공했다.

성공으로 가는 길은 절대로 순탄하지 않았다. 사회적금융 부문 내부에서조차 날선 논쟁들이 벌어졌다. 데쟈르뎅운동은 이 기금에 투자하기를 거부했을 뿐만 아니라, 퀘벡 정부를 통하여 협동조합운동의 대표자로서 테이블에 앉겠다고 요구하고 나섰다. '퀘벡 협동조합 및 상호공제회 위원회CQCM' 또한 '샹티에'가 그러한 금융 도구를 창설할 권한이 있느냐고 따져 물으면서 신탁위원회의 의석을 요구했다. 우리는 이러한 요구를 받아들였지만, 그들이 보낸 대표자가 이 새로운 금융 도구에서 혜택을 받을 수 있는 협동조합 네트워크의 일부가 되어야 한다고 주장했다. 그리하여 협동조합운동을 대표하는 역할이 처음 몇 년 동안은 학교협동조합연맹, 나중에는 장례협동조합연맹에 주어졌다.

또한 사회적금융 행위자들 중 일부도 신탁기금의 상당히 독창적인 거버넌스 형태에 반대하고 나서서 우리를 놀라게 했다. '샹티에' 이사회는 투자 정책을 바꾸는 것과 펀드매니저의 선택에 비토권을 행사했다. 그 의도는 신탁기금의 행위자들과 사용자들이 그 전반적인 전략의 방향성에 대해 통제권을 행사하는 동시에 투자 결정의 객관적이고도 엄밀한 분석이 이루어지도록 보장하려는 것이었다. 이 논쟁은 심지어 일간지에도 불거져 나왔고, 나와 '샹티에' 이사진에 대한 인신공격까지 이루어졌다. 어째서 이런 소란이 벌어졌을까? 이유는 간단하다. 우리는 기존의 금융기관들이 사회적경제 사업체들의 요구에 충분히 대응하지 못한 점을 부각하는 선례를 남겼기 때문이다. 그리고 무엇보다도 집단적 사업체이든 개인 영리기업이든 사업체의 발전에 있어서 금융 부문이 쥐고 있는 통제권에 대해 우리가 도전을 했기 때문이었다.

이 신탁기금을 창설하면서 생겨난 폭풍은 사회적경제 행위자들에게 아주 많은 교훈을 남겼다. 퀘벡의 경제가 경제민주주의라는 전혀 다른 논리에 기반하여 발전하기 위해서는 아직도 갈 길이 얼마나 먼지를 똑똑히 알게 되었다. 오늘날 이 신탁기금은 그 효과와 적실성에 있어서 널리 인정받았을 뿐만 아니라, 다른 도구들의 창설에 있어서도 중요한 정보의 원천 역할을 하고 있다. '인내자본'이라는 말은 이제 퀘벡이나 다른 곳에서도 사회적금융의 핵심 열쇠 말의 하나가 되었다.

책임 있는 소비 : 나는 사회적경제에서 구매한다!

우리의 활동은 집단적 사업체로 하여금 자본에 접근할 수 있도록 하는 것만이 아니었다. 2000년대 초반에는 집단적 사업체들 사이의 구매력과 상업적 관계를 강화하고 또한 이들이 시장에 접근할 수 있도록 하자는 노력이 강했다. '사회연대경제 대표자회의' 기간 동안 이 문제는 최우선의 과제로 다루어졌다. 사회적경제 사업체들 사이의 상업 거래를 강화하고 외부의 접근 폭을 넓히자는 욕구가 있었던 것이다. 어떤 경우에서는 사회적경제 사업체가 이미 비교적 보호받는 시장들에 접근하기도 했다. 공공부문과 영리부문 모두가 제대로 해결해주지 못하는 요구를 충족시키고 있었기 때문이다. 하지만 대부분의 경우 우리 사업체들은 영리 기업과 집단적 사업체가 함께 활동하는 부문에 있었다. 그런데 집단적 사업체들은 규모가 작기 때문에 노동조건과 환경 안전 등의 기초적 기준들을 존중하면서 사업을 안정시키기가 쉽지 않았다.

다행히도 이 시기의 퀘벡 사회는 사회적경제 사업체들이 지역공동체의 발전에 그리고 일정한 사회적, 생태적 문제들을 다루는 데에 있어서 얼마나 중요한지를 점차 인식하게 되었다. 2011년이 되자 캐나다의 다른 주정부들도 책임 있는 소비 정책들을 시행하게 되고, 퀘벡 정부도 이를 따랐다. 퀘벡 정부는 장소 기반의 사회 재생 전략의 새로운 방법의 틀을 채택했고, 그 안에서 '나는 사회적경제에서 구매한다!'의 프로젝트를 출범시켰다. 목표는 두 가지였다. 첫째는 집단적 사업체들이 정부와 사업을 진행할 수 있게 (부담스러운) 조달 과정들을 버텨낼 수 있도록 역량을 강화시키는 것이고, 둘째는 정부 각 부처와 기관들 그리고 보건 관련 시설들과 지자체 등으로 하여금 사회적경제 사업체들로부터 구매하도록 장려하는 것이었다.

이러한 프로젝트에는 여러 파트너들의 참여가 필요했다. '샹티에'

는 물론, 각 군 단위 사회적경제 허브들, 퀘벡 자치행정부를 경유한 퀘벡 주정부, 그 밖에 일부 지자체들이 뛰어들었다. 하지만 넘어야 할 장벽은 참으로 높았고 지금도 그러하다. 정부 조달에 입찰하는 과정은 무척 까다롭고, 대부분의 사업체들은 규모의 영세성에 시달리며, 자본에 대한 접근도 한계가 있었다. 이 모든 요인들이 공공 조달 시장에서 집단적 사업체들이 더 많이 참여하는 것을 막는 장벽으로 확인되었다. 이것을 확인하는 작업은 충분한 가치가 있었다. 사회적경제 사업체들을 정부 조달 업체로 지정했을 때 양쪽 모두가 이익을 얻을 수 있다는 가능성을 점차 인식한 것이다. 또한 공공기관들은 물론, 영리기업과 개인 소비자들 사이에서도 책임 있는 소비를 선호하는 사회적 분위기가 조성되었다.

하지만 이렇게 정치적인 확약이 있었음에도 불구하고 앞으로 나아가는 길은 쉽지 않았다. 사업체들로 하여금 입찰에 응모할 수 있도록 준비시키는 일도 해야 했고 또 상호 협정에 근거하여 정부와 사업체 양쪽에 협상이 이루어지도록 중재해야만 했다. 또한 정부 측 조달 책임자들에게 사회적경제의 의미와 잇점을 알려나가야 했으며, 공공사업 수주를 따내는 데에 필요한 지식을 모두 익혀야 했다. 게다가 신문에서 연일 정부 계약에 담합과 부패 스캔들에 대한 기사를 올리는 탓에 그때마다 정부 측 구매 담당자들이 극도로 몸을 사렸다. 정부 조달의 의사결정 과정은 중앙에 집중되어 있고, 재무부는 표준화를 요구하며, 정부 계약은 여러 개가 하나로 묶여서 집중화된 정부 구조를 통해 나오게 되어 있었으므로 사회적경제 사업체들로서는 어려움이 한

둘이 아니었다. 더욱이 정부가 공모하는 사업 규모는 지역과 마을의 사회적경제 사업체들이 감당할 수 있는 규모를 훨씬 넘어서는 물량일 때가 많았다. 이러한 여러 난점을 뚫기 위해서는 많은 훈련과 복잡한 과정들을 거쳐야만 했다. 그런데 그렇게 해봐야 불행히도 사업을 따내는 데에 실패할 때가 적지 않았다.

하지만 다양한 파트너들이 함께해준 덕분에 최상의 결과가 나왔으며, 특히 사회적경제 허브들이 중요한 역할을 했다. 실제로 몇몇 허브들은 자기들 지자체 정부와 협약을 발전시켜나갔으니, 이 정부들은 또한 사회적경제 지원을 강화하겠다는 선언에 서명하기도 했다. 또 '몬트리올 사회적경제 허브'는 몬트리올의 공공기관 구매자들과 사회적경제 사업체들을 모아 집단적 사업체들로부터 구매를 늘리기로 하는 공동 프로젝트를 성공적으로 발전시켜나갔다. 이 프로젝트는 에스트리Estrie, 롱괴이Longueil, 퀘벡시 등 다른 지역의 허브들에서도 똑같이 채택했다.

또한 우리는 이탈리아 사회적협동조합들의 경험에서 영감을 얻어, 대규모 정부 수주가 있을 때에는 이에 대응하기 위해 컨소시엄을 구성하는 전략을 시험했다. 그리하여 2013년 몬트리올 올림픽 건물들을 관리하는 기관인 '삶을 위한 공간Espace pour la vie'에서 직접 사회적경제 사업체들을 대상으로 지목해 식품 조달 서비스 사업을 내놓았을 때, 노동력 통합 사업체 세 군데에서 함께 컨소시엄을 구성하여 그 계약을 따냈다. 이 '태양의 프로젝트Project Sol'는 오늘날에도 올림픽공원 내 비오돔Biodôme과 우주과학관 등에 식품을 공급하고 있다.

2011년 '샹티에'는 집단적 사업체의 상업적 역량을 강화하기 위한 야심적인 장기 프로젝트를 시작했다. 그 첫 번째 작업은 '연대장터 Commerce Solidaire'를 만드는 것이었다. 사회적경제 사업체들이 자재 비용을 줄이기 위해서 집단으로 구매하도록 장려하는 것이었다.* '연대장터'의 임무는 '사회적경제 사업체들의 구매력을 개선하고, 사회적경제 사업체들의 재화 및 서비스가 잘 팔리도록 지원하고, 지역발전과 책임 있는 소비를 장려하는 것'이었다. 하지만 그 길은 멀고도 힘든 것이었다. 우리는 사회적경제 사업체들을 하나씩 만나 구매 절차를 바꾸는 게 좋다고 확신을 주어야 했고, 그다음에는 판매 기업들에게 좀 더 좋은 가격에 팔아달라고 협상을 벌여야 했다. 우리들의 총 주문액이 (처음에는) 큰 액수가 아니었음에도 말이다. 하지만 이 모든 일들이 결실을 보았다. '샹티에'의 사업팀 특히 능수능란하게 서류 작업을 맡아준 프랑수아 베르메트François Vermette와 '연대거래'의 지휘자였던 장 베나르Jean Bènard, 그리고 다른 몇몇 회원 네트워크 등의 공헌이 컸다. 2012년에 첫 거래를 행한 이후 오늘날에는 '연대장터'의 거래액이 400만 달러를 넘는다.

---

* 이는 퀘벡 영유아돌봄연합의 프로젝트에서 영감을 얻은 것이었다. 여기에서 만든 구매 협동 조합 '윌리엄'을 통해 회원으로 있는 돌봄센터들이 더 좋은 가격으로 필요한 것들을 구입할 수 있게 되었을 뿐만 아니라 그 조달업체들에게도 가급적 지역에서 원료를 구매하도록 장려하기도 했다.

'연대장터'의 창설

2011년 '샹티에'가 창설한 '연대장터Commerce Solidaire'는 공동구매를 조직하고 또 사회적경제 사업체들의 판로 개척을 돕는 일을 했다. 그 목적은 다음과 같다.

— 퀘벡 사회적경제 사업체들이 사업에 필요한 재화, 서비스, 자재를 구매할 때 비용을 크게 절감할 수 있도록 한다.
— 사회적경제 사업체들의 생산물과 서비스에 대한 개별 기업과 기관들의 구매를 촉진하기 위해 그 품질을 향상시킨다.
— 지역발전과 책임 있는 소비를 강화한다.

대량구매 플랫폼은 〈www.commercesolidaire.com〉, 상품 판매 플랫폼 (캐나다의 다른 조직들과 함께 창설했다)은 〈www.akcelos.com〉에서 접속할 수 있다.

두 번째 작업은 사회적경제에서 나온 생산물들과 서비스를 시장에서 더 잘 팔리도록 하는 것이었다. 사회적경제 사업체들로부터 구매하고 싶다는 관심을 보이는 이들은 공공기관, 영리기업, 개인 소비자들 할 것 없이 점점 더 늘어갔다. 하지만 그 요구에 맞는 제품, 적합한 서비스, 또 함께 일하기에 맞는 업체들을 어떻게 찾아낼 것인가의 문제가 있었다. 사회적경제 사업체들 중에는 공공기관에 스스로를 홍보할 수단이나 방법이 없는 곳도 많았고, 또 모든 구매자에게도 사회적경제 사업체들 중에서 필요한 제품을 생산하는 곳이 어디인지를 찬찬히 찾아볼 여유가 있는 것도 아니었다. 하지만 힘을 모아서 모두 다 가능하게 만들었다. 우리는 '연대경제'의 사이트에다가 우리 업체들 제품의 카탈로그를 수록하고 바로 온라인으로 구매할 수 있는 홍보 플랫폼을 만들어 넣기로 했다. 하지만 1단계 작업에서 지체가 되는 바람에 2단계 작업 역시 지체되었고, 플랫폼 제작은 2016년이 되어서야 시작되었다. 지금도 2단계 작업은 진행 중이며, 캐나다 네트워크Canadian Networks와 협업을 맺고 캐나다 연방정부 그리고 매코널 재단McConnell Foundation의 자금 지원을 얻어 이루어지고 있다. 그 공식적 출범은 2019년 가을에 이루어졌다.

이 '책임 있는 구매'에 대한 관심은 일부 대기업들과 공공기관에서도 뚜렷이 나타났다. 퀘벡의 대기업 및 기관들의 조달 담당 임원들의 연합체인 '책임있는 조달관행을 위한 퀘벡센터ECPAR'에서 '샹티에'를 찾아오기도 했다. 우리는 함께 대기업들이 사회적경제 조직들에게 하청을 줄 수 있는 협업의 공간들을 찾아냈다. 그 과정에서 우리의 새로운 구매 포털사이트인 '악셀로스Akcelos'가 촉매 역할을 했다.

우리 고향에서 절대 예언자 노릇을 하지 않았지만,
국제적 명성은 계속 증가하다

'샹티에'는 양자 간 협약을 통해서 그리고 여러 전 지구적 네트워크에 참여를 통해서 국제적 협력을 이루는 것에 항상 우선순위를 두었다. 하지만 여기에는 많은 에너지가 필요했고 계속 문제 제기가 나왔다. 우리 국내에서도 해결해야 할 문제가 산더미인데 어째서 온 세계를 쏘다니며 그렇게 많은 에너지를 쏟아부어야 하는가? 이는 명확하게 대답해야 할 중요한 질문이었다. 예전에도 그랬듯이 우리는 다시 한번 증명해 보일 수 있었다. 그러한 작업을 통해서 외국의 경험들을 풍부하게 배워오는 것이 얼마나 큰 도움이 되었는지, 또 이러한 작업을 통해서 우리 퀘벡 내에서 사회적경제에 대한 인식과 인정을 개선하는 데에 얼마나 큰 도움이 되었는지를 말이다. 국제 협력은 또한 우리가 신봉하는 가치들을 표출할 수 있는 기회였다. 이를 통해 세계 어느 곳에서든 다양한 사회적연대운동들이 같은 목소리를 내고 있으며 또 그래서 우리가 어떤 것들을 이루어냈는지를 공유할 수 있는 기회인 것이다. 2004년에서 2011년 사이에 우리는 아르헨티나, 벨기에, 쿠바, 스페인, 아일랜드, 우크라이나, 브라질, 카메룬, 한국, 일본, 볼리비아, 멕시코, 과테말라, 나이지리아, 말리, 부르키나파소, 가나, 베트남, 스리랑카, 컬럼비아, 코트디부아르, 미국, 프랑스 등과 교류를 가졌다. 그리하여 2009년 이후에는 사회연대경제 분야에서 퀘벡의 국제적 명성이 상당히 올라가게 되었고, 2011년 '샹티에'가 조직한

'사회연대경제국제포럼FIESS'은 아주 장관을 이루면서 우리의 국제적 역량을 똑똑히 보여주었다.

이렇게 우리가 나서서 포럼을 조직하게 된 계기는 전 세계 모든 나라의 경제를 심각하게 위협했던 2008년 금융위기였다. 2009년 9월, 유엔 산하 국제노동기구ILO에서는 고용 위기를 다루기 위해 제네바의 본부에서 특별한 모임을 개최했다. 유엔 산하 기관들 중에서 국제노동기구는 삼자로 구성되어 있는 독특한 곳임을 주목하라. 여기에는 정부, 노동, 자본 각각의 대표자들이 함께 모여 정당한 노동환경을 유지할 수 있도록 국제적 규범들과 구체적 정책들 및 프로그램들을 고안해내는 곳이다. 국제협동조합연맹International Cooperative Alliance, ICA은 1919년 국제노동기구가 창설되었을 때부터 그 회원이었다. 그런데 이제 국제노동기구는 더 광범위한 집단적 기관들과 결사체들을 포괄할 수 있도록 결정했으니, 이는 전 세계적으로 사회연대경제가 일어서고 있다는 사실을 방증하는 것이었다. 이러한 분위기 속에서 나는 급작스럽게 초청을 받았다. 내가 참여하는 패널은 제네바의 유엔총회 직전에 열렸는데, 거기에는 세계은행의 대변인과 유럽 중소기업연합회 회장도 함께 참여했다.

이 자리에서 창업과 중소기업 문제들을 폭넓게 논의하는 가운데 나는 이번 위기에 대한 대책의 일환으로 사회적경제의 중요성을 이야기해달라는 요청을 받았다. 내게 주어진 15분 동안 나는 아주 강력한 메시지를 던질 수 있었고 반응도 좋았다. 미국 대표자는 다음과 같은 질문을 던지기도 했다. "이 경제위기의 상황에서 왜 하필 지금 사회적경제를 추진해야 하는 것인가요?" 나는 즉각 답변했다.

> 미국이 만약 제대로 된 집이 없는 이들의 필요에 대응하는 방법으로
> 사회적경제의 경로를 선택했다고 상상해보세요. 이번 위기는 없었을
> 것입니다. 이 국제적 위기를 촉발시킨 것은 주택담보대출의 원리금
> 을 사람들이 갚지 못하면서 그에 연계된 독성 금융상품들이 터진 것
> 이었으니까요. 캐나다에서는 저소득층의 주택문제에 대해서 협동조
> 합과 비영리기관들을 통해 사회적경제를 활용하는 경로를 택했습니
> 다. 몇십 년이 지난 지금 캐나다에서는 금융기관 파산이 거의 발생하
> 지 않고 있습니다. 만약 미국이 똑같은 선택을 했더라면 아마 지금 세
> 계 금융위기도 없었겠죠!

이러한 내 직설적인 대답을 다행히도 미국 대표자와 국제노동기구
팀에서도 잘 받아들여 나도 마음을 놓을 수 있었다.
그 후 몇 개월 동안 국제노동기구는 사회적경제 프로젝트 출범을
논의했고 마침내 결정한다. 2009년 가을, 국제노동기구는 요하네스
버그에서 "사회적경제 : 세계 위기에 대한 아프리카의 대응책"이라는
주제로 지역 콘퍼런스를 조직한다. 나는 여기에도 발언자로 초대받
았고, 2010년에는 훈련 지침을 준비하기 위해 이탈리아 토리노에서
두 주에 걸쳐 열렸던 소규모 전문가 소집단에도 참여했다. 이 모임의
명칭은 '사회연대경제 : 괜찮은 노동으로 함께 가는 경로'였으며, 국
제노동기구의 최초 사회적경제 훈련 프로젝트인 '사회연대경제 아카

'사회연대경제국제포럼(FIESS)' 참가자들이 몬트리올 증권거래소 앞에서 진행 중인 "월스트리트를 점령하라" 시위에 참여하기 위해 가고 있다. (2011년)

데미Social and Solidarity Economy Academy'의 밑받침이 되었고, 이는 오늘날에도 계속되고 있다.

이렇게 유엔 산하 기관에서 퀘벡의 사회적경제가 전문성을 인정받자 퀘벡 자치행정부 담당 장관인 로랑 레사르Laurent Lessard는 퀘벡에서 국제 행사를 공동 개최할 것을 제안했다. 우리는 즉각 행동으로 옮겼다. 여러 기관에 연락해 이번 행사에 파트너가 되어줄 것을 제안했고 이에 열성적으로 응답한 다양한 국제기관들과 손을 잡았다. 그런데 그때 레사르 장관 측에서 연락이 와 장관이 마음을 바꾸었고 이 프

2011년 몬트리올에서 열린 FIESS 개회식에 62개국의 1600명이 모인 가운데 낸시 님탄이 연설을 하고 있다.

로젝트에 필요한 자금은 줄 수 없다고 전했다. 하지만 너무 늦었다. 이미 '샹티에'는 바퀴를 굴리기 시작했으며 되돌아갈 수는 없는 일이었다. 우리는 우리가 쓸 수 있는 자원의 범위 안에서라도 일을 벌이기로 결정했고, 우리 힘으로 국제 포럼을 조직하기 시작했다. 그리고 다종다기한 파트너들에게 참여와 지원을 요청했다.

이는 큰 도박이었지만, 우리는 결국 해냈다. 이 행사의 조직을 직접 맡은 것은 사회적경제의 열정적 활동가로 오래 일해온 장프랑수아 오뱅Jean-François Aubin 으로, 그는 국제 네트워크들을 아주 잘 아는 이였다. 그에게 유능한 젊은이들로 구성된 팀을 지원했는데 그중에는 훗날 '샹티에'의 전무이사executive director가 된 베아트리스 알랭Béatrice Alain도 포함되어 있었다. 그리하여 '사회연대경제국제포럼'은 2011년 10월 몬트리올에서 열렸다. 참석자는 우리의 기대를 훌쩍 넘어 모든 대륙의 62개국에서 무려 1600명이 넘는 대표자가 참여했다. 다양한 규모의 지자체 정부의 대표자들도 참여했고, 여기에는 브라질 정부의 사회적경제 담당 국무비서관 파우 신제르, 파리와 리우데자네이루의 사회적경제 담당관들, 에콰도르의 담당 장관 등이 참여했다(에콰도르에서는 당시 사회연대경제를 공공 및 영리 부문과 동등한 수준으로 놓는 새로운 헌법을 막 채택한 시점이었다). 국제노동기구, 경제협력개발기구, 아프리카, 아시아, 남미의 개발은행들 같은 국제기구도 참여했다. '사회연대경제국제포럼'에는 다양한 이들이 참여했는데 그 전체를 관통하는 주제로는 사회연대경제의 의미 인정과 사회연대경제에 이로운 공공정책을 함께 만들어가는, 정책과 제도의 공동 건설co-construction에 참여할 것 등이었다. 여성문제를 놓고서 수백 명의 사람들이 사전 포럼을 조직했고(여성운동 단체 '여성연대Relais-Femmes'와 함께했다), 캐나다 원주민들의 문제에 대해서도 사전 포럼이 만들어졌다(퀘벡 원주민 친목 센터 네트워크를 조직했다). 노동조합 개별 모임Caucus도 두어서 여러 나라에서 온 노조 활동가들이 모여 노동조합과 국제적인 사회연대경제운동 사이의 여러 이슈 그리고 어떻게 연대할 것인가 등을 논의하는 장을 만들었다. 청년 행사도 있었고, 여기에는 풍성한 문화 행사도 곁들였다. 외국에서 온 참가자들은 퀘벡 전역을 관광하면서 광범위한 사회적경제 프로젝트들과 직접 접촉하는 기회를 얻기도 했다. 마침 이때는 '월

가점거운동'이 절정을 이루었을 때였으므로, '사회연대경제국제포럼'
참가자들 수백 명은 점심시간을 이용하여 몬트리올 주식거래소 건물
앞으로 몰려가, 국제금융의 상징적 장소 앞에서 텐트를 치고 있는 시
위 참가자들에게 지지를 표했다. 우리 측의 마르지 멘델 교수와 에콰
도르의 경제사회포용부 장관인 시메나 폰세 레온^{Ximena Ponce León}은
시위 참가자들에게 정열적인 연설을 했고, 다음 날 '월가점거운동' 진
영의 한 대표자가 '사회연대경제국제포럼'의 마지막 총회에서 짧게
발언하기도 했다.

'사회연대경제국제포럼'은 사회적경제를 중심으로 한 동원 활동에
새로운 동력을 불어넣었고, 무엇보다도 정부의 인정을 얻어냈다는 점
에서 대단한 성공이었다. '자기 고향에서는 절대로 예언자 노릇을 하
지 말라'는 말이 있다. 온 세계에서 사람들을 불러 모아 퀘벡 사회적
경제운동의 중요성을 증언하게 했으니, 새로운 행위자들도 이제 그
것을 이해하고 장래에 사회적경제와의 새로운 동맹 관계를 맺을 문
호를 열기 시작했다.

미래에 투자

다음 세대를 어떻게 키워낼 것인가는 항상 '샹티에' 활동가들의 마
음속에 있는 문제였다. 2009년에 채택한 전략 방향은 그러한 도전을
다음과 같이 요약하고 있다.

사회 전체에 닥친 문제이기도 하지만, 우리에게 있어서도 인구학적 변화가 중요한 도전이 되고 있다. 베이비부머 세대가 대량으로 한꺼번에 은퇴하는 시점이 임박한 지금, 우리가 벌여놓은 여러 사업과 조직들을 지켜나갈 새로운 일꾼들을 어떻게 확보할 수 있을까? 관리자, 행정가, 노동자를 계속 유지하고 끌어들일 수 있을까? 장차 우리의 목표는 집단적 사업체를 유지하는 것이 아니라 더 확장하고 숫자를 불리는 것이므로 이는 더욱 절실한 문제가 된다.

'샹티에'는 이 '세대교체' 대상을 단순히 새롭게 채용한 젊은이들을 넘어서 지금까지 사회적경제에 크게 참여하지 않았던 인구 집단까지 포함하기로 결정했다. 홍보 활동을 개발하여 이민자 단체에도 방문했고 그들이 떠나온 본국의 사회적경제와 이곳 퀘벡의 사회적경제를 연관시켜서 설명하기도 했다. 이러한 시도가 여러 번 있었지만, 그 결과는 절반의 성공이었다.

반면 퀘벡 젊은이들은 사회적경제의 메시지를 아주 힘찬 열정과 열린 마음으로 받아들였다. 많은 젊은이들이 사회연대에 뿌리를 둔 혁신적 창업이라는 비전에 공감했다. 청년 프로젝트뿐만 아니라 청년 단체와 함께하는 프로젝트의 숫자도 크게 늘어났다. 사회적경제가 무엇인지를 알리는 도구들이 몇 년에 걸쳐서 계속 생산되었고, 여러 다른 범주의 젊은이들을 타깃으로 배포했으며, 이 과정에서 다양한 소통 기법과 전략들이 사용되었다. 그중에서도 크게 어필했던 프로젝트 몇 가지는, '젊은이들이 사회적경제에 참여하고 있는 현황 조사', 막 졸업한 젊은이들이 집단적 사업체에 일할 경우 초기의 기간 동안 제공하는 임금 보조금인 '사회적경제에서 첫 직업을', 호별 방문 복지 및 보건 노동자들의 네트워크를 통해 집단적 사업체의 창업 널리 알리기, 청년 창업자들을 위한 민간의 장학기금, 몬트리올 청년포럼과 연대하여 젊은이들에게 사회적경제에 참여하도록 독려하기, 사회적경제 국제 교류 프로그램에 젊은이들을 참여시키기, 그리고 특히 기후위기에 대한 '유엔 지속가능발전 정상회의$^{Rio+20}$'에 청년 대표단을 조직하기 등이었다.

우리의 사업을 계승할 새로운 세대를 육성하는 문제는 '샹티에' 조직의 일상과 전략에도 큰 영향을 미쳤다. 2005년에 청년위원회가 만들어졌고 세대 계승의 문제는 이후 모든 계획 과정에서 가장 우선하는 과제로 떠올랐다. 이러한 조치들이 결실을 거두어, 사회적경제운동에 청년들이 참여하는 수준은 누구도 부인할 수 없게 높아졌다. 2016년에 만들어진 '청년 그룹$^{Youth\ Wing}$'은 사회적경제가 젊은이들 그리고 청년 조직들을 크게 자극하고 일깨웠던 정도를 증명하는 일이었다. 이제는 '샹티에'의 회원으로 들어온 청년 연합체들이 여러 곳 있으며, 사회적경제의 계속적 진보를 지지하고 밀어주겠다는 청년 연맹체들의 결의도 있다. 2019년 3월에는 사회적경제에서 학생운동의 역할이 무엇인가를 놓고 라발대학 학생회가 전 퀘벡 차원의 회의를 조직하기도 했으니, 이것이 그 증거가 될 것이다. 퀘벡 전역에 걸쳐 무수한 학생 연합체들이 여기에 참여했고, 대학 캠퍼스 내에서 집단적 사업체 창업을 자극하기 위한 아이디어 몇 가지가 진지하게 논의

젊은이들도 얼마든지 집단적 사업체를 창업할 수 있다

사회적경제에서 젊은이들 사이에 집단적 사업체의 창업을 장려하는 것은 중요한 문제였다. 그 기점이 된 프로젝트의 하나가 여름방학 동안 청소년들이 참여했던 청년서비스협동조합Coopérative Jeunesse de Service, CJS이었다. 이 프로그램은 여름방학 동안 중고등학생들에게 협동조합을 만드는 체험을 통해서 집단적 사업체 창업에 대한 관심을 일깨우는 것으로서 1988년에 처음 시작했다. 모든 청년서비스협동조합CIS은 각각 12~15명의 학생들로 구성된다. 지역과 마을 위원회의 지원을 받고 또 집단적 사업체 창업 훈련을 받은 뒤 이들은 자기들 마을에서 여름 일자리를 만들어내는 협동조합을 창설한다는 과제에 도전한다. 청년서비스협동조합은 2000년부터 2017년까지 퀘벡 정부와 퀘벡 연대기금이 오로지 이들을 지원하는 목적에만 쓰도록 자금을 지원하면서 퀘벡 전역에서 발전했다.

청년서비스협동조합 프로그램은 퀘벡에서 만들어진 '노하우savoir-faire'가 국제적으로 확산되었던 또 하나의 예이다(하지만 이 프로젝트는 막상 퀘벡에서는 현재 여러 어려움을 겪고 있다). '혁신창업자제작소Fabrique entre-preneuriale'와 그 구성원이었던 카테린 루아Katerine Roy와 위고 생로랑Hugo St-laurent은 지금 프랑스 그리고 스페인 카탈로니아의 파트너들과 힘을 합쳐 그곳에서 청년서비스협동조합 프로젝트를 구현하는 일을 하고 있다. 다른 나라의 여러 네트워크에서도 청년서비스협동조합 모델을 시험해보고 싶다고 관심을 표한 바 있다.

되기도 했다.

사회적경제운동 내에서 청년들이 차지하는 지도적 역할을 가장 잘 보여주는 예 중 하나는 '학생주거공급작업반UTILE'이다. 이는 열정적인 학생운동 활동가들이 만든 비영리 기관으로서, 학생들이 감당할 수 있는 월세의 주거를 제공하는 협동조합을 발전시키는 것을 임무로 삼는 단체였다. 이러한 목적을 위한 투자 기금이 창설되었고 그 최초의 주거 건물은 2019년에 착공되었다. 그 창립자 중 로랑 레베크Laurent Lévesque와 가브리엘 푸르니에필리옹Gabriel Fournier-Filion은 여러 사회적경제 네트워크에 적극적으로 참여하여 자신들의 전문성과 동원 능력을 함께 공유했다. 로랑은 '샹티에'의 '청년 그룹' 제1대 회장이 되었고, 지금은 '샹티에' 집행위원회의 일원이다.

"이 운동은 우리의 운동입니다"

'퀘벡·라브라도르 원주민회의APNQL'의 대표자들 그리고 이누이트인 대표자들도 1996년 '대표자회의'에 참석한 바 있었다. 나는 집단적 사업체라는 개념에 내재한 가치들 중 다수가 북미 원주민들 문화의 가치를 반영하는 것이라고 확신했기에 대추장 기슬랭 피카르Ghislain Picard와 이누이트인 대변인 마크 고든Mark Gordon을 만난 적이 있었다. "만약 여러분들이 관심이 있으시다면 저희 워킹그룹은 언제든 대환영입니다. 하지만 우리 그룹이 '대표자회의'에서 주변적인 위치에 있으니 우리 그룹에 꼭 들어오시라는 말씀까지는 못 드리겠네요. 하지만 저는 조만간 다시 만나게 될 거라고 봅니다. 개발 문제만큼은 우리와 여러분이 동일한 가치를 공유한다고 믿기 때문입니다." 그 당시 양쪽 지도자 어느 쪽도 우리 워킹그룹에 참여하지는 않았다. 하지만 우리가 다시 만나는 것은 시간문제였다.

1997년, 퀘벡 정부의 원주민 담당 사무국 부총장이었던 로베르 소베Robert Sauvé의 제안으로 '샹티에'는 '퀘벡원주민우애센터네트워크RCAAQ'와 여러 번의 회합을 갖기 시작했다(당시 이곳의 의장은 에디트 클루티에Édith Cloutier였다). 그 결과 발도르Val d'Or의 원주민우애센터에서 최초의 사회적경제 프로젝트가 시작되었거니와, 이 센터의 장이었던 클루티에는 이를 두고 "사회적경제가 새로운 기어를 장착했다"고 표현했다. 그다음 몇 년 동안 이 네트워크로부터 수많은 사회적경제 프로젝트들이 생겨났다. 2007년에는 '퀘벡원주민우애센터네트워크'의 전무이사인 조제 굴레Josée Goulet가 '샹티에'의 이사진으로 참여했고, 몇 년 동안 집행위원으로 활동했다.

이렇게 협력 동반 관계가 피운 꽃은 마침내 2006년 라크 생장Lac Saint-Jean 지역의 마스테이아시Masteuiash에서 '퀘벡·라브라도르 원주민회의'가 조직했던 큰 행사인 '퀘벡원주민사회경제포럼'으로 모습을 갖추게 되었다. 여기에는 원주민공동체 대표자들뿐만 아니라 퀘벡 및 캐나다 정부 그리고 퀘벡 사회의 모든 부문에서 온 단체들이 참여했다. 원주민 대표자들은 원주민들의 삶에 사회적경제가 차지하는 중요성을 강조했고, '샹티에'와 '퀘벡원주민우애센터네트워크' 사이에는 협력을 위한 협약을 체결했다. 정부에서는 원주민들의 경제발전에 있어서 좀 더 고전적인 접근법을 선호했지만, 원주민 참여자들 특히 젊은이들은 사회적경제의 여러 가치에 크게 공감했다. 다양한 주제에 대한 토론이 있은 후 전통에 따라 젊은이들에게 마지막 발언의 기회가 주어졌다. 경제개발에 대한 토론 시간 막바지에 나온 젊은이의 주장은 명쾌했다. "우리 원주민들First Nations은 우리의 땅과 우리의 공동체에 딸린 존재입니다. 우리 원주민들의 경제적 발전에 있어서 사회적경제가 중요한 자리를 차지했으면 하는 것이 저희들의 희망입니다." 그는 원주민 청년 위원회의 대변인이었던 알렉시 와와노로아트Alexis Wawanoloath였다. '샹티에'의 최고경영자였던 나는 그의 바로 옆자리에 앉아 있었는데, 너무 좋아서 입이 귀에 걸릴 만큼 기쁨을 참을 수가 없었다.

조직적 차원에서도 진전이 있었다. 원주민들 쪽에서 사회적경제 협력을 맡아보는 이들이 퀘벡 각 군 단위에서 작동하는 사회적경제 허브를 모델로 하여 원주민 사회적경제 동아리Indigenous Social Economy Circle를 만들었던 것이다. 주목할 만한 일은, 이 동아리가 원주민들 고유의 사회적경제에 대한 비전을 발전시키는 작업을 진행했다는 것이다. 이는 아니쉬나베Anishinaabe족 언어로 '원주민의 날Anicinape Kicikan'이라고 불리는 것이었다.

누나부트Nunavut족과 크리Cree족에도 지역 허브가 만들어졌다. 이 허브들은 '샹티에'와의 연계를 통하여 활동에 필요한 지원을 확보할 수 있었다. 이 기간 동안 이 허브들이 조직한 몇 개의 훈련 프로그램

원주민과 사회적경제

'샹티에'는 1997년부터 퀘벡의 원주민 조직들과 연계했고, 그 첫 번째 결실은 '퀘벡원주민우애센터네트워크RCAAQ'와의 협업이었다. 퀘벡 원주민우애센터네트워크에서는 사회적경제가 빠르게 경제개발의 중심 사안으로 떠올랐다. 이 센터 또한 많은 프로젝트를 출범시켰다.

2006년의 퀘벡원주민사회경제포럼에서는 사회적경제가 '퀘벡·라브라도르 원주민회의'에 의해 '경제개발의 경로'로서 인정받았으며, 2009년에는 원주민 사회적경제 동아리가 '퀘벡원주민우애센터네트워크' 주도로 만들어지기도 했다. 2012년 '퀘벡원주민우애센터네트워크'는 '샹티에' 이사회에 참여하고 싶다는 뜻을 밝혔다.

2015년에는 원주민들의 사회적경제에 대한 지역 회의가 생겨났으며 새로운 프로젝트들도 시작되었다. 원주민공동체의 사회적경제의 모습을 그려보기, 사회적경제를 주제로 한 원주민들의 회합, 2017년에 있었던 '청년 창업 파일럿 프로젝트StartUpNation' 등이다.

과 학술회의가 있었다.

그 이후로 원주민들과 우리의 협력 관계는 더욱더 강고해졌다. 그리하여 '사회연대경제국제포럼'이 다가오면서 '퀘벡원주민우애센터네트워크'는 원주민들의 사전 포럼을 조직하기로 결의했다. 여기에

깊게 뿌리를 내린 사회운동은 엄혹한 시기에도 튼튼히 버텨낸다

2011년 FIESS 개회식에서 '퀘벡·라브라도르 원주민회의'의 대추장인 기슬랭 피카르가 연설을 하고 있다.

는 350명이 참여했고, 전체 행사의 하이라이트 중 하나였다. '사회연대경제국제포럼'의 개회식에서 대추장 피카르는 정부 수반의 한 사람으로서 참가자들 앞에서 연설을 하도록 초청받았다. 포럼이 끝날 때 그는 자발적으로 한 번 더 연설을 하겠다고 요청했다. 연단에 오른 그는 아주 감정에 북받친 모습으로 엄숙하게 "이 운동은 우리의 운동입니다"라고 선언했다. 사회적경제의 여러 가치가 원주민들이 소중히 간직해온 가치들과 동일하기 때문이라는 것이었다. 당연한 일이지만, 그 자리에 모인 모든 이들의 감정이 북받치는 순간이었다.

이렇게 사회적경제 진영과 원주민들은 공통의 가치에 기반하여 서로에 대한 상호 인정과 동맹 관계를 맺게 되었다. 그리하여 2013년 '퀘벡·라브라도르 원주민회의'가 '샹티에' 이사회에 참여하겠다고 요청했을 때 큰 환영을 받았다. 오늘날에도 '퀘벡·라브라도르 원주민회의'는 사회적경제의 적극적인 지지자 역할을 하고 있다. 초기에는 원주민들의 보건사회서비스위원회가 사무를 맡았지만 오늘날에는 경제개발위원회가 책임을 맡고 있다. 오베제왕Obedjewan족 출신으로 아티카메쿠수공업협동조합Atikamekw Handicraft Cooperative의 창립자인 캐린 아와쉬쉬Karin Awashish가 이 위원회에서 사회적경제 자문으로 일하고 있으며, 원주민 사회적경제 동아리 또한 이끌고 있다.

새로운 경제 논리를 향하여 : 새로운 개발 모델에서 사회적경제의 역할

본래 '샹티에'가 자임한 임무는 사회적경제를 퀘벡의 사회경제적 인프라의 필수 요소가 되도록 할 것이었다. 이러한 임무를 위해, '샹티에'는 여러 공동체들의 필요에 맞도록 다양한 경제 부문에서 사회적경제 사업체들과 조직들이 생겨나고 발전하고 공고화되도록 홍보하고 촉진하고 지원하며, 지속가능한 일자리를 만들기 위해 움직여야 했다. 또한 다양한 사회적경제 행위자들 사이에 활동의 협력을 장려하고 지원하는 것 역시 '샹티에'의 중심적인 임무였다.

우리는 생겨난 처음 10년 동안 이러한 임무를 수행하는 데에 모든 힘을 쏟았다. 하지만 사회적경제 행위자의 대다수에게 그 동기는 처음부터 집단적 사업체를 창업하는 것을 훨씬 넘어서는 것이었다. 그 힘은 좀 더 포용적이고 민주적이며 지속가능한 경제를 발전시켜 사회 변화에 기여하고자 하는 결의에서 나오는 것이었다. 이런 이유로 여러 사회운동 또한 '샹티에'에 참여하여 함께 일했던 것임이 분명하다. 사회적경제운동은 비록 그 활동 폭에 제한은 있었지만 그래도 공동선에 복무하는 경제가 어떤 것인지의 비전을 보여주는 데에 강력한 도구 역할을 했다.

하지만 불행하게도 사업체의 창업과 개발 과정이라는 것이 워낙 일상적으로 수많은 도전에 부딪히는 일이라 '샹티에'의 제한된 자원은 모두 여기에 쏟아야만 했다. 2010년 2월이 되어서야 '샹티에'는 '경제논리 변화를 위한 네트워크Réseau CLÉ'를 출범시켰다. 여기에는 퀘벡자연보호운동Nature Québec, 퀘벡영유아돌봄센터연합회, 몬트리올문화연합Culture Montréal, 국제연구 및 협력센터CECI, 농업연대, 폴라니연구소, 'CIBL-FM' 지역 라디오방송국, 퀘벡 몬트리올대학의 커뮤니티 서비스 부서Services aux collectivités 등이 함께했다. 여기에서는 《모멘텀Momentum》이라는 책자를 네 번에 걸쳐 발간했다. 이는 우리의 선언과 여러 정보를 담은 소식지의 성격을 가지고 있었고, 2009년에 있었던 포럼 조직 과정에서 나타난 다양한 문제들의 논쟁을 다루고 또 깊이 있는 분석을 통해 경제에 대한 대안적인 비전을 명확히 하고자 하는 목적이 있었다.

하지만 불행히도 '샹티에'나 다른 회원 단체들이나 자원이 부족했기 때문에 '경제논리 변화를 위한 네트워크'는 단명하고 말았다. 하지만 '샹티에'는 일련의 전략 회의를 거치며 새로운 경제발전 모델이 출현하는 데에 사회적경제가 어떤 역할을 할 것인가에 대한 고민을 이어나갔다. 2011년 한 해 동안 정부와 시민사회 양쪽의 다양한 파트너들 사이에 많은 의견 교환이 있었고, 그 기초가 되는 것은 좀 더 민주적이고 공평하고 지속가능한 경제를 선호하는 일련의 제안들과 행동계획들이었다. 우리는 다른 이들과 함께 사회적경제가 퀘벡 사회에 어떻게 기여할 것인지의 장기적 비전을 구축하기를 희망했다. 그래서 노조 지도자, 각 정당의 대표자 혹은 분파, 마을 활동 네트워크, 여타 다수의 사회경제적 이해관계자들과 회합을 열었다. 이러한 논의를 통해 우리는 경제발전에 대한 그리고 좀 더 중요하게는 앞으로 밟아나가야 할 길에 대한 우리의 비전을 사람들에게 인정받도록 만드는 데에 진보를 보았다. 이러한 전략적 회합들을 시작하면서 나는 이렇게 천명했다.

오늘날 시민들은 기존의 지배적 경제 모델이 자연환경에 또 자신들 삶의 질에 어떠한 충격을 가져오는가를 갈수록 더 날카롭게 의식하게 되었고, 집단적으로도 우리의 식량주권과 문화주권을 보호할 필요에 대한 의식이 어느 때보다 높아져 있습니다. 따라서 좀 더 지속가능하며 공정한 경제발전을 향해 한 걸음 나아가야 할 때가 된 것입니다. 집단적 사업체의 창업에 그 응당의 기회를 부여할 것이며, 인간과 공공선을 중심적 관심사로 놓는 시민 기반의 경제를 지지해야 할 때입니다.

이러한 '샹티에' 작업의 중요한 의미가 받아들여지면서 결국 우리의 임무에도 변화가 나타났다. 우리가 지원하는 사업체들이 사회 변화의 과정에서 어떠한 역할을 하는지 따지지 않고서 지원 사업에만 매몰되는 것은 우리의 임무가 아니라는 것을 다시 상기한 것이다. 그리하여 우리의 임무는 사회적경제가 퀘벡에서의 다원적 경제의 필수적 일부가 되도록 하는 것뿐만이 아니라 그 과정에서 연대, 공정, 투명성 등의 가치에 기초한 경제발전 모델이 출현하고 경제가 민주화되는 과정에 참여하는 것도 포함하게 되었다.

'샹티에'를 다시 생각하다 : 원점으로 돌아가는 것이 힘이 될 수 있다

2012년, '샹티에'는 경영팀에서 두 명의 성원이 떠나며 첫 번째 내부 위기를 겪었다. 이 위기는 우리의 내부 조직을 어떻게 할 것인가 그리고 차세대에게 어떻게 자리를 물려줄 것인가를 놓고 벌어진 논쟁에서 비롯되었다. 이제 '샹티에'도 생겨난 지 15년이 되었으니 '재고 조사'도 해보고, 스스로를 돌아보면서 미래를 바라보고, 또 그를 위해서 어떻게 해야 '세대교체'를 성공적으로 이룰 수 있을지도 생각해보아야 했다. '샹티에'는 생겨난 지 처음으로 스스로를 하나의 조직으로서 성찰하는 시간을 가졌다. 이 과정은 네 개의 주제를 중심으로 구성했다. 임무의 재검토, 거버넌스의 수정, 우리가 고용주로서 행해온 관행, 계승의 문제 등이었다. 그 목적은 '샹티에'가 창립의 기초였던 가치들을 구현하면서도 계속해서 새로운 현실에 적응할 수 있도록 길을 찾기 위함이었다. 이사회는 거버넌스의 문제를 고찰하기로 했으며, 회원들과 함께하면서 자문을 얻어냈다.

이 과정에서 단체 내에 몇 가지 변화가 일어났다. 그 내부 구조, 임무의 명확한 제시(앞 절을 보라), 계승 문제의 우선성, 우리 내부의 생태계를 구성하는 다양한 성격의 단위들 특히 그 네트워크 내부의 '자매단체들'과의 관계 등이었다. 여기에서 내부 조직의 재구성, 참여가 더욱 강화된 경영, 인사관리 정책의 정규화, 거버넌스 구조의 변화 등 무수한 결과물들이 나왔다. 이는 '샹티에'가 생겨난 이래 그 힘의 원천이었던 여러 자산들을 보호하면서도 우리 단체에 새로운 관점을 열어주는 필수적인 과정이었다.

사회적경제기본법의 통과 : 운동을 시작한 지 30년 만에
제도적으로 인정하자는 사회적 공감이 마련되다

2013년, 퀘벡 의회는 '사회적경제기본법'을 만장일치로 통과시켰다. 퀘벡주 지사 폴린 마루아와 퀘벡 자치행정부 담당 장관인 실뱅 고드로Sylvain Gaudreault가 제안하여 퀘벡당 정부가 제출한 이 법안은 사회적경제의 인정으로 가는 긴 여정에서 중요한 진전이었다. 1996년 '대표자회의' 당시 우리 워킹그룹의 처음 세 가지 제안을 기억할 필요가 있다.

깊게 뿌리를 내린 사회운동은 엄혹한 시기에도 튼튼히 버텨낸다

—퀘벡의 사회경제적 인프라의 한 구성 요소로서, 우리 보고서에 제시한 사회적경제 모델을 인정할 것.

—퀘벡의 사회경제적 발전의 주요한 문제들에 사회적경제의 행위 자들을 온전한 파트너로서 인정하고 여러 자문 및 협력 과정에서 활발히 참여하게 할 것이며 또한 모든 사회적 동반 협력 구조에서도 완전한 대표 자격을 보장할 것.

—정부의 모든 각료들과 모든 기관들이 사회적경제 사업체 및 단체들을 온전한 참여자로서 인정할 것이며, 이 사업체들이 특정 형태의 정부 지원에서 배제되는 규범적, 행정적 장벽의 제거를 약속할 것.

그리하여 그 이후 일정한 진보가 이루어진 것은 분명한 사실이지만, 이러한 '대표자회의'에서 합의가 입법을 통하여 공식적 인정을 얻게 되는 데에는 18년이 걸렸다. 사회적경제의 존재를 인정받고 이를 정부 기구의 행정에 포함되도록 만들자는 생각은 프랑스, 멕시코, 스페인, 포르투갈, 그리스, 에콰도르, 콜롬비아, 브라질, 카메룬, 말리 등의 나라에서 논의되거나 채택된 여러 '사회적경제기본법'에서 영감을 얻은 것이었다. 이러한 나라들에서 '사회적경제기본법'의 목적은 집단적 사업체의 기여를 인정하고, 정부의 여러 기관과 정책에서 사회적경제의 위치를 확고히 하고, 새로운 공공정책들을 계속 개발할 수 있도록 정부와의 상설적 대화를 이루는 공간들을 확립하는 것이었다.

'사회적경제기본법'을 마련하자는 제안은 퀘벡 사회 안에서도 잘 받아들여졌다. 퀘벡 의회 안에서 경쟁하는 세 정당 모두와 회합을 가졌으며, 모든 정당들이 지지를 천명했다. 이 법안을 반대한 유일한 단체는 퀘벡상공회의소연맹FCCQ이었다. 당시의 의장은 프랑수아즈 베르트랑Françoise Bertrand이었으며, 그는 지역 계획을 위한 의회 위원회가 행한 자문 기간 동안 공식적으로 반대 의견을 표명했다. 퀘벡상공회의소연맹의 주장에 기초가 된 것은 이른바 '불공정경쟁'에 대한 우려였으며, 다른 근거는 전혀 없었다. '퀘벡 협동조합 및 상호공제회 위원회' 또한 그 종래의 입장과 마찬가지로 우려를 표명했다. 반면 데자르뎅운동의 전 의장이었던 클로드 벨랑은 의회의 위원회에 출석하여 법안에 대해 열정적인 지지 의사를 표명했다.

몇몇 우려를 딛고 2013년 10월 10일, 퀘벡 의회는 만장일치로 '사회적경제기본법'을 채택했다. 그 세 가지 목적은 첫째, 사회경제적 발전의 지렛대로서 사회적경제를 장려할 것과 둘째, 사회적경제의 발전을 지원하기 위하여 정부 활동에 있어서 일관성과 투명성을 제고하기 위한 정책 도구들을 만들고 채택할 것 그리고 셋째, 사회적경제 사업체들이 정부의 여러 조치 및 프로그램들에 접근할 수 있도록 장려할 것이었다.

2013년 10월 퀘벡 의회를 통과한 '사회적경제기본법'은 다음을 목적으로 한다.

1) 사회경제 발전의 지렛대로서 사회적경제를 장려할 것.
2) 사회적경제의 발전을 지원하기 위하여 정부 활동에 있어서 일관성과 투명성을 제고하기 위한 정책 도구들을 만들고 채택할 것.
3) 사회적경제 사업체들이 정부의 여러 조치 및 프로그램들에 접근할 수 있도록 장려할 것.

이 법을 통해 '샹티에사회적경제'와 '퀘벡 협동조합 및 상호공제회연합'은 사회적경제 영역에서 정부의 대화 상대로서 특권적 위치를 부여받으면서 제도적으로 승인을 얻게 되었다. 또한 정부는 의회에 5년마다 행동계획을 제출하고 또 이 법의 실행 과정을 보고하도록 의무화했다.
이는 '사회적경제기본법'이므로 어떤 특정 부서에 국한되는 것이 아니라 정부의 모든 활동에 적용되는 것이었으니, 이것이야말로 가장 큰 힘이 되는 부분이었다.

사회적경제기본법 이후에도 삶은 순탄하지 않았다

이 법이 만장일치로 통과된 것은 사회적경제가 인정을 받기 위한 오랜 여정에서 큰 승리였지만, 그 이후의 세월은 전혀 순탄치가 않았다. 6개월 후 퀘벡에는 필리프 쿠이야르Philippe Couillard가 이끄는 새로운 정권이 들어선다. 이런 변화는 '사회적경제기본법'에 위협이 되지는 않았으며, 그 '행동 계획'의 준비도 계속되었다. 2015년에 발표된 이 '행동 계획'에는 몇 가지 흥미로운 조치들이 들어 있다. 그중 가장 주목을 끌었던 것은 중소기업의 승계 전략의 하나로서 협동조합 형태를 장려하는 것, 몇 개 부문에서 사회적경제 발전을 장려하기 위해 클러스터를 조성하는 것, 퀘벡 통계청으로 하여금 사회적경제의 현재 상태를 파악하도록 하는 것, 일부 기관들에 대한 자금 지원 확대 등이었다.

그러나 '사회적경제기본법'이 만병통치약은 아니었다. 새로 들어선 자유당 정권은, 특히 퀘벡 자치행정부 장관인 피에르 모로Pierre Moreau가 지역과 마을의 경제발전을 담당하는 여러 구조에서 시민사회의 참여를 완전히 배제하겠다고 결정하여 우리 운동에 결정타를 입혔다. '마을발전센터'들은 폐지되었고, 사회적경제 사업체들의 창업과 사업 지원의 책임은 지자체 정부 및 도시와 군으로 넘어갔다. 몬트리올 시장인 드니 코데르Denis Coderre는 이 틈을 타서 '지역경제개발 공기업'들에 대한 자금 지원을 삭감하고 그 자원을 모두 시정부가 통제하는 '몬트리올 중소기업센터PME Montréal'라는 새로운 구조에 집중시켰다. 각 군 단위에서 형성되었던 다양한 협력 구조들은 숫자가 격감했고, 시민사회 행위자들에게 참여를 보장했던 모든 형태의 참여민주주의는 이 새로운 정부에 의해 의심의 눈초리를 받았다. 이는 사회적경제를 떠받치는 생태계에 지독한 타격이었다.

하지만 새 정권이 대부분의 협력 구조들에 대해 자금 지원을 중단했음에도, '샹티에' 및 그 파트너들이 개입한 덕에 군 단위의 사회적경제 허브들을 '구출'해낼 수 있었다. 이 허브들은 많은 도구들 그리고 대화 공간들을 빼앗긴 상태에서 이 새로운 현실에 맞추어 다시 자세를 가다듬기 위해 노력하면서 서로를 도왔고, '샹티에' 및 여타 행위자들과 함께 협력하여 군 단위 하나하나씩 다시 사회적경제를 지원할 생태계를 재건해나갔다. 다행히도 많은 군에서 우리를 지원한 지자체들이 있어서 큰 힘이 되었다.

이렇게 효율적인 생태계를 다시 정립하고 재건하는 작업은 진전을 보았지만, 아직도 완성하지는 못했다. 사실 이 글을 쓰고 있는 지금도 이러한 작업은 진행 중이다.

'사회연대경제혁신지대'의 창설
: 사회적경제 안에서 혁신을 위한 새로운 추동력

'사회적경제 연구를 위한 대학·공동체연합'(2000~2010년)의 틀 안에서 진전되었던 연구자들과의 협력 관계는 사회적경제라는 주제에 대한 지식을 생산하는 데에 대단히 중요한 것이었다. 한 예로, 사회적 경제라는 주제로 엄청난 양의 보고서, 연구 논문, 저서들이 쏟아져 나오면서 마침내 대학의 몇 개 학과에서는 사회적경제가 정규교육 과정 안에 들어가기 시작했다. 하지만 현장의 활동가들이 느끼는 필요는 전혀 다른 차원의 것이었다. 이들도 물론 연구자들의 작업에서 배우기를 원했지만 무엇보다도 이들이 배우고자 했던 대상은 같은 활동가들이었고, 또 그렇게 해서 얻은 교훈들을 서로에게 전수해줄 수 있기를 원했다. 비단 성공 사례만이 아니라 실패의 경험에서도 많은 것을 배울 수 있고, 이러한 교훈을 공동체에서 다른 공동체로, 사업체에서 다른 사업체로, 나아가 한 나라에서 다른 나라로 전수하기를 원했던 것이다. 이러한 지식 전수의 필요를 충족시킬 기회가 생겨났다. 퀘벡 경제발전·혁신통상부에서 새로운 '사회혁신 연결 및 지식전수 센터'를 창설할 자금 마련을 위해 공모를 시작했다. 당연히 우리 사회적경제 네트워크들도 이 부름에 호응했다.

'사회연대경제혁신지대'를 만들자는 제안은 '샹티에'와 당시 쥐앙 뤼 클랭Juan-Luis Klein이 지도자로 있는 '사회혁신 및 사회적경제 연구센터'의 공동 사업이었고, 여기에 퀘벡 몬트리올대학의 커뮤니티 서비스 부서를 대표하는 뱅상 반셍델Vincent van Schendel 그리고 콩코르디아대학의 칼 폴라니 연구소를 대표하는 마르지 멘델 등도 기여했다. 이는 또한 농업연대, 퀘벡 협동조합 및 상호공제회 위원회, 퀘벡연대기금 등의 다양한 단체들의 지원을 받았다. 이러한 지원에 힘입어 정부에서는 2012년 이 제안을 승인했고 '사회연대경제혁신지대'는 2013년에 공식으로 창설되었다.

이후 '사회연대경제혁신지대'는 반 셍델의 지휘 아래에서 급속히 성장했다. 그 임무는 사회적경제, 장소 기반 경제발전, 사회 혁신 등의 영역을 모니터링하고 서로 연락할 수 있게 하면서 지식을 전수하는 것이었다. 반 셍델은 대학의 커뮤니티 서비스 부서에서 다년간의 경험을 쌓은 경제학자이자 산업관계론으로 박사학위를 받은 인물이기도 했으므로 이 자리에 꼭 맞는 이였다. '사회연대경제혁신지대'는 지식 전수 부서에서 일할 경험 있고 역동적인 사람들의 팀을 신속히 채용했다. '사회연대경제혁신지대'의 접근법은 그 이전부터 우리가 만들었던 연구 동맹 개념의 연장에 있었으니, 사회가 처한 도전들을 다루는 데에 학문적 지식과 실천적 지식의 상호 보완 그리고 지식의 공동 구성이라는 개념에 기초하고 있었다. '샹티에'의 전무이사와 '사회혁신 및 사회적경제 연구센터'의 상무가 공동 의장을 맡으며*, 이사회에는 여러 연구센터, 고등교육 기관들, 사회적경제 및 지역 기반 경제 네트워크들을 아우르고 있었다. 그 활동은 지역의 '안테나'들을 통해서 수행되었으니, 이는 즉 각 군 단위의 사회적경제 허브들과 고등교육 기관들 그리고 주제별 워킹그룹들을 말한다.

'사회연대경제혁신지대'는 창설 이래로 강력한 도구가 되었고, 사회적경제에 적용될 때마다 그 발전을 지원해줄 도구들을 만들어내고

---

* 현재는 '샹티에'의 베아트리스 알랭과 '사회혁신 및 사회적경제 연구센터(CRISES)'의 실뱅 르페브르(Sylvain Lefebvre)가 맡고 있다.

사회연대경제혁신지대(TIESS)

'사회연대경제혁신지대'는 퀘벡 정부의 경제발전·혁신통상부MEIE 장관이 지원하는 네 개의 '사회혁신 연결 및 지식전수 센터OLTIS' 중 하나이다. 사회연대경제혁신지대는 사회연대경제 단체들이 여러 사회문제에 대처하기 위해 혁신적인 방식으로 실천과 관행을 바꾸어나갈 수 있도록 하는 지식을 전수하고, 이를 통해 장소 기반 경제발전에 기여한다는 임무를 가지고 있다.

사회연대경제혁신지대는 동네, 도시, 군 등의 지역에서 주민들의 집단적 역량을 강화하고 혁신 역량을 지원하고 지식의 민주화를 촉진하고자 하며, 좀 더 넓게는 사회와 경제의 민주화를 전진시키고자 한다. 또한 공동선의 추구를 중심으로 한 포용적인 발전 모델의 실현과 사회적·생태적 전환에 기여하고자 한다.

사회연대경제혁신지대의 지식 생산 및 전수에 대한 접근법은 고전적 모델과는 다르며, 지식의 공동 구성co-construction에 기반하고 있다. 학계의 지식과 실천 현장의 지식이 서로를 보완하는 관계라는 것을 인식하여, 연구자들과 활동가들 사이의 지속적인 관계를 구축할 뿐만 아니라 그 책임자들과 회원들이 모니터링을 하는 데에 초점을 둔다. 그 목적은 지식의 전유를 조직의 관행으로 만드는 것에 있다.

또 사람들의 학습 속도를 올리는 일을 가능하게 해주었다. 여기에서 우선적으로 다루었던 몇 가지 주제들은 금융, 장소 기반 경제발전에서 고등교육 기관의 역할, 영향력의 측정, 규모 키우기, 토지 신탁, 그 밖의 여러 가지가 있었다. '사회연대경제혁신지대'의 성공이 영감이 되어 2017년에는 몬트리올에 지식 교류 국제센터가 만들어지기도 했다. 이 '사회연대경제의 혁신 및 지식 교류를 위한 국제센터CITIES'는 처음에는 바르셀로나, 서울, 몬트리올에 있는 연구센터들, 시민사회 단체들, 지자체 정부들 사이의 협력 관계에 기초하고 있었다. 오늘날에는 나중에 이야기할 '국제사회적경제포럼Global Social Economy Forum, GSEF'과 긴밀히 협력하여 전 세계에 걸쳐 많은 지자체들 및 시민사회 행위자들을 위한 전문적 지식의 센터로서 인정받는 과정에 있다. 협동조합 발전과 공정무역에서 오랜 경험을 쌓은 활동가인 마르탱 방당보르Martin van den Borre가 '사회연대경제의 혁신 및 지식 교류를 위한 국제센터' 팀을 이끌고 있다.

로컬에서 글로벌로
: 지자체와 사회적경제 사이 협력 관계의 규모를 키우다

　퀘벡에서는 사회적경제가 로컬 공동체들의 사회경제적 발전에 기여를 기반으로 지자체들 및 지역의 선출직 공무원들과 계속해서 더 협력 관계를 강화해갔다. 이러한 추세는 국제적 수준에서도 또 '사회연대경제국제포럼.'에서도 반향을 얻게 되었다. 하지만 이러한 현실을 완전히 인식하게 된 계기는 아주 먼 곳으로부터 왔다. 한국의 현대적인 거대도시 서울에 새 시장으로 선출된 박원순이 사회적경제를 처음에는 서울과 한국 안에서 전면에 내세우더니 그다음에는 국제 무대로 밀고 나왔다. 박 시장은 아주 독특한 인물로서 다른 정치가들과 달랐다. 인권운동 활동가 출신으로 서울에 이미 사회적경제 사업체들의 네트워크를 만들어놓은 바 있었고, 시장이 되자 사회적경제의 지원을 자신의 최우선적 과제의 하나로 놓았다.

여기에 더하여 그는 영감을 얻기 위해 국제적인 차원에서 가장 좋은 모범 사례들을 찾아다녔고, 그 과정에서 퀘벡의 경험을 눈여겨보았다. 그 계기는 2009년 경제협력개발기구OECD에서 사회적경제에 대한 한국의 국가 정책을 평가하는 팀에 참여해달라는 부탁에 마르지 멘델 교수가 응하면서 그녀가 한국에 퀘벡의 사회적경제 모델을 소개한 것이었다. 이 보고서는 한국의 중앙집권적 접근법에 대해 비판적 분석을 내놓으면서 그 반대 사례로 퀘벡의 경험을 언급했다. 이것이 시작이 되어 한국 특히 서울시와 긴밀한 협력을 맺고 서울의 사회적경제 프로젝트들의 실행에 함께하게 되었다. 2012년 이후 한국에서 많은 이들이 파견되어 퀘벡으로 왔으며, 퀘벡 모델의 여러 차원들을 연구하여 무수한 보고서들을 냈고 심지어 저서까지도 한 권 나왔다.

2012년과 2013년 박원순 시장의 주도로 서울시에서 전 세계의 여러 지자체, 시민사회 활동가, 그 밖의 파트너들이 모이는 국제회의를

2016년 몬트리올에서 열린 '국제사회적경제포럼(GSEF)' 개회식에 모인 62개국 330개 도시의 1500명 앞에서 박원순 서울시장이 연설하고 있다.

GSEF 조직부장인 베아트리스 알랭, 마르지 멘델(퀘벡), 마다니 쿠마리(Madani Koumari, 말리), 크리스티안 이아이오니(Christian Iaioni, 이탈리아). (2016년)

주관했고 이를 '국제사회적경제포럼'이라고 이름 붙였다. 이는 2015년부터 상설 조직이 되었고, 몬트리올시와 '샹티에'는 그 창립 멤버로 참여했다. 그 이후로 '국제사회적경제포럼'은 사회적경제의 발전을 적극적으로 지원하는 지자체 정부와 시민사회 행위자를 통합하는 국제적 네트워크로 진화해왔다. 2015년에는 몬트리올의 코데르Coderre 시장의 지원으로 제3차 국제사회적경제포럼 회의를 개최했고, '샹티에'와 몬트리올시 정부가 함께 이를 조직했다.

2011년의 '사회연대경제국제포럼'과 마찬가지로 2016년의 국제사회적경제포럼 또한 큰 성공을 거두었다. 베아트리스 알랭은 '사회연대경제국제포럼'을 준비했던 경험을 바탕으로 이 행사의 조직을 능숙하게 이끌었고, 여기에 몬트리올시 정부의 사회적경제 담당관 요안 라부와Johanne Lavoie가 협력했고 또 퀘벡, 캐나다, 국제적 차원에서 많은 파트너들이 지원을 아끼지 않았다. 62개국과 330개의 도시에서 무려 1500명의 사람들이 참여했다. 국제사회적경제포럼은 여러 도시의 국제적 네트워크로서 2016년의 주제로 지방정부와 사회적경제 행위자들이 협력하여 도시를 발전시키는 문제를 내걸었다. 오늘날에도 '샹티에'는 국제사회적경제포럼에서 열심히 활동하고 있으며, 정기 회합을 조직하는 임무를 여러 다른 도시들이 돌아가면서 맡고 있다. 2018년의 제3차 국제사회적경제포럼은 스페인 바스크Basque 지역의 빌바오Billbao시에서 몬드라곤Mondragón시의 지원으로 개최되었다. 바스크 지방은 협동조합 모델에 기초하여 경제가 피어난 곳으로 유명하다. 네 번째 포럼은 2020년 가을 멕시코시티에서 개최될 예정이다.*

한 시대의 종언 : 차세대에게 자리를 내어주다

2014년 5월, '샹티에' 이사진에게 이제 나는 최고경영자 자리에서 내려오기로 결정했음을 알렸다. 이사회에 보낸 내 서한에서 나는 이렇게 설명했다.

'샹티에'에게는 이제 마지막 도전이 하나 남아 있습니다. 우리 말고도 퀘벡의 많은 단체, 사업체, 기관들이 직면하고 있는 바로 그 도전입니다. 우리 사회의 인구학적 구조로 볼 때, 다음 세대로의 성공적인 이행이 이루어질 수 있도록 확실하게 준비할 때입니다. '샹티에를 다시 생각해보는' 과정에는 계승의 조건들을 창출하는 것도 목적으로 들어 있었습니다. 이제 우리 조직은 그 마지막 단계인 제1세대의 지도자들을 다음 세대 지도자들로 교체하는 작업에 들어갈 때입니다. 이러한 이유에서 저는 '샹티에'의 최고경영자 겸 이사장의 위치에서 내려와서, 만약 이사회가 동의한다면, 우리 조직 내에서 새로운 역할을 맡기로 결심했습니다.

* 2020년에 발생한 코로나19 사태로 취소되었다. (옮긴이 주)

실제로 내가 자리에서 내려오기까지는 상당한 시간이 걸렸다. 후임 선택의 과정이 길었기 때문이다. 내 바로 뒤에 그 자리를 맡았던 장마르탱 오상Jean-Martin Aussant은 '샹티에'를 이끄는 2년 반 동안 우리의 위상과 사회적경제의 명성에 나름의 방식으로 기여했다. 2018년 8월 이 자리에는 베아트리스 알랭이 앉게 되었다. 그녀는 젊은 여성 세대의 일원이자 오랜 기간 함께 일해온 동료로서 대단한 능력을 가진 이였고, 일이든 사람이든 두려워하는 법이 없었고 엄청난 과업 또한 아주 모범적인 방식으로 기꺼이 받아들이고 소화해냈다.

쟁점과 교훈

2014년과 2015년은 사회, 경제, 정치 모든 차원에서 발전과 공고화가 이루어진 시기였다. 우리가 이룬 진전 특히 풀뿌리 조직들과의 연계 그리고 국제적인 위상 등을 통해 사회적경제는 모종의 제도적 안착을 이루었고, 특히 2013년의 '사회적경제기본법'의 통과가 중요한 사건이었다. 이 기간 동안 우리는 무수한 교훈을 배웠고 아주 큰 대가를 치러야 할 때도 많았다. 이 교훈들은 그 이후의 기간에도 아주 소중한 자산으로 남았다.

1. 하나의 운동을 구축하기 위해서는 다양성의 인정이 필요하다

2006년의 '사회연대경제 대표자회의'는 퀘벡에 사회적경제운동이 실재한다는 것을 명시적으로 확인했다. 다양한 사회운동의 대표자들뿐만 아니라 퀘벡 내의 모든 지역과 부분의 대표자들이 참가한 가운데 우리의 경제민주화운동이 풀뿌리에 깊이 뿌리를 내리고 있으며 그 풀뿌리가 또한 다양성을 갖추고 있음이 확인된 것이다. 1996년에 우리들이 집결하여 외쳤던 개념이 불과 10년 만에 농촌과 도시의 공동체들에서, 각종 사회운동에서, 지역발전과 창업자 네트워크에서, 그리고 모든 세대 특히 청년 세대에서 반향을 얻어낸 것이다.

퀘벡에서 이렇게 사회적경제가 빠르게 일어난 것을 어떻게 설명할 것인가? 당시의 지배적인 경제발전 모델이 좋지 않은 사회적 충격을 주었고, 이에 대응해 지구 곳곳에서 사람들은 주도적으로 사회연대경제를 출현시킨 것이 사실이다. 하지만 퀘벡은 그러한 현상이 빠르게 사회의 인정을 얻어낸 곳 중 하나이다.

분명한 이유가 하나 있다. 우리는 출발부터 그 경계선이 엄격하게 제한되어 있는 사회적경제가 아니라 포용적인 의미의 사회적경제를 비전으로 내걸었으며, 위계적이지 않은 네트워크를 통해 조직하는 쪽을 선택했다. 우리는 여러 단체와 개인을 통제하고 동질화시키는 활동을 통해 단일의 운동을 구축하려 든 것이 아니라 사업 방식에서나 창업 방식에서나 다양한 형태를 인정하고 환영했다. 집단적 소유 그리고 자본보다 사람들을 우선한다는 원칙이 우리의 주춧돌이었고 근본적 틀이었지만, 그 실천 양태는 다양했다. 다양한 사람들을 우리 운동으로 끌고 온 힘은 사회의 변화를 지향한다는 장기적인 비전과 사회적경제가 공유하는 여러 가치들이었다.

'샹티에'는 이렇게 스스로를 만남의 지점 혹은 교차로, 즉 '네트워크들의 네트워크'라고 규정했을 뿐 이 운동을 홀로 대표하는 유일의 존재라고 생각하지 않았다. '샹티에'가 행했던 여러 개입과 또 사회적경제의 대표로서 행했던 여러 작업들은 현장에서 표출된 여러 필요와 열망을 종합한 것에 항상 뿌리를 두고 있었으며, 중앙 차원에서 그 우선순위를 자의적으로 결정하는 일은 없었다. 이는 몇 가지의 기존 구조들과 크게 대조되는 면이었다. 예전 구조들에서는 권력이 집중되었고 파트너와 회원들은 운동의 통일성을 위하여 명령에 순응해야 했으니까.

이러한 접근법 때문에 '당 노선' 같은 것을 규정하려는 시도 따위는 없이 여러 다른 관점들과의 논쟁에 대한 개방성을 분명히 보장할 수 있었다. 이는 대단히 어려운 접근법이며, 이게 맞는지에 대한 의문과 열띤 토론이 빈번이 터져 나왔지만, 결과를 볼 때 이것이 옳았음은 분명하다.

오늘날의 사회적경제운동이 강력하고 다양성을 유지하며 튼튼하게 뿌리를 박고 있다면, 그것은 공통의 가치, 공통의 비전, 외부에 대한 개방성이라는 단단한 기초 위에 서 있기 때문이다. 우리 운동은 하고 싶은 일도 또 하고 싶은 말도 많은 사람들의 운동이며, 앞으로도 다양성과 상호 존중의 정신 속에서 계속 진화해나가기를 소망한다.

2. 사회적경제를 구축하는 데는 다른 생태계가 필요하다

'한 아이를 키우는 데 온 마을이 필요하다'는 오래된 속담이 있다. 이는 사회적경제에도 적용되는 이야기이다. 신고전파 경제학이 아닌 다른 논리로 작동하는 경제와 사업체를 발전시키는 일은 하나의 조직, 한 가지 전문성, 한 가지 정책 따위로는 가능하지가 않다. 이런 일이 성공하려면 조직, 도구, 행위자, 접근법 모두를 한 묶음으로 바꿀 필요가 있다. 퀘벡 사회적경제의 성공 요인 중 하나는 지역과 마을의 경제발전 전략 구조들, 부문별 네트워크, 금융 도구, 교육, 연구, 마케팅, 공공 정책, 국내와 국제의 여러 단체들로 이루어진 하나의 생태계를 만들어낸 것에 있다. 협력과 협조의 허브로 연결된 모든 구성물들이 사회적경제 발전에 필수적 요소가 되어 크게 기여했다. 그래서 2014년 퀘벡 정부가 이러한 생태계의 큰 부분을 뭉텅이로 없애버렸던 것은 실제로 아주 심각한 타격이었고, 새로운 사업체의 출현과 기존 사업체의 공고화를 크게 지연시켰다. 다행히도 우리 운동은 함께 굳게 버틸 힘을 갖추고 있었고, 그 생태계 또한 새로운 기반과 접근법을 통해 재건 중이다. 다양한 기관들이 마을 및 지역, 전국 차원에서 지원과 전문적 도움을 제공하는 한편 각 군 단위의 사회적경제 허브들을 모집하여 사회적경제 발전에 더 중요한 역할을 하도록 했다. 한 예로 우타웨Outaouais 지역에서는 군 발전 협동조합에서 군 사회적경제 허브의 사무실을 제공했을 뿐만 아니라 여러 지원을 아끼지 않았고, 도시와 군MRC들 및 가티노Gatineau시와 협력하여 새로운 사업체에 서비스 지원을 공급했다.

이 '생태계'라는 개념 자체에 이미 사회적경제의 다양한 구성 요소들을 수직적 혹은 피라미드의 관계로 보지 말아야 한다는 생각이 내재해 있다. '샹티에'가 이루어낸 중요한 성과 중 하나는 '샹티에'든 어디든 중앙에 집중된 권위체가 통제권을 쥐는 일 없이 효율적인 생태계에 필요한 도구들을 만들어냈다는 것이다. 이미 1997년 '사회적경제 및 공동체조직 노동인력위원회'와 '퀘벡사회적투자네트워크'를 만들 당시에 우리는 '샹티에'와 그 파트너 혹은 자매 단체들 사이의 관계 문제를 고민했다. 이 문제는 '사회적경제 연구를 위한 대학·공동체연합', '샹티에사회적경제 신탁기금', '연대장터', '사회연대경제혁신지대' 등을 창설할 때마다 계속 제기되었다. 그 각각의 경우마다 선택은 달랐다. '샹티에'가 이렇게 만들어지는 단위들의 거버넌스를 통제해야 하는지 말아야 하는지, 그리고 이 새로운 도구들을 현실에 적용하는 과정을 모니터해야 하는지 말아야 하는지 등의 문제에 있어서 공식적으로 정해진 방침 같은 것은 없었다. 하지만 목적은 항상 동일했다. 이 새롭게 만들어지는 도구들이 사회적경제운동 내의 전체적 일관성을 유지하는 가운데 그 임무를 달성할 수 있도록 충분한 공간을 마련해준다는 것이었다. 우리가 마련한 금융적 도구들의 경우를 보자면, 그 목적은 투자의 결정이 최대한 객관적이고 단단한 논리위에서 이루어질 수 있도록 충분한 여지를 허용하면서도 사회적경제 현장의 현실과 필요에 조응하는 투자 정책을 마련하는 것이었다. '연대장터'의 경우, 회원들의 책임감이 결정적인 문제였고, 따라서 여러

2003년 '사회적경제의 집' 개소식에 참석한 데자르댕운동의 의장 알방 다무르, 퀘벡 정부 재정경제부 장관이자 부지사 폴린 마루아.

2007년 최초로 정부 차원에서의 사회적경제 행동 계획 출범 당시의 장관들(가운데 세 명). 바샹(Bachand), 노르망도(Normandeau), 펠르티에(Pelletier).

사업체의 대표자들이 거버넌스 구조에서 지배적 역할을 부여받았다. '사회적경제 연구를 위한 대학·공동체연합'과 '사회연대경제혁신지대'의 경우에는 연구자와 실천가 사이의 책임 공유를 기초로 삼았다. 연구 결과가 현장에서 정말로 유용하도록 만들고, 또 '샹티에'와 그 회원들에게 진정한 영향과 구체적 도구를 쥐여주는 작업이 되도록 하는 것이 이들의 역할이었기 때문이다. '사회적경제 및 공동체조직 노동인력위원회'는 마을 단체 네트워크들을 포함하고 있기에 스스로의 거버넌스 구조를 가지고 있었으며, 이는 부분적으로는 모든 부문 위원회에 적용되는 규칙들로 규정되는 구조였다. 하지만 사회적경제 및 공동체 조직 노동인력위원회의 의장직은 몇 년 동안 '샹티에'의 작업 팀 성원 중 한 사람이 맡고 있었다. 퀘벡 전역을 대상으로 하는 이 단체들이 지금은 모두 몬트리올시 풀럼 스트리트Fullum Street의 '사회적경제의 집' 건물에 입주해 있다는 사실은 주목할 만하다.

사회적경제의 집

몬트리올의 생트마리Sainte-Marie 동네에 있는 한 고택에 퀘벡 사회적경제 생태계를 이루는 주요 단체 몇 개가 입주해 있었다. '샹티에사회적경제', '퀘벡사회적투자네트워크', '샹티에사회적경제 신탁기금', '사회적경제 및 공동체조직 노동인력위원회', '사회경제혁신지대', '사회연대경제의 혁신 및 지식 교류를 위한 국제센터' 등이 19세기 말에 세워진 섭리수녀회Sisters of Providence의 수녀원 건물 한쪽 날개를 차지하고 있는 것이다. 사회적경제의 집은 '풀럼 공간Espace Fullum'의 일부이다. '풀럼 공간'은 다목적 센터로서 노인들, 자율성에 위협을 받고 있거나 홈리스가 될 위험에 처한 이들의 주거뿐만 아니라 15개의 공동체 및 사회적경제 네트워크와 단체들의 사무실이 입주해 있다. 그중에는 노동자협동조합네트워크, 퀘벡 비영리주택네트워크, 도시재개발 민중행동전선Front d'action populaire en réaménagement urbain, FRAPRU 주거권운동 단체 등이 있다. 이 전체 프로젝트를 시작한 곳은 비영리 커뮤니티 주거문제 운동단체인 '횡단La Traversée'이었다.

'사회적경제의 집' 계획이 발표된 것은 2001년이었다. 당시 그 발표장에는 사회적경제 담당 장관이었던 폴린 마루아도 있었고, 데자르댕운동의 의장인 알방 다무르Albans d'Amours도 있었다. 이 프로젝트가 가능했던 것은 오슐라가메종뇌브Hochelaga-Maisonneuve 동네의 신용조합이었던 데자르댕운동에서 기부를 했을 뿐만 아니라 퀘벡 정부도 자원을 내놓은 덕분이었다. 하지만 시간이 지나면서 이 동네의 건물로는 샹티에 및 그 관련 조직들과 파트너들을 다 수용할 수 없게 되었으며, 이에 2013년 풀럼 스트리트에서 새로운 사회적경제의 집이 문을 열게 된 것이었다.

3. 규모를 크게 키울 필요가 있다

앞에서 말했듯이 사회적경제 행위자들 다수가 품은 야망은 단지 새로운 사업체들을 창업한다는 것을 훨씬 넘어서는 것이었다. 우리는 또한 집단적 사업체의 창업을 통하여 경제 전체가 좀 더 지속가능하고 포용적이며 연대에 기초한 경제로 점차 바꾸어나가는 데에 기여하고자 했다. 따라서 시간이 지남에 따라 퀘벡 사회적경제의 행위자들이 경제 활동의 주변부에만 머물 생각이 점점 없어졌던 것도 당연한 일이었다. 이들의 야망, 각종 프로젝트의 크기, 파트너들의 다양성 등은 갈수록 더 커져갔으며, 사회적경제의 규모를 크게 키워나가겠다는 결의도 분명하게 나타났다. 2009년에 나온 '샹티에'의 전략적 계획은 이렇게 사회적경제의 규모를 키우는 것이 우선 과제임을 분명히 하고 있다.

규모를 키운다는 것은 실험 당시에도 지금도 아주 큰 도전이다. 규모를 키운다는 것은 단지 집단적 사업체의 크기를 키운다는 것만이 아니다. 어떤 면에선 중소 규모의 사업체들의 숫자가 많아지는 것으로 나타날 수도 있다. 이렇게 되면 이 부문에서 사회적경제가 점유하는 전체 비중이 더 커지게 되며, 이에 따라 전체의 발전 모델에도 영향을 줄 수가 있게 된다. 이는 특히 장례업 부문에서 나타난 일이다. 몇 개 지역에서 상조업협동조합이 발전하면서 전체 상조 부문의 가격이 그대로 유지되거나 심지어 낮아지는 효과까지 발생했다. 이렇게 사회적경제의 규모를 키우고자 하는 욕망의 주된 원천은 대안적인 방식으로 사업체 성장과 경제발전을 꾀하는 것이 가능하다는 사례를 보여줌으로써 전체 경제 행위자들의 행태에 영향을 주고자 하는 의지에서 나온 것이었다.

하지만 규모를 키우기 위해서는 필수 조건들이 먼저 확실하게 충족되어야 한다. 대량의 자본에 대한 접근, 좀 더 특화된 전문성, 새로운 형태의 동업 관계, 시장에 대한 접근 확대 등이 그것이다. 이러한 작업을 몇 년 동안 계속해왔지만 아직도 초기 단계에 머물러 있다. 규모를 키우는 것이야말로 우리의 경제발전 모델을 근본적으로 바꾸기 위한 초석이 된다.

4. 투자에 대한 수요와 공급 사이에 미묘한 균형
   : 공동체의 필요를 우선하라

앞에서 말했듯이 '샹티에사회적경제 신탁기금'은 생겨날 적에 많은 논란이 있었다. 이는 비전에 있어서나 사업 방식에 있어서나 금융 부문에서의 조직과 거버넌스의 기존 접근법을 무시하는 것이었다. 일반적으로 볼 때 자본을 소유한 이들이(금융기관이거나 다른 종류의 단위이거나) 금융 상품의 유형을 먼저 결정하고 그다음에 투자자의 기대에 부응하는 사업체들을 찾아나서게 되어 있다. 금융 부문 출신의 '전문가들'이 새로운 상품들을 발명해내고, 사업체들은 자기들의 발전을 위해 이 상품들 중에서 선택을 한다는 것이다. 이렇게 발전이 금융화되는 과정에서 대형 자본이 사업체들의 전략적 방향을 사실상 결정해버리며, 이러한 금융의 논리야말로 지속가능하지도 사회적 책임을 지지도 않는 기업 발전 전략의 핵심을 이룰 때가 많다.

이러한 논리는 사회적경제의 논리와 모순된다. 사회적경제에서는 사업가의 진취성이 생겨나는 계기가 공동체의 필요와 열망에 대한 대응이며, 그것을 추동하는 지상명령은 투자에 대한 금전적 수익이 결코 아니다. 요컨대 자본이 아니라 사람이 우선하는 것이다. '퀘벡사회적투자네트워크'의 예를 생각해보라. 이는 현장에서 분명하게 표출된 필요 때문에 출현한 것이었다. 또 다른 예는 '샹티에사회적경제 신탁기금'이다. 여기에서 제공하는 '인내자본' 또한 지역과 마을의 이해관계자들 및 부문별 네트워크들과 함께 광범위하게 벌였던 조사 과정에서 분명해진 개념이었다.

투자의 적실성을 분석할 때에도 똑같은 이야기를 할 수 있다. '퀘벡사회적투자네트워크'의 경험을 통해 종래의 금융 부문에서 통용되던 기준을 사회적경제에 그대로 가져다 쓸 수 없다는 것이 금방 분명해졌다. 오히려 리스크를 결정하는 제일 요인들은 거버넌스 구조가 탄탄한가, 공동체에 분명히 뿌리를 내리고 있으며 분명한 지지를 받고 있는가 등이었다. 그리고 이를 입증할 증거도 있었다. '퀘벡사회적투자네트워크'가 투자를 감행한 사업체들의 손실이나 파산율은 전통적인 영리기업의 경우보다 확실히 낮았기 때문이다. 퀘벡뿐만 아니라 어디에서든 이렇게 집단적 사업체에 대출이나 투자를 행했던 모든 금융기관들에서 이와 똑같은 현상이 관찰되었다. 경험상으로 볼 때, 공동체의 필요와 열망에서 생겨난 사회적경제 사업체라면 문제에 부딪혔을 때 공동체가 나서 무슨 수를 써서라도 그 업체를 살리고 부채를 갚으려고 한다는 것이 분명하게 드러난 바 있다. 투자자들로서는 크게 만족할 만한 일이 아닌가.

5. 사회적경제의 제도화는 꼭 필요하지만, 그 과정은 세심하게 다룰 필요가 있다

사회적경제가 정식으로 승인받는 것은 사회적경제 행위자들의 오래된 요구였다. 이것이 성취된 데에는 무엇보다도 퀘벡 의회에서 '사회적경제기본법'을 통과시킨 것이 주효했다. '샹티에'는 이제 정부의 대화 상대자로서 특권적 위치를 인정받았고, 어느 정도 퀘벡의 한 '제도'라는 것을 공인받은 셈이었다. 하지만 이는 어렵게 따낸 승리였고 또 거기에 따르는 위험이 없지 않았다. 사회적경제는 익숙한 관행으로부터 과감히 벗어나 종래의 사업 운영 방식과 고정된 사고방식에 끊임없이 도전하는 속에서 생겨났다. 따라서 사회적경제의 힘은 궁극적으로 지속적인 혁신의 능력을 갖고 있느냐에 달려 있는 것이었다. 그런데 일단 제도로서 인정을 얻게 되면 거기에 '안주하며 타성에 젖'는 유혹이 아주 강력해지는데, '샹티에'와 그 파트너들 또한 이런 위험에서 자유롭지 않았다. '샹티에를 다시 생각해보자'는 결정이 내려지고 '판을 새롭게 할' 수 있는 젊은이들에게 우선권을 주면서 파트너의 범위를 넓히며 새로운 도전들을 받아들이고 훨씬 더 까다로운 혁신의 과정을 떠맡는 등은 모두 이러한 제도화의 부정적 충격을 막고자 하는 노력이었다. 제도화는 반드시 필요한 것이기는 하지만, 영구적으로 스스로를 쇄신해야 할 운명을 지고 태어난 운동은 이 때문에 오히려 더 발전하지 못하는 부담과 장애물을 안게 될 수도 있다. 이런 일이 절대로 벌어지지 않도록 해야 한다.

6. 다음 세대에 그리고 그들의 활동 방식에 기회와 공간을 마련해주어라

사회적경제운동을 만들어내는 일은 실로 장구한 과정이었다. 1996년의 '대표자회의'에 참여했던 이들은 그 이전에 활동했던 이들로부터 의발衣鉢을 전해 받은 셈이었다. 1900년에 레비Lévis에서 최초의 금융협동조합을 창설했던 알퐁스 데자르뎅은 이미 당시에 몬트리올 사회적경제협회의 회원이었다. 퀘벡노동자총연맹은 이미 1972년 연대경제신용조합(이는 그전에 '통일노동자신용조합'이라고 알려져 있었다)을 설립한 바 있었다. 이 기존의 행위자들이 보기에는 지역공동체 경제발전의 경험과 사회운동 단체가 만나면서 태어난 자식인 '샹티에'가 (입장에 따라 좋은 쪽이건 나쁜 쪽이건) 심히 신경이 쓰이는 일이었을 것이다.

1996년과 그 이후의 세월에 이룬 진보는 중요한 여러 논쟁들 그리고 큰 규모의 동원에서 생겨난 산물이었고, 이는 '샹티에'의 창립 멤버들과 그 초기 파트너들의 자랑이었다. 하지만 시간이 지나면서 여

깊게 뿌리를 내린 사회운동은 엄혹한 시기에도 튼튼히 버텨낸다

러 타성도 생겨났고 또 조직 방식도 고형화되었다. 그런데 세상은 계속해서 변화하게 마련이며, 또 새로운 각종 기술이 등장하면서 그 속도도 아주 빨라졌다. 그러니 세대 간 격차가 쉽게 생겨날 수밖에 없었다. 사회적경제의 각종 네트워크에 젊은이들이 갈수록 더 많이 참여하면서 새로운 사업 방식, 새로운 소통 및 조직 방식에 적응할 필요가 있다는 점이 빠르게 부각되었다. 하지만 여기에 적응하는 과정이 항상 성공적인 것은 아니었다. 변화에 대해 조건반사적인 저항이 고개를 들곤 했다. 다행히도 우리 젊은이들은 심지가 굳고 자립심이 강한 사람들이었다. 새로운 기술들을 활용하는 것으로 주목을 받았던 몇 개의 자발적 프로젝트들이 기존의 구조 바깥에서 나타났으니, 참으로 좋은 일이다.

원주민들이 사회적경제운동에 참여했던 것도 또 다른 유형의 도전이었다. 그들의 독립성과 자기 결정권에 대한 열망을 존중하면서 또 그들의 문화, 전통, 지금의 현실에 기반한 접근법으로 함께 일해나간다는 것은 단순한 일이 아니었다. '샹티에'와 다른 사회적경제 조직들이 부딪힌 도전들은 본질적으로 다음 세대와 다양한 참여자들에게 공간을 열어주는 것 그리고 새로운 현실, 새로운 행위자들, 새로운 활동 방식에 끊임없이 적응하는 것이었다. 이는 예전에도 그러했고 앞으로도 그러할 것이다.

에필로그

30년 동안 여러 시민사회단체에서 지도자로 일을 했던 내가 '샹티에'의 최고경영자 자리에서 내려오기로 결심했던 것은 개인적인 이유도 있었지만 정치적인 이유도 있었다. '샹티에' 이사회에 보낸 서한에서(부록 2를 보라), 나는 최고경영자로서의 경험을 돌아보고 어떤 단체의 군건함을 알아보는 진정한 시험은 지도부를 다음 세대로 이행하는 과정에서 발견될 때가 많다고 설명했다. 나는 사회적경제운동에 내가 기여했던 바에 대한 자부심을 표현했지만, 비록 내가 활동을 계속해나가기를 원한다고 해도 은퇴 연령이 다가온 이상 바통을 다른 이에게 넘겨줄 때가 되었던 것이다. 그리고 당시 '샹티에'도 또 사회적경제운동도 상태가 나쁘지 않았기 때문에 그러한 세대교체를 시도할 적기라고 판단했다.

내가 사직서에서 설명했던 바와 같이, 나는 나의 작업과 내 운동을 그만둘 생각은 전혀 없다. 이는 나에게는 너무나 소중한 것이다. 나는 '전략 자문', '독립 활동가', '멘토' 등등으로서 참여와 활동을 계속할 생각이었다. 이 마지막 장은 내가 20년의 경험에서 배운 교훈들을 종합하는 한편 다가오는 미래에 사회적경제운동이 부딪히게 될 주된 도전이라고 생각하는 것들을 개괄해보고자 한다. 이러한 도전들에 대해 내가 무슨 해답 같은 것을 가지고 있다고는 생각하지 않는다. 하지만 지속적인 숙의와 집단지성의 형성은 지난 세월 동안 아주 큰 효과가 있었으며, 앞으로도 계속될 뿐만 아니라 더욱 강화되어야만 한다. 나 또한 그러한 논의에 계속 참여하고자 하며, 이 책이 그 한 일환이 되기를 원한다.

시간이 지나도 변하지 않는 것들

지금까지 장을 나누어 설명한 기간들은 모두 각각 서로 구별되는 특징이 있었고 또 그때마다 서로 다른 교훈을 얻었던 것이 사실이지만, 이 모든 단계에 뚜렷이 공통적으로 나타나는 몇 가지 요소들도 있다. 만약 이것이 지금까지 우리가 이룬 성과에서 중심적인 위치를 차지하는 것들이라면, 앞으로도 마음속에 똑똑히 새겨둘 필요가 있음은 말할 것도 없는 일이다.

그 첫 번째 불변의 요소는, 새로운 경로를 모색하려고 할 때 항상 여러 마을 및 공동체의 필요와 열망을 그 시작점으로 삼았다는 점이다. 우리는 현장에서 벌어지고 있는 일이 무엇인지도 모르고 또 무엇보다도 어려움에 처한 공동체와 사람들의 현실을 제대로 이해하지도 못한 상태에서 그저 위로부터 떨어지는 이런저런 이론과 전략에 의존하는 일은 일관되게 거부해왔다. 1983년 몬트리올의 사우스웨스트 지역에서 지역발전의 새로운 실천 형태가 나타나게 된 계기도 빈곤과 사회적 배제가 폭발적으로 늘었기 때문이었다. 1996년 우리 사회적경제 워킹그룹이 〈연대가 먼저〉라는 보고서를 쓰게 된 것도 실업과 새로운 종류의 여러 사회적 필요 때문이었다. 더욱이 퀘벡의 농촌과 도시 지역 전체에 걸쳐서 나오는 필요와 열망을 받아안는 것이야말로 지난 몇십 년간 사회적경제에서 수천 개의 새로운 사업체 창업 프로젝트들을 기획한 원천이었다.

물론 아직도 충족되지 못한 여러 필요와 열망에 견주어보면 우리가 이룬 성과라는 것도 대단한 것이 못 된다. 하지만 우리는 지난 오랜 세월 동안 우리의 의식을 지배해온 기존 경제학의 교조에 맞서서 그와는 다른 새로운 경제적 논리를 기초로 행동할 수 있는 공간을 퀘벡 내에서 확보해내는 데에 성공했다. 이것 자체만으로도 미래로 나가는 희망찬 돌파구라고 말할 수 있지만, 여기에 도달하기 위해서는 익숙한 길로부터 과감히 탈피하여 새로운 사업 방식들을 시도하고, 경제 영역으로 뛰어들어 (요즘 유행하는 말로) '혁신'하는 수밖에 없었다. 이러한 혁신의 역량은 집단적인 필요와 열망에서 나오는 것으로서, 좀 더 포용적이고 민주적인 경제를 건설하기 위한 주춧돌의 역할을 앞으로도 변함없이 맡게 될 것이다.

시간이 지나도 변하지 않은 두 번째 요소는 우리의 집단적 힘을 자본으로 삼은 것이었다. 공동의 목표를 향해 함께 일하면 파생되는 집단지성뿐만 아니라, 사업이 발전하면서 나오는 집단적 노력의 결실을 오늘도 또 미래에도 누구나 믿을 수 있도록 보호해주는 집단적 소유가 그 힘의 원천이었다. 집단적 힘을 자본으로 삼으면서 우리 작업의 모든 수준에서 여러 결과물을 얻었다. 퀘벡의 여러 동네와 마을에 다시 생기를 불어넣으려면 다양한 종류의 이해관계자들과 깊은 관계를 맺어야 했다. 이들의 지식과 경험이 교차하면서 화학반응을 일으켰고, 여기에서 여러 가지 경제 부문의 사회적 혁신이 줄줄이 일어났다. 이러한 집단적 지성의 힘이 '대표자회의'는 물론 그 이후에도 퀘벡 전역의 사회적경제운동의 성과로 나타났다.

집단적 행동의 힘과 중요성을 뚜렷하게 보여주는 것은 바로 사업체를 집단적 소유로 해야 한다는 우리의 약속과 책임이었으니, 이것이 사회적경제의 핵심을 이루는 것이었다. 퀘벡의 사회경제사에서는 집단적 조직들이 핵심적 역할을 맡아왔거니와, 사회적경제운동의 쇄신 또한 이러한 역사와 긴밀한 상호 관계를 맺고 있었다. 퀘벡 최대의 금융기관이 협동조합이라는 사실, 농업이 살아남아 번영하게 된 것이 농업협동조합들 덕분이었다는 사실, 공동체운동이야말로 다양한 사회 혁신의 첨병이었다는 사실(그들 중 일부는 1996년의 가족정책의 경우처럼 여러 사회정책을 낳기도 했다) 등은 모두 퀘벡 사람들이 집단적 행동을 고수하는 습성을 뿌리 깊게 간직하고 있다는 것을 잘 보여준다. '샹티에'의 창설 자체 또한 이 집단적 소유에 대한 책임과 약속을 잘 보여주는 예로서, 앞에서 여러 번 이야기했듯이 이러한 결정은 그냥 가볍게 내려진 것이 아니었다. 이는 경제가 공동선에 복무하게 만들어야 한다는 것뿐만 아니라, 자본보다 사람을 우선해야 한다는(이는 사회적 경제의 또 다른 요소이다) 우리의 결의에 뿌리를 두고 있는 것이다. 집단적 소유 형태를 선택했다고 해서 개개인들의 역할과 기여를 부인하는 것은 결코 아니다. 1996년 '퀘벡식 사회적경제'에 대한 우리의 정의에 '집단 및 개인의 역량 강화'라는 원칙이 명확히 드러나 있다. 하지만 우리가 일구어낸 여러 사업들이 우리가 의도한 방식으로 공동체에 대한 혜택을 극대화할 수 있으려면 집단적 소유의 형태를 취할 수밖에 없었다. 이러한 소유 형태는 장기적으로나 단기적으로 창출된 부를 (유형이든 무형이든) 특정 임직원 개인이 챙겨 가는 일을 미연에 방지했다. 우리가 일군 여러 사업체들의 지속가능성을 보든, 우리 운동의 회복 재생력으로 보든, 여러 공동체를 동원할 수 있는 능력으로 보든, 그 결과와 성과에서 자명하게 드러난다. 집단적 행동의 놀라운 힘은 부인할 수 없이 명확하다.

사회적경제운동의 출현과 공고화를 가능케 한 세 번째 불변의 요소는 우리의 발전 계획에 시민들의 자발적 동원을 근간으로 삼은 결정이었다. 1980년대에 있었던 '빵과 장미를 위한 여성행진'의 공동체 부문 동원, 지역공동체들이 스스로의 발전을 책임지겠다고 나선 운동의 동원, 사회적경제를 지지하는 각 군 단위에서의 동원들이 그 예이다. 이렇게 해서 동원되었던 각각의 시민 집단은 서로에게 주춧돌 역할을 해주었다. 이러한 집단이 없었다면 사회적경제운동은 아예 '운동'이 되지 못했을 것이다. 미지의 영역을 탐구하고, 새로운 방향으로 공공정책을 만들어가고, 경제 행위자들로 꽉 찬 영역에서 사회운동의 공간을 열어내는 등의 일들은 모두 사회적경제운동에서 핵심적인 것이었지만, 전체 판을 흔들지 않았다면 이 중 어떤 것도 가능하지 않았을 것이다. 그리고 이렇게 전체 판을 흔들어내기 위해서는 시민들을 운동으로 동원해내는 일이 반드시 필요했다.

지난 몇십 년간 우리들이 이루어낸 진보에서 또 다른 핵심적 요소이자 전 세계의 많은 곳과 차별되는 퀘벡 모델의 특징은 광범위하고도 다변화된 생태계를 구축해낸 노력이었다. 우리는 권력이 집중되어 모두의 행동을 획일화하는 중앙집권적 구조에 의지하는 대신 '생태계적' 접근법을 취했으며, 이것 때문에 오히려 다양한 범위의 행위자들, 조직들, 지역들, 기구들이 자발성을 발휘하여 활동할 뿐만 아니라 자신들 지식과 방법의 효과를 극대화하고 또 집단의 필요와 열망에 대해 정확하고도 적절한 방법으로 대응할 수 있었던 것이다. 우리는 아래로부터의 여러 자발적 프로젝트들에 내재한 시너지와 또 협력 및 숙의 덕분에 계속해서 이러한 생태계를 강화했으니, 이것이 바로 우리의 다양성에 또한 일관성을 부여했던 것이다. 오늘날에도 이 생태계는 계속해서 진화하고 있으며, 퀘벡의 사회경제적 발전에 깊게 뿌리를 내리고 있다.

또한 이와 동시에, 사회적경제 전체가 퀘벡에서 자신만의 방식으로 발전할 수 있었던 것은 사회의 변화와 경제의 민주화를 향한 사람들의 열망과 긴밀하게 닿아 있었기 때문이었다. 이는 지난 30년간 우리가 벌였던 모든 활동에도 적용된다. 변화에 대한 열망을 품은 각종 사회운동은 오랜 세월 동안 사회적경제운동의 추동력이자 지지대가 되어주었다. 금융과 투자의 영역에서나 또 새 제품 및 서비스의 창출에서나 이는 변함이 없었다. 이렇게 여러 가치와 장기적 비전을 경제의 풀뿌리에서 구체적 활동들로 연결 지을 수 있었기에 사회적경제운동 출현의 주춧돌이 마련되었던 것이다.

마지막으로, 새로운 경제발전 모델을 옹호하는 전 세계적 운동에 합류하기로 했던 것이 성공의 중요한 열쇠였다. 1980년대의 최초의 프로젝트부터 우리는 이 아귀다툼의 세계 속에서 고립된 섬처럼 우리끼리만 공정하고 지속가능하며 포용적인 경제발전을 이루는 것은 가능하지 않다는 것을 명확히 알고 있었다. 그래서 우리는 성공하기 위해서라도 더 폭넓게, 나아가 국제적 규모의 운동에까지 참여했다. 이는 모든 수준에서 큰 이득을 가져왔다. 이를 통해 배운 것들도 많았고 우리 운동이 신뢰를 얻게 되었으며, 무엇보다도 갈수록 국경선이 무의미해지고 전 지구적 의식이 강하게 깨어나는 청년 및 중년들에게 영감을 주었던 것이다. 사회연대경제를 일으키고 지지하려는 열망을 가진 이들이 우리 말고도 많이 있다는 것을 알았을 때 버틸 수 있는 힘을 얻고, 환희의 순간에 더 큰 야망을 가지고 미래를 볼 수 있었다.

지금 우리는 어디에 있는가? 미래에 닥쳐올 문제들

아침에 신문을 펴들면 미래를 상상한다는 것, 다음 세대에 더 나은 미래를 희망한다는 것의 가능성이 무참히 짓밟히고는 한다. 환경 위기는 너무나 심각해서 이제 과학자들이 내놓는 예측은 글자 그대로 악몽일 때가 많다. 각종 사회 불평등과 무장갈등(이들은 천연자원의 통제권을 놓고 벌어질 때가 많다)이 발호하면서 사람들의 증오를 더 크게 불러

일으키고 있다. 이 때문에 대규모 이민자가 발생하고 있으며, 이는 모든 나라들에 큰 난제가 되고 있다. 그렇다고 우리는 패배를 인정하고 그냥 오늘만 살기로 하면서 포기해야 할까? 나는 어머니이며 또한 할머니일 뿐만 아니라, 무엇보다도 한 사람의 인간이다. 따라서 그런 건 내게 아예 선택지에조차 포함되지 못한다. 다른 여러 사회운동과 함께 어깨를 걸고 더욱 지속가능하며 평등한 세상, 연대에 뿌리박은 사회적이고 지속가능한 경제를 건설하는 일을 시작한 지금, 그 과업을 계속하는 것이 그 어느 때보다도 중요한 순간이다.

우리 퀘벡의 사회적경제라는 작은 세계 안에도 길은 순탄치 않고 여러 어려운 문제들이 도사리고 있다. 다른 나라의 사회적경제운동과 마찬가지로 호사다마의 위험은 우리에게도 있다. 우리가 성공을 거둔 것이 오히려 사회적경제운동과 그 사회 변혁의 역량에 손상을 입히는 여러 흐름들을 만들어낼 수도 있다. 이를 막기 위해서는 우리의 비전과 가치를 버려야만 한다. 사회 혁신은 집단행동을 본질로 하며, 민주적 과정 및 제도에 뿌리를 두는 것이 또한 그 본질이다. 하지만 지금 우리는 사회 혁신의 영역에 이러한 본질을 완전히 무시하고 제거해버리는 새로운 행위자들이 뛰어들어 거품을 일으키고 있는 상태를 목도하고 있다. 캐나다에서는 일부 재단(이들의 유일한 '정당성'이란 큰돈을 깔고 앉아 있다는 것뿐이다)들과 일부 정부 기관이 사회 혁신에 대한 이러한 접근법을 밀어붙이고 있다. 자기들의 금전적 자원을 동원하여 사회 혁신을 전문가들만의 영역으로 변질시키고 있는 것이다. 이들은 생태적이거나 사회적인 제품들을 더 많이 판매하는 새로운 사업체들이야말로 '사회 혁신의 기수'이며, 그 개인 창업가들이야말로 이 소위 혁신이라는 것들을 이루는 '영웅'이라고 말하고 있다. 하지만 역사를 볼 때 긍정적인 방향의 사회 변화는 결코 개인적 행동의 결과로 나타나는 법이 없으며, 항상 공동체 전체가 이루는 행동과 변화에서 기인했음이 분명하다.

다행히도 이미 다음 세대가 작업을 시작했다. 그리하여 사회 변혁적이며 민주적이고 포용적인 관점을 취하면서 자기들에게 닥쳐오는 많은 도전에 맞서고 있다. 이 자리에서 나는 현재 그리고 미래에 우리 사회적경제 행위자들이 직면하게 될 가장 절박한 도전들에 대해서 내 개인적인 견해를 짧게 나누고자 한다. 부디 들어주시기를 바란다.

생태적 도전

기후위기가 닥쳐오는 지금, 우리가 생산, 소비, 여행 등의 수단을 바꾸는 과제가 아주 시급하다는 것을 굳이 길게 설명할 필요가 없다. 우리가 이를 잊어버린다고 해도 오늘날의 청년들이 버티고 서서 우리에게 이를 상기시켜주고 있다. 그리고 애써 눈감고 외면하려고 해도, 매일매일 뉴스에는 기후변화에서 비롯한 자연재해, 홍수, 산불, 그 밖의 수많은 사건들이 쏟아져 나오고 있다.

이러한 역사적 도전에 대응하여 사회적경제운동은 중요한 역할을 맡아야 하며, 몇 개의 다른 차원에도 기여해야만 한다. 물론 사회적경제 사업체들은 재화 및 서비스의 생산과정에서 자연환경을 존중하는 모범이 되어야만 한다. 다른 모든 사업체들과 마찬가지로, 집단적 사업체는 이러한 과정들에 대해 깊이 있게 살펴보아야 하며, 상황에 적응하기 위한 모든 조치들을 취해야 한다. 사회적경제는 또한 이른바 '녹색경제', 즉 재생에너지 생산이나 그 밖에 환경보호 및 순환경제와 관련된 다른 부문들에서 더 큰 역할을 맡아야 하며 또 그렇게 할 능력을 가지고 있다.

하지만 내가 볼 때 사회적경제운동이 기후변화 사태에 대한 대응으로 해야 할 근본적 역할은 따로 있다. 이윤이 아닌 사람과 지구를 경제발전의 초점으로 삼는 대안적인 경제발전 모델과 대안적인 경제논리를 제시하고 실현하는 작업이 그것이다. 이윤을 위한 경제발전 모델이야말로 우리를 지금의 낭떠러지로 몰고 온 주범일 뿐만 아니라 우리가 기후위기에 맞서 시급히 취해야 할 조치들을 취하지 못하게 늦추고 가로막고 있는 원인이기 때문이다. 지금이야말로 사회적경제운동이 환경운동의 대의를 새겨 넣고, 그 모든 활동이 보다 지속가능하고 포용적인 경제발전에 기여할 수 있도록 확실히 해야 할 때이다.

민주주의의 도전

새로운 경제발전으로 이행해야 한다는 사실은 갈수록 자명해지고 있다. 사회적경제는 사회적으로나 환경적으로나 공공선을 절대적인 가치로 놓기 때문에 이러한 틀과 딱 맞아떨어진다. 안타깝지만 이러한 좋은 의도에도 불구하고 다른 여러 과제와 목표들(특히 경제적 생존 가능성과 사회적 효과에 가시적 결과를 내야 한다는 압력)로 인해 이러한 이행의 세 번째 필수적 요소가 가려지거나 심지어 뒷전으로 밀리기도 한다. 여기에서 민주주의 문제가 나온다. 내가 볼 때에 이 문제의 주된 성격은 도덕적 차원의 것이 아니다. 한 개인이나 하나의 작은 집단의 행동에서부터 긍정적이고도 성공적인 사회 변화가 벌어지는 법은 절대로 없다. 계몽된 독재든, 프롤레타리아독재든 그 밖의 어떤 형태의 독재든 마찬가지이다. 사회의 변혁은 오로지 사회의 여러 많은 부문들에서 벌어지는 행동의 결과로만 나타나며, 그러한 행동은 단순히 투표장에서 표를 던지는 것에만 국한되어서는 안 된다. 오늘날 민주주의란 집단적 결정이 이루어지는 모든 곳에 시민들이 참여할 수 있는가에 달려 있으며, 경제 부문 또한 그 예외가 아니다.

서구 각국에서 극단적인 우익 포퓰리즘이 발호하는 오늘날, 민주주의와 민주적 과정들에 대한 투자가 얼마나 근본적인 중요성을 갖는 일인지는 너무나 분명해지고 있다. 민주주의의 건강성을 지키기 위해서는 시민 교육, 일반 교육, 민주주의 교육 등이 모두 핵심적인 요소가 되어야 한다. 하지만 지금까지 우리는 이런 것들에 대한 투자를 너무나 등한시해왔고 그 결과가 바로 이러한 포퓰리즘의 발호로 나타나고 있음이 분명하다. 사회적경제운동은 중심축인 민주주의를 결코 시야에서 놓치는 법이 없어야 한다. 사회적경제운동이 집단적 사업체의 운영을 민주적 통제 아래에 두는 것을 중요시하는 이유가 바로 이것이다. 또 이 운동이 스스로를 경제의 풀뿌리에서 벌어지는 시민들의 운동이라고 규정하는 이유도 바로 이것이다. 불행하게도 과거나 지금이나 사람들은 민주주의를 당연히 있는 것으로 받아들이고 있다. 심지어 아예 까먹고 있거나 여기에 도전하기까지 한다. 어떤 이들은 민주적 과정이 너무 시간이 오래 걸리며 발전을 늦춘다고 주장한다. 어떤 이들은 사회적경제운동이 집단적 통제를 고집한다고 비판하면서, 사회적기업가 혹은 사회혁신가 개인이 자기 개인의 노력과 능력으로 사회를 변화시킨다고 표방하는 민간 사회적기업들을 더욱 우선해야 한다고 주장하기도 한다. 이와 동시에 일부 자선 재단은 공공정책의 개발에 있어서 국가와 시민사회의 중간 매개자로 스스로를 위치시키고 있다. 정부와 시민사회의 직접 대화가 민주주의에 필수적인 요소이므로 제3자에게 위임할 수 있는 게 아니라는 사실을 부인하면서 말이다.

이러한 관점을 옹호하는 이들도 선한 의도를 가지고 있을 수 있으며, 나는 이를 공격할 생각은 없다. 그저 이들이 의식적으로 혹은 무의식적으로 간과하고 있는 자명한 현실 하나를 지적하고자 할 뿐이다. 긍정적인 사회 변화는 오로지 민주적 제도를 떠받치는 시민들의 집단적 행동을 통해서만 달성할 수 있다는 것이다.

민주주의라는 도전은 사회적경제운동의 여러 관심사들 가운데에 중심 자리를 차지해야만 한다. 민주주의라는 이름을 분명히 호명해야 하며, 그 운동의 모든 형태와 관행에 이를 펼쳐내야 하며, (무엇보다도) 새로운 정보기술IT로 지원해야 하며, 이를 통해서 개방되고 솔직하고 포용적인 논쟁과 투명성이 최대한 달성될 수 있도록 해야 한다. 민주주의가 결여된 사회적경제는 다른 사회 변화 프로젝트들과 마찬가지로 애초의 목표에서 빗나갈 위험을 안게 되며, 우리 지구와 거기에 사는 생명체들에 그토록 끔찍한 짓을 저지른 시스템에 그대로 잡아먹히게 된다.

제도화 이후 혁신을 지속하기 위한 도전

사회적경제가 성숙해지고 그 지원의 생태계 또한 생겨나게 되면, 제도화의 흐름 속에서도 어떻게 혁신을 이룰 집단적 역량을 유지할 것인가가 큰 도전이 된다. 이는 중요한 문제이다. 한편으로 보자면 정말로 사회적, 생태적 이행을 이루어내기 위해서는 그것을 실현시킬 역량과 조직적 힘을 갖춘 강력한 제도 및 기관들을 만들어낼 필요가 있다. 하지만 또 다른 한편에서 보자면 불행하게도 그러한 제도화의 과정 자체가 곧 민주주의는 물론 혁신의 역량까지도 약하게 만드는 과정일 때가 너무나 많다. 해오던 관행이 똬리를 틀어버리며, 거버넌스 기구는 그저 하던 대로 하는 일에 만족하게 되며, 초기 시절에 특징적으로 나타났던 대담함과 열띤 토론 등은 서서히 사라져버린다. '샹티에'의 경우 항상 우선적으로 고려하는 사항이 현장에서의 필요와 열망 그리고 회원 단체들이었기에 우리 스스로의 역할, 임무, 우리 내부 민주주의의 건강성 등에 대해 깊게 생각해볼 시간이 없었던 게 사실이다. 2012년에 있었던 '샹티에가 샹티에를 성찰한다'는 우리 스스로가 내부 문제들에 초점을 맞출 수 있는 기회였다. 그때 이후로 거버넌스는 우리들이 항상 성찰하는 주제가 되었다. 청년 집단을 키우기로 했던 것도 이 과정의 한 결과였으며, 내가 볼 때에는 젊은이들 또한 (그리고 그들의 연장자들도) 계속해서 '샹티에'를 흔들면서 새롭게 변화하려 할 것이 틀림없다. '샹티에'가 조직으로 출범한 지 20년이 되었고 '사회적경제기본법'이 통과되어 사회적경제가 제도로서 인정을 받은 지 6년이 된 지금도 우리 운동의 모든 구성 인자들은 모든 차원에서 끊임없이 쇄신에 전념해야 하며, 특히 혁신의 실천과 민주주의의 활성화에 관심을 놓지 말아야 한다.

규모 키우기의 도전

우리가 퀘벡 경제에서 우리 활동의 규모를 키우는 중요성을 논의하기 시작한 지도 오랜 시간이 지났다. 우리는 또한 '규모 키우기'가 함축하는 바가 무엇인가에 대해서도 논쟁했다. 사람마다 이해하는 의미가 달랐기 때문이다. 이는 집단적 사업체를 키워서 대기업으로 만드는 것을 뜻할 수도 있다. 또한 한 부문 안에서 더 많은 숫자의 작은 사업체들을 만들어서 이 숫자를 이용하여 특정 경제 부문의 작동에 대해 직간접으로 영향을 미칠 수 있게 한다는 것을 뜻할 수도 있다. 이를 특정한 지역이나 마을에 적용하게 되면, 규모를 키운다는 것은 곧 지역과 마을의 발전 과정에 영향을 미치는 수단일 수도 있다. 또한 예를 들어 순환경제에 참여한다든가, '공유경제'라는 것이 재화와 서비스를 공유할 뿐 이윤은 공유하지 않는 '우버'형 공유와 헷갈리지 않도록 진정한 자산 공유에 근거한 사업 모델을 도입한다든가 하는 방법으로 규모를 키운다면 이는 전체 범위의 경제적 행동에 영향을 주는 방법이 될 수 있다.

하지만 이러한 목적에 도달하기 위해서는 성공의 조건들을 계속해서 만들어내야만 한다. 더 실속 있고 효율적이면서도 우리의 장기적 열망을 위태롭게 하지 않을 수 있는 금융적 도구들이 있어야 한다. 강력한 공공정책도 필요하며, 특히 기술적·사회적 혁신에서는 연구 및 개발에 대한 공공의 지원을 더 많이 얻어낼 수 있어야 한다. 민간 시장뿐만 아니라 공공 조달 시장에도 접근할 수 있어야 하며, 지구와 인간을 위한 책임 있는 소비를 원하는 사람들의 욕구가 점증하는 것도 활용할 수 있어야 한다. 게다가 규모 키우기 작업의 책임을 맡을 이들의 역량과 기술도 계속해서 구축해나가야 한다.

달리 말하자면, 우리는 우리 생태계를 점점 더 튼튼하게 구축해가야 하며, 특히 풀뿌리에서 그렇게 해야 한다. 막 생겨나고 있는 여러 자발적 프로젝트들을 지원할 수 있는 지역의 생태계를 통하여 마을과 지역에 튼튼히 뿌리를 박은 상태에서 규모를 계속 키워갈 수 있어야 하며, 필요하다면 원하는 규모의 수준에 도달할 수 있도록 해야 한다.

에필로그

다양성의 도전

우리가 사는 세계 그리고 우리가 사는 사회도 계속해서 변하고 있으며, 다양성의 문제는 지금 가장 중요한 의제이다. 사회적경제운동은 이러한 현실을 무시할 수 없으며, 지금까지 이미 많은 진보를 이룬 노선을 고수해야만 한다. 원주민들과의 화해라는 것이 지금 뜨거운 쟁점이지만, 사회적경제운동으로서는 이미 오래전부터 해왔던 일이다. 지난 20년간 우리는 원주민들의 자기 결정에 대한 존중, 서로의 차이에 대한 상호 인정, 공통의 비전과 가치들의 확인 등을 기초로 하여 협력 관계를 만들어왔으며, 희망찬 결과물들을 낳은 바 있다. 이는 미래를 위해서도 필수적인 요소다.

다양성이란 여러 다른 차원에서 적용될 뿐만 아니라 서로 다른 현실에서 진화를 겪게 된다는 사실을 기억하라. 다양한 수준에서 차별이나 사회적 배제에서 희생이 된 집단들에 손을 뻗는 일을 계속해야 할 뿐만 아니라, 바로 그 집단들과 함께 새로운 전략을 고안하고 또 실현해나가면서 그러한 연대 관계를 강화해야 한다. 여기에 뾰족하고 명확한 대답이 있는 것은 아니다. 이는 이미 지난 몇십 년에 걸쳐 포용을 이루고자 했던 여러 활동의 다양한 경험에서 밝혀진 사실이다. 한 예로 사회적경제 사업체들의 경영진에 새로운 이민자들을 좀 더 많이 포함시키고자 했던, 그리고 이민자공동체 내에서 집단적 사업체의 창업을 장려하고자 했던 '샹티에'의 솔선수범이 예가 될 수 있을 것이다. 사회적경제의 행위자들은 다양성의 도전에 대해 만족스런 해답을 찾는 혁신적 역량을 계속 만들어나가야 한다.

일관성의 도전

　정치가, 재계 지도자, 주요 기관의 수장들, 심지어 문화계와 연예계의 우상들 일부까지도 포함하여 우리가 지도층이라고 보는 이들이 숱한 위선을 저지르고 있으며, 이것이 정기적으로 매체를 통해 폭로되면서 시민들은 완전히 질려 있는 상태이다. 샤르보노위원회*에서 '미투'운동에 이르기까지, 스캔들과 난잡한 사건 폭로 기사가 매일 우리의 신문을 가득 채운다. 캐나다 연방정부에서는 이른바 환경의 옹호자들이 국민의 혈세 수십억 달러를 들여 송유관을 구매하기도 한다. '스타' 취급을 받은 기업들은 서방국가들에서는 최고의 윤리적 기준을 과시하지만, 먼 나라들로 나가면 실로 끔찍한 짓들을 마음껏 자행하고 있다.

　사회적경제는 연대, 지속가능성, 포용성 등에 기초한 실천의 중요성을 놓고 그저 설교만 늘어놓을 수는 없다. 이를 현실에서 실천해야 한다. 물론 사회적경제 사업체들의 대다수가 그들 사업에서 사회문제를 중심에 놓는다고 어느 정도 자신 있게 말할 수 있지만, 환경문제

---

* 2011년 퀘벡의 자유당 정권은 판사 프랑스 샤르보노(France Charbonneau)를 위원장으로 하여 공공사업 계약 수주를 둘러싼 부패를 조사하는 위원회를 구성했다. (옮긴이 주)

에 있어서는 그렇게 말하기 힘들다. 그런데도 우리가 사회문제와 환경문제 모두에 있어서 완벽하게 행동하고 있다는 위선 따위는 버려야 한다. 그렇게 솔직하게 우리 자신을 바라보면서 일관성을 만들어나가는 것이 우리의 도전이다. 이는 피할 수 없는 우리의 의무이기도 하다. 사회적경제 사업체들의 일상적 운영이 우리의 가치 및 우리의 담론과 일관성을 가질 수 있도록 지원하는 데 모든 노력을 경주해야만 한다.

또한 우리가 함께 일해나가는 방식에도 똑같은 일관성을 견지해야만 한다. 집단적 이익과 공공선보다 어느 특정 기관이나 특정 사업체의 이익을 앞세우는 식의 접근법을 우리는 용납해서는 안 된다. 새로운 사업체, 새로운 금융 도구, 새로운 기관들이 생겨날 때에 이런 것들이 전체 운동의 상황을 개선하는 것이라면 결코 이를 위협으로 보아서는 안 된다. 다시 한번 말하지만, 일관성을 지키는 것은 우리에게 사활이 걸린 일이며, 사회적경제운동의 성공에 반드시 필요한 시민들의 동원을 끌어내기 위한 역량과 신뢰성을 유지하는 데에서도 결정적으로 중요하다.

새로운 발전 모델을 명시적으로 체계화하여 제시하는 도전

진보운동 세력의 고질적인 약점은, 현실 비판과 단기적 요구를 넘어서서 우리가 추구하는 대안적인 미래를 그려내고 이를 명시적으로 또렷하게 제출하는 데에 어려움을 겪는다는 것이다. 오랜 세월 동안 경제에 대한 이해가 부족하다는 게 우리의 약점이었다. 우리가 사회적, 생태적, 문화적, 경제적 성격의 변화를 요구할 때마다 돌아오는 대답은 똑같았다. '분배보다 부의 창출이 먼저일 수밖에 없다'거나, '전 지구적인 경쟁이 벌어지는 상황이므로, 다른 나라들이 하는 대로 따를 수밖에 없다'는 것이다. 설령 그 다른 나라들의 행태가 우리 모두를 파멸로 이끄는 것이라고 해도 말이다.

우리 지구가 간절히 필요로 하는 발전 모델의 윤곽을 명시적으로 체계화하여 제시하는 작업에 (물론 다른 이들과 함께) 착수하는 일은 갈수록 절박한 과제가 되고 있다. 이러한 모델이 존재하는 것은 아니지만, 지금 지역, 부문, 국가, 국제 단위에서 벌어지는 광범위한 자발적 프로젝트들에서 그러한 모델이 출현하고 있는 중이라는 점은 분명하다. 이러한 실험에 있어서 가장 공통된 공간 단위는 도시가 되었다. 디지털 시대를 거치면서 비즈니스 모델에서 뿐만 아니라 재화 및 서비스 생산에서도 또 유형 및 무형 자산을 공유하는 여러 방식에서도 새로운 길이 열린 상태이다.

우리는 경제와 경제발전에 대해서 '만병통치약'과 같은 단일의 해법이 존재한다는 사고방식을 넘어서야 하며, 가급적 빠르게 그 일을 이루어야 한다. 30년 전 우리가 '낙수효과'라는 개념을 거부했던 것은 옳은 일이었다. 하지만 이렇게 이론이 잘못되었다는 논박 불능의 증거가 있음에도 우리의 경제정책은 계속해서 이 잘못된 이론에 기반를 두고 있다. 게다가 대학의 경제학과와 경영학과에서는 무슨 염장이라도 지르듯이 이 잘못된 이론을 뻔뻔스럽게 계속 가르치고 있다. 경제학 교육에 다원주의를 도입해야 한다는 학생들의 요구가 사방에서 거세짐에도 불구하고 말이다. 심지어 다보스의 세계경제포럼에서조차 포용적 성장에 대해 재잘거리는 소리가 나오는 오늘날이지만, 경제협력개발기구에서도 또 캐나다의 경제 부처에서도 경제 전략과 공공정책들은 거의 변한 것이 없다.

이렇게 해체와 재건을 하는 과정에서, 지배적 모델에 도전하면서 새로운 미래 경로를 제시하는 다양한 운동과 접근법들로부터 여러 도움을 받을 수 있다. 근본적으로는 '코먼스commons'운동, 플랫폼 협동조합, 그 밖의 다른 주제들을 내건 운동들이 모두 동일한 프로젝트를 공유하고 있으니, 사회와 경제를 민주화한다는 것이다.

오늘날 우리는 다양한 범위의 행위자들과 깊이 있게 협력하여 우리 지구를 살리면서 인류 모두에게 질 높은 좋은 삶을 제공해줄 수 있는 내일의 경제를 발전시키기 위한 여러 요소들을 명확하고도 정확하게 찾아내어 제시해야 할 책임이 있다.

마을, 국가, 광역에서 사람들 동원을 지속한다는 도전

사람들을 움직여내지 못하면 사회적경제의 미래는 없다. 한마디로 딱 잘라 이렇게 말할 수 있다. 광범위한 행위자들의 단결과 사람들 전체의 튼튼한 지원이 없다면, 금융이 되었든 규제나 그 밖의 어떤 문제가 되었든 우리 사회적경제의 발전에 필요한 도구들을 만들어내고 지배적인 경제학의 논리를 바꾸는 일은 결코 가능하지 않다. 시민행동 그리고 집단지성과 지혜를 통해 얻는 새로운 지식의 기여가 반드시 필요하며, 이런 것들이 없다면 현대사회가 맞부닥뜨린 복잡한 문제들에 새로운 해법을 찾는 것도, 실천을 통한 배움도, 지속적인 혁신도 불가능하다. 이런 것들은 우리의 성공에 있어서 핵심 요소이며, 앞으로도 그럴 것이다.

이는 퀘벡에만 국한된 이야기가 아니다. 경제의 지구화로 인하여 이제 우리는 단독 행동이 불가능하며 지구 전체 차원을 시야에 두고 행동해야만 한다. 국제적 규칙들 또한 조만간 오늘날의 지배적인 경제 모델이 아닌 새로운 경제 모델을 부양할 수 있는 방향으로 바꾸어 나가야 할 것이다. 유엔이 내건 지속가능한 발전 목표들Sustainable Development Goals, SDGs을 놓고서 여러 국가, 도시, 시민사회 조직, 다양한 네트워크들이 움직였던 것은 이 점에서 볼 때 고무적인 징후이지만, 우리에게 닥친 도전의 범위를 생각해본다면 이 정도 속도로는 어림도 없다는 것이 분명하다.

우리가 직접 보고 직접 경험했던바, 사람들의 동원이라는 것은 투표라든가 플래카드를 들고 길거리 시위를 벌이는 것으로 국한되지 않는다. 미래의 동원은 시민들이 문제를 정식화하고 그 해결책을 만들어나가는 과정에 직접 참여하는 것으로서, 이는 새로운 경제와 새로운 거버넌스가 출현하고 발전하는 새로운 경로가 될 것이다. 지역, 국가, 국제 수준에서의 동원을 통해 우리는 오늘의 자리에 왔고, 무엇보다도 우리의 미래를 어떻게 만들어갈 것인지를 보장하는 존재가 되었음을 잊지 말아야 한다.

부
록

발명의 자유를 위한 탄원

몬트리올 남서부 지역에서 관료제의 관례에 도전을 감행하다

──────── 몬트리올 신문 《드 부아*Le Devoir*》, 카트린 르콩트Catherine Leconte

5월 13일, 국립공공행정대학École nationale d'administration publique의 한 학술회의 연설에서 공무원들은 즉석으로 자기 성찰의 시간을 가지게 되었다. 연설자가 200명의 공무원에게, 새로운 제안이 들어왔을 때 "그런 일을 했다가는 선례가 될 수 있어서 안 됩니다!"라는 말로 거부한 적이 몇 번인지 물었던 것이다.

연설자인 낸시 님탄은 이렇게 말한다. "제가 이 말을 꺼내자 좌중이 웃음바다가 되었습니다. 이 말은 우리가 그들로부터 항상 들어온 말이니까요." 그들은 웃었겠지만 그녀는 이 말이 지긋지긋하다. 지난 20년간 그녀는 자기들의 프로그램이 신성불가침이라는 논리에 꽁꽁 갇혀 있는 공무원들과 끝없이 싸워왔기 때문이다. 산업이 빠져나가 실업문제가 심각한 도심의 지역문제에 대해 새로운 해법을 찾기 위해 매일매일 현장에서 싸워야 하는 그녀로서는 그 공무원들의 프로그램이라는 게 현실과 완전히 유리된 것으로 느껴질 수밖에 없다.

공무원들의 웃음은 오래가지 못했다. 연설자가 이어서 그 공무원들이 바로 '조용한 혁명'*, 즉 관공서가 역동적 변화의 주력으로 여겨지던 시절을 불모화시켜버린 주범이라고 말했기 때문이다. 그 결과 오늘날에는 관공서와 공공기관들이 더 이상 우리 사회의 발전을 추동하는 힘이 아니라 지역 주민들의 자발성을 억제하고, 민간기업 및 집단적 사업체의 창업을 가로막고, 사람들을 의존 상태에 빠뜨리는 메커니즘이 되고 말았다고 했다. 사업의 목적은 도외시하고 그저 짜인 프로그램만 고수하는 식의 관리에 집착한 탓이라고 했다. 따라서 이제는 이 못된 버릇을 전복시킬 또 다른 조용한 혁명이 벌어져야 할 때라는 게 연설자의 말이었다.

'남서부 경제·사회 재생연합'의 수장인 그녀는 말한다. "제게는 이것이 전략적 문제가 되었어요." 새로운 조용한 혁명을 가로막는 바람

---

* '조용한 혁명(Révolution tranquille)'은 퀘벡에서 벌어진 민족주의적 정치운동을 말한다. 캐나다는 영연방국가로서 그 국가원수는 지금도 영국의 엘리자베스 여왕이고, 퀘벡주 주민들은 프랑스어 사용을 금지당하는 등 많은 사회경제적 불평등과 억압을 겪어왔다. 1960년에 퀘벡주에 자유당 정부가 들어선 이후로 퀘벡의 정치 구도는 캐나다 연방주의자들과 퀘벡 주권주의자들의 대립 구도로 재편되었으며, 마침내 1976년 퀘벡의 독립과 주권을 주장하는 세력이 정권을 쥐게 되면서 완결을 보게 되어, 퀘벡은 캐나다 및 프랑스 모두에 대해 독자적 정체성을 갖는 정치적 단위임을 표방하게 된다. 이러한 변화는 여러 사회경제적 변화를 수반했다. 무엇보다도 퀘벡 민족주의에 기초한 강력한 세속 국가가 마련되면서 가톨릭교회에서 큰 영향력을 가지고 있었던 복지, 의료, 교육 분야가 모두 국가사업으로 들어오게 되었고, 복지국가가 강화되었으며, 공무원 노조를 포함한 노동권이 강화되었다. 이 과정에서 퀘벡 정부의 국가기관은 진보적인 사회 변화를 추동하는 선진적인 위상을 자임하기도 했다. (옮긴이 주)

에 사회적 연대가 아주 위태롭게 침식되는 상황에 처했다는 것이다. "왜냐하면 만약 사람들이 관공서 공공기관으로부터 기대할 게 아무것도 없다고 생각한다면 세금도 내려하지 않을 것이기 때문입니다."

낸시 님탄은 그래서 수많은 '선례들'을 만들어내는 데에 온 힘을 쏟고 있다. 그녀의 성공 사례가 나올 때마다 관에서는 이를 하나의 공식으로 만들어서 신규 프로그램으로 정식화하는 식으로 반응하지만, "몬트리올 남서부 지역에서 효과를 보았던 것들이 다른 지역에서는 전혀 작동하지 않을 가능성이 십중팔구"라고 하며, 낸시는 그녀의 머리카락을 쥐어뜯곤 한다. 참고로, 그녀의 머리카락은 흰색이 군데군데 섞여 있는 갈색이며, 숱이 무척 많다. 함박웃음을 짓는 그녀의 큰 미소와 사람을 따뜻하게 하는 그녀의 큰마음만큼이나 그녀의 머리카락 또한 수북하다.

그녀는 1983년 당시 푸앵트생샤를 YMCA에 있는 마을 발전 부서의 장을 맡고 있었다. 이 지역은 본래 산업지구였지만, 라신운하가 폐쇄되는 바람에 공장들이 줄줄이 문을 닫으면서 경제가 심하게 무너진 상태였다. 그리하여 그녀는 다른 마을과 공동체 단체의 동료들 몇 명과 함께 "무언가 하기로 했어요. 더 이상 넋 놓고 기다리고만 있을 상황이 아니었거든요", 그 출발점은 '우리들 스스로가 책임을 진다'는 것이었다고 한다. "저 위에 누군가가 우리들 문제를 해결해줄 수 있는 맞춤형 해법을 가지고 있을 것이라는 생각, 혹은 정권이 바뀌면 뭔가 이 경제 위기 및 실업에 대한 해법이 나올 것이라는 생각부터 접어야 했습니다."

이들이 깨달은 바가 있다. "최초의 복지 프로그램들은 아주 단기의 것들이었으며, 직업훈련 같은 것도 없었고 진정한 일자리 창출 계획도 없었습니다." 그리고 "그 아래에는 근본적으로 실업자들은 일하기를 원하지 않으므로 일을 하도록 강제하는 게 필요하다는 생각이 깔려 있었습니다. 하지만 우리는 분명코 이게 문제가 아니라는 것을 알고 있었습니다. 진짜 문제는 복지수당으로 일상을 살아가던 이들이 노동시장으로 돌아가려면 너무나 많은 장벽을 넘어야 한다는 것, 그래서 이 사람들에 대한 태도도 바꾸어야 하고 또 이들에게 그 장벽을 넘을 수 있는 도움을 주어야 한다는 것이었습니다. 이 사람들은 좀 더 자신감을 가지고 노력을 해볼 수 있도록 지원해주어야지, 더 철저하게 감시할 대상이 아니라는 것입니다."

이러한 접근법은 곧 '푸앵트생샤를 경제 프로그램'이라는 단체를 낳았다. 이 단체는 그 지역의 사업가 및 재계 인사들의 도움을 얻어 지역 주민들의 직업훈련과 '고용가능성 개발'에 지원했다. 당시에 인기가 있었던 것은 개인 창업가로서, 여기에 전략적으로 초점을 두는 시험 프로젝트도 있었고, 정부의 지원금도 받을 수 있었다. 하지만 '푸앵트생샤를 경제 프로그램'은 이런 종류의 전형적인 정부 프로그램을 회피했다. "우리 동네 사람들은 공장이 줄줄이 문을 닫으면서 해고된 노동자들이에요. 기껏해야 중학교 2학년 정도의 학력밖에 없는 이들이 모두 하룻밤 사이에 무슨 혁신 기업가로 변신하여 창업을 하는 일이 가능하겠어요?"

그 후 경제는 회복되었지만, 몬트리올 남서부의 상황은 그 혜택을 보지 못했다. "남들은 경제가 성장하는 기간이라고 하는데 우리 동네에서는 실업자가 계속해서 늘어났어요." 1987년에는 완구공장인 콜레코Coleco와 매트리스 제조업체인 시몬스Simmons가 문을 닫았고, 1100명이 일자리를 잃었다. 이에 마을 사람들이 들고 일어났으며, 1988년에는 지역의 '노동력조정위원회'의 창설로 이어졌다. 이는 또한 마을 단체들에 그치지 않고 정부, 노조, 제조업체 등 세 부문의 대표자들을 한자리에 모았고, 그 각각은 '각자의 형편에 맞게 자금 기부'를 행했다.

1989년의 '도박 3부작'

1989년, 위원회는 (논란 많은) '도박 3부작'을 행한다. 첫째, 사회발전과 경제발전은 떼어놓을 수 없으며 둘째, 몬트리올 남서부에 산업 기지를 유지하는 것은 가능한 일이며 셋째, 이 지역 주민들의 튼튼한 연대를 감안할 때 스스로 통제하는 단체가 경제 재생 활동을 조직하는 것이 합리적이라는 것이다.

그리하여 '남서부 경제·사회 재생연합'이 출범하게 되었으니, 그 구조가 전례 없는 새로운 것임이 당연했다. 이는 비영리 기관으로 재계, 노조, 지역 단체들이 각각 선출한 대표자를 경영진으로 구성하는 조직이었다. '남서부 경제·사회 재생연합'은 '푸앵트생샤를 경제 프로그램'보다 훨씬 더 야심적인 프로젝트로서, 몬트리올 남서부 전체를 감당할 뿐만 아니라 총예산은 5년에 걸쳐 약 500만 달러에 달했다.

'남서부 경제·사회 재생연합'은 실업자 지원 서비스를 제공했다. 실업자들이 여러 다른 수준에서 쏟아져 나오는 정부의 각기 다른 프로그램들과 기준들의 바닷속에서 길을 잃지 않을 뿐만 아니라 비현실적인 기대와 예상으로 인해 실패를 겪지 않도록 하기 위해 개개인마다 '맞춤형 계획'을 준비해주는 것이었다. 이미 이 서비스를 거쳐간 이들의 숫자가 2500명을 넘었다.

'남서부 경제·사회 재생연합'은 또한 인적 자원 개발을 위한 표준적이지 않은 프로젝트들 그리고 긴급한 필요에 특별히 맞도록 설계된 노동력 적응 프로그램을 진행하며, 그 자금 또한 관리했다. 이 자금을 통해서 고등학교 졸업장도 없는 이들 수백 명이 직업훈련에 참여할 수 있었고, 그들의 취업 성공률은 약 90퍼센트 정도였다고 한다. 그 기본적인 아이디어는, 성인들이 고등학교를 마쳐야만 직업훈련을 받을 수 있도록 의무화해놓은 여러 규제로부터 벗어나겠다는 것이었다. "이분들은 그러지 않아도 이미 학생 시절 학교생활에서 큰 실패를 맛본 이들입니다. 그런데 이제 아이들까지 딸려 있는 상황에서 다시 학교로 돌아가서 학업을 마치라고 말하는 것은 정당한 일이 아니죠."

더욱이 '남서부 경제·사회 재생연합'은 기초교육 과정을 직업훈련 과정과 통합하는 것을 꾀했다. 즉 실업자들이 그동안 일과 삶의 경험 속에서 얻은 기술들을 인정하는 시스템을 개발해내고자 했던 것이다. 이러한 맥락에서 '알파 퀴진Alpha cuisine'이라는 개념이 나왔다. 사람들로 하여금 큰 기관의 급식 조리 영역에서 직업훈련을 받는 동시에 글 읽는 능력을 획득할 수 있도록 하는 개념이다. '포르메탈Formétal' 은 행실에 문제가 있는 청년들에게 성실한 근로 습관을 불어넣어 노동시장에 통합될 수 있도록 돕기 위한 '남서부 경제·사회 재생연합'의 목적에서 창업한 작은 금속 관련 사업체이다. 또 고등학교 교육을 마치려고 하는 이들을 모으는 프로젝트도 있었다. 비슷한 문제를 안고 있는 이들을 여러 그룹으로 묶어서 학교 이사회에 이 그룹에 있는 성인 학생들이 배우는 법을 다시 배워야 하니 그에 맞는 교육 방법을 마련해줄 것을 '남서부 경제·사회 재생연합'이 대신하여 요청하는 계획이었다.

경제발전 전략으로 보았을 때, '남서부 경제·사회 재생연합'은 이 지역의 산업 인프라를 강화하기 위하여, 예를 들어 대기업에게 이 지역의 중소사업체에게 하청을 주도록 장려하는 협력 구조의 역할을 맡았다. "여기에 꼭 무슨 비용이 들어가야만 하는 건 아닙니다. 어떨 때에는 그저 이들을 같은 방 안에 모아놓기만 하면 될 때도 있어요!" '남서부 경제·사회 재생연합'은 또한 지역의 사업체에서 직업훈련을 받는 문화를 확립하기 위해 노조와 기업 경영진이 협력하도록 촉매 역할을 하기도 했다. 이를 통해 노동력이 기술의 변화를 따라갈 수 있도록 준비시킬 뿐만 아니라 사용자들이 다른 곳으로 떠나는 대신 원래 있던 자리의 공장을 새롭게 하는 쪽으로 유도하는 것이었다. 예를 들어 '컨슈머 글라스Consumer Glass'의 경우 캉디아크Candiac에 있는 공장은 닫았지만 몬트리올 남서부에 있던 공장은 닫는 대신 새롭게 업데이트하는 쪽을 선택했다. 낸시 님탄의 말에 의하면, "지역공동체의 지지를 받고 있다고 느끼는 사업체들은 지역공동체에 더 많이 돌려주려고 하는 경향이 생겨요"라는 것이다.

움직이지 않는 것은 무엇이든 쏴라

그녀는 똑똑히 말했다. "이런 일은 어떤 정치인 한 사람이 연설을 해서 생겨난 것은 하나도 없습니다. 모두 지역 주민들의 여러 이해가 하나로 모아지면서 생겨난 것들이에요." 하지만 이유 하나가 더 있다. 누군가가 공무원 한 사람, 한 사람을 끈질기게 찾아다니면서 뭔가 해볼 수 있는 공간을 만들어냈기 때문이었다. 그녀가 찾아다녔던 공무원들은 현장에 있는 이들이 아니라 '중간관리자'였다. 이들은 민간 영리 부문과는 거리가 있다고 해도 공공서비스 자체에서는 여전히 책임을 맡고 있는 이들이었다. 이들은 자기들의 규칙에서 조금이라도 예외가 생겨나는 것에 기겁을 하는 이들이었으며, 예산 삭감 시기에는 그러한 태도가 더욱 심했다. "예산 삭감에 직면하게 되자 중간관리자들이 보인 반응은 자신들이 항상 해왔던 태도를 더욱 강화하는 것, 즉 자기들의 통제를 더욱 강행하는 것"이었다고 한다. 물론 국가기관의 역할이 자원 배분에 있어서 자의적인 의사결정을 마구 강화하는 것을 막는 것이기는 하지만, 그렇다고 해서 모든 이들에게 똑같은 표준을 따르도록 강요할 이유는 없다.

하지만 일부 중간관리자들은 심지어 '남서부 경제·사회 재생연합'
이 내놓은 프로젝트들을 정부 사업으로 통합하려고까지 했다. 낸시
님탄은 이를 당연한 수순이라고 본다. 그들도 자기들의 업무를 정당
화할 필요가 있기 때문이다. 한 예로 '남서부 경제·사회 재생연합'이
중소사업체들을 지원하는 프로젝트 하나를 개발하면서 연방정부, 주
정부, 지방정부 세 곳과 모두 협력 관계를 맺은 적이 있다. "그런데 한
정부 기관이 나서서 이렇게 말합니다. '당신들 프로젝트가 흥미 있는
것이기는 하지만 이건 우리가 해야 할 일입니다. 따라서 우리가 알아
서 하겠습니다', 하지만 이 세 정부 사이의 관계가 어떠한지도 문제이
며, 또한 정부 내에서도 다른 두 부서 사이에 관할 싸움이 벌어지기도
하죠. 그래서 저는 그 어떤 하나의 정부 기관도 다른 기관들에게 이렇
게 저렇게 하라고 명령할 도덕적 권위를 갖지 못한다고 봐요. 결국 그
해묵은 부서 간 경쟁 관계가 또 나타나고 정말로 비생산적인 일들이
벌어지게 됩니다."

'남서부 경제·사회 재생연합'은 스스로를 '정부 기관과 지역공동체
사이의 중간 매개자'로 자리매김했다. 자신들이 양쪽 모두의 신뢰를
얻을 수 있는 이유를 이렇게 설명한다. "우리가 공손하거나 유순해서
가 아닙니다. 우리는 있는 그대로의 사실을 사실대로 말하며, 의견이
다를 때에는 터놓고 다르다고 이야기합니다. 하지만 공공기관은 우
리 '남서부 경제·사회 재생연합'을 이쪽저쪽에 붙는 박쥐 같은 존재
로 여기죠. 실제로 우리는 한 가지 모습을 고집하지 않고 기회가 생길
때마다 그걸 잡으며 움직이니까요. 하나의 범주에 묶이면 가치 평가

를 내리기가 쉽지 않죠."

그녀는 '남서부 경제·사회 재생연합'의 연간 자금 사용 내역을 감사하는 공무원이 그녀를 어떻게 비난했는지에 대해 이야기를 들려준다. "일을 너무 많이 하고 계십니다. 움직이는 건 다 쏘아 죽이겠다는 식이네요!" 그녀는 가만히 있을 수가 없어서 이렇게 말했다고 털어놓는다. "이 말은 도저히 그냥 넘어갈 수가 없더라고요. 그래서 이렇게 말해 주었죠. '아니요. 우리는 움직이지 않는 것들은 무엇이든 쏘았던 겁니다'…."

노트르담드그라스에서 온 중산층 또라이가
좋은 사람이 되다

낸시는 그녀가 '노트르담드그라스Notre-Dame-de-Grâce의 영어를 쓰는 중산층 유태인 마을'이라고 부른 동네 출신이다. 그녀는 1968년 맥길대학교에 입학하여 이곳에 왔을 당시에는 프랑스어를 한 마디도 하지 못했다. 그런데 몇 년 후에 몬트리올의 몽루아얄Mont Royal에서 열린 장바티스트 성인 축제에서 '망가진 입술Ruine-babine'이라는 포크 음악단의 바이올린 연주자로 함께했고, 거기 모인 사람들은 그 흥겨운 음악에 춤을 추었다.

"저는 항상 그랬어요. 뭘 하든 끝장을 보고 마는 타입이죠." 그녀는 웃음을 터뜨리며 말했다. 고등학교 때부터 다분히 반항아로 문제를 일으켰던 그녀가 대학에 입학하자 맥길대학에서는 프랑스어 사용 운동McGill Français movement*이 벌어졌다. "저는 사회운동이나 정치운동에 참여하고 싶었지만, 당시 영어권 동네에서는 그런 종류의 움직임이 전혀 없었어요."

그래서 그녀는 사는 곳을 생앙리Saint-Henri로 옮겼다. "프랑스어를 배우기 위해서였죠." 처음에는 맥길대학을 그대로 다녔고 정치 활동 또한 그곳(캐나다공산당)에서 계속했다. 대학에서의 전공은? "전공 없어요." 그녀의 말에 따르면, "제가 받은 교육은 모두 길거리에서 이루어졌으니까요"이다.

그녀는 생앙리의 실업자센터에서 자원봉사자로 일을 하게 되었으며, 이를 계기로 마을 활동가의 길로 확실히 들어서게 된다. "마을 활동 같은 것은 대학에서 배울 수 있는 것이 아니지요." 이런 맥락에서 보면 길거리 광장에서 춤추는 사람들을 위해 바이올린을 켜는 것처럼 적절한 활동도 없을 것이다. "모든 종류의 사람들을 다 아우를 수 있는 문화적 통합을 가능케 하는 활동이었습니다."

1970년대 말에는 반인종주의운동을 위해서 토론토에서 몇 년을 보내기도 했지만, 그 이후로는 몬트리올 남서부에서 죽 살고 있다. 별의별 일들을 다 하면서 살고 있지만 항상 마을 활동과 관련된 일들(식

---

* 1960년대 퀘벡에서 '조용한 혁명'이 진행되는 가운데 퀘벡 민족주의와 사회의 진보적 재구성에 대한 요구가 높아졌고, 전통적으로 영어를 사용하는 지배 엘리트를 배출하는 오랜 대학인 몬트리올 맥길대학을 프랑스어 사용 대학으로 바꾸어 퀘벡인들에게 돌려주어야 한다는 운동이 일어났다. 1969년 3월 1만 5000명의 학생들이 대규모 가두시위를 벌였다. (옮긴이 주)

료품협동조합, 복지 수급자 권익 단체, 여성 단체 등)을 하며, 그 와중에 가족도 일구었다고 한다(그녀가 낳은 아이들은 열 살과 일곱 살이며, 남편이 데리고 온 스무한 살과 열아홉 살 아이들도 있다).

"경제발전 문제에 관해 활동할 기회가 주어졌다는 것, 그리고 중요한 문제들에서 항상 무엇인가 새로운 것을 배울 수 있다고 느끼는 것, 이런 것이 제가 이 활동을 계속할 수 있었던 힘이었던 것 같습니다. 이런 게 없었다면 15년씩이나 똑같은 형태의 마을 활동을 계속할 만한 끈기가 나올 수 없었을 것 같아요." 그녀도 인정하는 바이다. 다른 한편, "1983년에 푸앵트생샤를에서 이 일을 시작할 당시에 만약 나중에 몬트리올 남서부에서 지금과 같은 일들로 발전할 것임을 예견했더라면 더 힘이 났을까? 저도 잘 모르겠네요. 하지만 그냥 이게 옳은 방향이라고 믿으면 그 길로 나아가는 겁니다. 그다음에는 가치와 상식에 따라 몸을 맡기는 거죠. 그러다 보면 어느 시점에서 무언가 일들이 나타나기 시작합니다."

변증법적유물론에서 배운 교훈

그녀는 이제 42세가 되었으며, 지금까지 걸어온 길을 통해 자신의 생각이 어떻게 진화해왔는가 짚어보곤 한다. "우리는 작은 동네에서 작은 아이디어로 시작했습니다. 푸앵트생샤를 지역에 꼭 맞는 해법이라고는 아무것도 나온 게 없다고 보였으므로 우리 스스로가 몇 개라도 만들어내는 수밖에 없다는 것이었죠. 그런데 이제 우리는 '조용한 혁명'이 한 번 더 필요하다는 결론에 도달했어요. 이번에는 공공부문이 조직되는 방식 그리고 시민사회와 관계를 맺는 방식에 있어서 혁명이 필요하다는 겁니다!"

그렇다면 이 혁명을 위해 다시 정치 활동으로 돌아가야 할까? 그녀는 이를 사양한다. 정치 활동은 젊은 시절 공산당 활동으로 그만 되었다는 것이다. "저하고는 공산당 활동이 맞지 않아요. 무엇보다도 당의 규율 같은 것이 전혀 제 체질이 아니라서 아주 신물이 납니다. 게다가 우리가 몬트리올 남서부에서 성공했던 이유 중 하나는 항상 정당정치에 대해 거리를 두었다는 점에 있어요. 우리는 함께 일하기를 원하는 이라면 누구나 함께 일하고자 합니다. 이것 이외에는 아무런 원칙도 없어요!"

그녀는 믿고 있다. 어떤 식으로든 '이러한 변화가 일어날 것'이라고. "어떤 정당이 집권하느냐와 무관한 문제입니다. 왜냐면 퀘벡 전역에 걸쳐서 어떤 방향으로 가야 한다는 압력이 존재할 뿐만 아니라 스스로 나서서 그런 압력을 조직하는 사람들도 충분히 많기 때문입니다." 이러한 관점에서 보자면, "저는 제가 지금 하는 일을 계속하는 게 모두를 위해서 훨씬 유용합니다. 공공서비스의 내용과 과정에 그런 중요한 변화들을 만들어내려면 밑바닥으로부터 탄탄한 지지를 구축해나가야죠. 이 일은 아직도 갈 길이 멀어요. 그래도 계속 진전을 하고 있으니까, 이렇게 작은 양적인 변화가 쌓여나가다 보면 어느 시점에서 질적인 변화로 전환되겠죠. 이게 제가 변증법적유물론을 공부하면서 배운 것입니다!"라는 말이 십분 이해된다.

아마도 나중에 혹시라도 새로운 정치 지도자들이 권력을 잡게 된다면, "저도 일정 기간 공공부문으로 들어가서 일할 가능성을 완전히 배제하지는 않습니다. 거기에서 이루어야 할 것이라고 제가 생각하는 것들도 있으니까요. 공공기관 자체가 정말로 스스로 새롭게 변해야 한다는 욕구를 가지고 있고 또 그것을 현실화하고자 하는 사람들의 집단이 정말로 존재하는 한 거기에 들어가서 일하는 것도 생각해볼 수 있겠죠." 하지만 그녀는 웃음으로 결론을 맺었다. "아무도 내게 그런 부탁을 한 적이 없고요. 또 그렇게 근본적인 변화를 우선 과제로 삼는 정치가가 지금 존재하는지도 잘 모르겠네요. 이 국민적 과제가 해결되기 전까지는 힘들더라도 있는 자리에서 부대끼며 나가야죠."

'샹티에사회적경제' 사직서

'샹티에사회적경제' 이사 여러분들에게

지난 10월 10일, 퀘벡 의회는 만장일치로 법안27, 즉 '사회적경제 기본법'을 통과시켰습니다. 이 법은 퀘벡의 사회적경제 발전에 있어서 또 한 발자국을 내디딘 진전입니다. 이를 통해 정부는 집단적 사업체의 창업과 운영에 도움이 되는 여러 공공정책을 생산하고 공고히 하는 데에 있어서 우리와 지속적인 대화를 나눌 조건들이 마련되었을 뿐만 아니라 정부가 일련의 조치들을 수행할 의무를 지게 되었습니다.

법안27은 우리 '샹티에사회적경제'를 퀘벡 정부가 사회적경제 영역에서 만나야 할 두 개의 주요 대화 상대 중 하나로 인정하고 있습니다. 이는 곧 이 법안이 우리 조직에 제도적 인정을 부여하고 있다는 것을 뜻합니다. 하지만 동시에 우리가 스스로에게 부여한 임무를 앞으로도 제대로 해나가려면 보다 성실하고 보다 창의적으로 일해야 한다는 의무와 책임감을 우리 어깨에 지고 있습니다.

이 법의 통과는 제 개인적으로도 큰 의미가 있습니다. 창립부터 참여했던 우리 조직에서 제가 어떤 역할을 해왔는지에 대해 저는 오랫동안 반성과 성찰을 해왔습니다만, 이 법안의 통과를 통해 그러한 고민도 결론에 도달했습니다. 이 서한을 통하여 그러한 고민의 결과를 여러분과 공유하고자 합니다.

참으로 먼 길을 왔습니다

우선 저는 지금까지 걸어온 먼 길에 대해 얼마나 자부심을 가지고 있는지를 이야기하겠습니다. 1996년의 '경제 및 고용을 위한 대표자회의'를 준비하면서 제가 예상치 못하게 사회적경제 워킹그룹의 의장을 맡게 되었던 것이 시작이었습니다. 당시로서는 사회적경제나 연대경제라는 개념 자체가 낯설었던 때였지만 일단 우리가 그 윤곽을 그려내고 난 뒤에는 퀘벡 전역에 걸쳐 여러 지역과 공동체에서 기존의 그리고 신규의 다양한 경제 프로젝트들을 풍부하게 만들어나가는 일이 벌어졌습니다. 이렇게 다양한 직종으로부터 지지와 협력을 얻어 서로 연대한다는 개념을 얻게 되면서, 우리는 광범위한 종류의 자발적 프로젝트들을 상상하고 또 제안하여 현실의 필요를 충족하고 일자리를 만들어낼 것을 제안했고, 그 프로젝트들 중 일부는 오늘날 사회적경제가 이루어낸 가장 큰 성공 사례이기도 했습니다.

'대표자회의'의 끝 무렵 우리 워킹그룹에 참여했던 이들은 흩어지지 말고 계속 뭉쳐서 그때의 동력을 유지하고 살려낼 필요가 있다는 점을 모두 공유했습니다. 이 그룹을 핵심으로 삼아 우리 '샹티에사회적경제'가 출현했고, 퀘벡 전역에 걸친 여러 활동가들, 파트너들과의 협의를 거쳐 마침내 1996년 4월 공식적으로 법인 설립을 이루었습니다.

1996년 이후로 우리가 걸어온 길은 참으로 놀라웠습니다. 일시적인 필요에 의해서 만들어진 워킹그룹에서 출발하여 이제는 사회적경제운동의 중심 조직으로 인정받고 있습니다. 또한 여기에 다종다기한 집단적 사업체, 개인들, 부문 네트워크, 마을 발전 단체, 군 단위의 중심들, 각종 사회운동, 원주민 단체, 청년 단체, 연구자들, 고등교육 기관들, 그 밖에도 다양한 단위들이 함께 만나고 협력하는 장이 되었습니다.

우리는, 때로는 외부의 지원으로 때로는 우리 스스로의 노력으로 사회적경제발전을 위한 강력한 도구들을 아주 다양한 범위에서 창출해냈습니다. 사회적경제 및 마을 부문의 노동력 개발을 위한 부문 위원회, 집단적 사업체 투자의 적실성과 가능성을 분명하게 입증했던 '퀘벡사회적투자네트워크RISQ'(1997), 서로 모순되는 개념으로 여겨온 인내와 자본이라는 두 가지를 성공적으로 결합시켰던 '샹티에사회적경제 신탁기금Chantier de l'économie sociale Trust'(2007), 연대의 기초

위에서 구조를 갖추면서도 혁신적인 방식으로 사업을 할 우리의 역량을 마침내 가능케 했던 '연대장터Commerce Solidaire'(2011), 전 세계적으로 사회연대경제에 문호를 열어 우리에 대해 더 알고 싶어하는 이들이 누구나 찾아올 수 있도록 한 'RELIESS'(2012) 등이 그 예입니다.

그리고 마지막으로, 2011년에는 사회 혁신에서의 지식 전파와 연계를 강화하기 위한 조직인 '사회연대경제혁신지대'의 창설을 이루었습니다. '사회연대경제혁신지대'는 우리에게 날개를 달아주었고 발전 역량을 크게 강화해주었습니다. '사회연대경제혁신지대' 덕분에 퀘벡 사회적경제운동의 가장 큰 힘인 엄청난 집단지성을 우리의 파트너들과 공유할 수 있는 환상적인 도구를 갖게 된 것입니다.

'샹티에'는 출범 이후로 항상 외부를 향해 열려 있었습니다. 우리는 다른 이들의 자리를 빼앗거나 위계적인 방식으로 우리의 의지를 강제하는 것을 결코 목적으로 삼은 적이 없습니다. 우리는 항상 퀘벡 어디에서든 다른 방식으로 사업을 발전시키기를 원하는 모든 이들에게 유리한 조건과 상황을 창출한다는 엄청난 도전에 모든 힘을 집중했습니다. 이러한 맥락에서 볼 때, 우리가 공공정책 영역에서 함께 진보를 이루어냈다는 것이 힘을 불어넣을 수는 있어도 만족을 느낄 일은 결코 아닙니다. 이번에 통과된 '사회적경제기본법' 덕분에 앞으로 나올 정부의 행동 계획에서 사회적경제가 그 잠재력을 완전히 발휘할 수 있는 새로운 도구 및 가능성이 생겨날 것을 희망합니다.

'샹티에'는 창립 이후로 항상 퀘벡 바깥에서의 여러 경험들로부터 배우고 영감을 얻어왔습니다. 그리하여 지금은 사회연대경제를 지지하는 전 지구적인 운동이 출현하는 것을 볼 수 있습니다. 또한 그 영향은 이제 유엔과 유럽연합 등의 국제 포럼들에서도 나타나고 있습니다. 이 운동이 범지구적으로 확산되었음은 2011년에 우리가 조직했던 '국제사회연대경제포럼'에서 확연하게 드러났으며, 이 운동에 우리 '샹티에'도 기여했다는 것이 제가 가장 크게 자부심을 갖는 부분입니다.

다가오는 도전들을 맡기 위한 조직의 쇄신

2년 전 우리 이사회는 스스로를 성찰하기 위한 절차를 진행하면서 자체적으로 '워킹그룹'을 만들었습니다. '샹티에'가 생겨난 지도 15년이 되었으니, 이제 오늘날의 현실에 맞도록 우리의 임무, 비전, 구조, 운영 등을 다시 돌아볼 때가 된 것입니다. 이 작업은 아주 성공적이었으며, 작년 한 해 동안 우리의 임무를 재검토했고 우리 조직의 과제들을 업데이트했으며 민주적인 활동들을 더욱 강화했고 거버넌스 규칙들과, 우리가 관계를 맺고 있는 여러 조직들과의 관계도 명확히 했습니다. 내부적으로는 참여적 경영관리를 제도화했습니다. 지금 '샹티에'는 역사의 그 어느 때보다도 대단히 유능하고 의욕적이며 단합된 모습으로 신뢰를 받고 있습니다. '사회적경제의 집'을 우리의 현재 및 미래의 필요에 맞추어 새로운 자리로 옮길 계획이며, 이때가 되면 우리 조직의 재정비도 성공적으로 마무리될 것입니다.

이제 우리 '샹티에사회적경제'에는 마지막으로 중요한 도전 하나가 남아 있습니다. 퀘벡의 수많은 단체, 사업체, 기관들이 직면한 도전이기도 합니다. 우리 사회의 인구구조에 따라 다음 세대가 우리의 사업을 잘 승계할 수 있도록 하는 것입니다. '샹티에 쉬르 르 샹티에 chantier sur le Chantier', 즉 우리 조직을 재구성하기 위한 준비 과정은 바로 이러한 다음 세대로의 승계가 잘 이루어지도록 하는 조건 창출을 목표로 삼았습니다. 이제 우리 조직은 이 마지막 단계, 즉 제1세대 지도부를 다음 세대 지도부로 교체하는 작업에 착수할 때입니다. 이러한 이유에서 저는 '샹티에'의 최고경영자 및 이사장 자리를 내려놓기로 결정했습니다. 물론 이사회가 허락하신다면 계속 남아서 다른 자리에서 새로운 역할을 맡아 일하고 싶습니다.

다음 세대에 자리를 내주기에 좋은 시기

2014년 말에 '샹티에' 지도자 자리에서 물러나겠다고 결정하는 것은 쉬운 일이 아니었습니다. 저는 여전히 계속해서 우리 활동에 참여하겠다는 열의가 있으며, 우리 단체의 임무가 제게는 너무나 소중한 것이라 계속 지원하고 활동할 생각입니다. 하지만 개인적으로나 또 업무상으로나 이제 그만두는 것이 옳은 결정이라고 믿습니다.

물론 다양한 단체들('푸앵트생샤를 경제 프로그램', '남서부 경제·사회 재생연합', '샹티에')에서 수장을 맡아 30년을 일했으니 이제 제 시간도 좀 가지고 또 업무나 책임에서 좀 자유롭게 선택하는 호의를 얻고 싶은 마음이 없는 것은 아닙니다. 한 단체의 수장으로 일하는 것은 쉬운 일이 아닙니다. 그리고 특히 경제 영역 내 사회 혁신을 지향하는 시민동원 운동에서 새로이 생겨난 단체를 이끄는 것은 더욱더 어려운 임무라고 생각합니다. 게다가 연대에 기초하여 퀘벡 사회를 좀 더 지속가능하게 만드는 새로운 발전 모델의 출현에 기여한다는 게 우리의 장기적 임무였음을 기억하신다면, 이 책임이 얼마나 무거운 것인지를 더 잘 이해하실 것이라고 믿습니다.

하지만 책임에 대한 부담감이 제가 사직을 결정한 주된 이유는 아닙니다. 제 나이가 63세를 목전에 두고 있지만, 활동에서 물러나고 싶은 생각은 조금도 없습니다. 하지만 한 단체가 변화를 맞기 위해서는 적절한 때가 있다고 생각하며, 저는 2014년이 바로 그런 때라고 생각합니다. 일단 앞에서 말씀드린 대로 '샹티에'의 사업은 지금 내부적으로나 외부적으로나 잘 정돈되어 있습니다. 우리 운동은 힘을 더해가고 있으며, 우리 단체는 탄탄한 명성, 강력한 연대, 역동적인 거버넌스 구조와 그 어느 때보다도 강력한 간부진을 갖추고 있습니다. 그렇기 때문에 '샹티에'는 그 활동에 아무런 부정적인 영향을 주지 않고도 지도부 교체를 이룰 수 있습니다. 이것이야말로 변화를 시작할 이상적인 상황이라고 봅니다.

이러한 이유에서 저는 이사장님께 그후 집행위원장님께 제 결정을 알렸습니다. 또한 2014년 말까지 있을 이행기를 준비하기 위해 몇 가지 장치를 제안하기도 했습니다. 그리고 단체 안에서 제가 계속 일을 맡을 가능성을 고려해달라는 요청도 드렸습니다. 그래서 지식 전수, 금융, 국제 관계 등의 특정 업무에 집중하면서 필요할 때마다 자문에 응하거나 문서를 생산하거나 발표를 하는 등의 요청에도 응할 수 있도록 해달라고 부탁드렸습니다. 물론 그때까지는 제 최고경영자 역할에 충실할 것이며, 정부 계획에 발맞추는 일 그리고 '샹티에'의 전략 수립 등에 역점을 두고 일할 것입니다.

이러한 결정을 저 혼자 조용히 내리기는 했지만 무척 가슴이 아팠던 것은 사실입니다. '샹티에'의 수장이 되어 퀘벡, 나아가 전 세계에 희망을 주는 시민들의 사회적경제운동에서 대변인 역할을 맡았던 것은 엄청난 특권이었습니다. 퀘벡의 모든 지역 그리고 전 세계에 걸쳐 뿌리를 내리고 있는 이 운동이 출현하고 성장하는 데에 일익을 담당했다는 것이 저에게는 너무나 큰 행운이었습니다.

1단계 임무 완수

저는 제1단계 '임무 완수'를 우리 함께 선언해도 좋다고 생각합니다. '워킹그룹'을 만들었던 1996년 당시에 우리는 사회적경제라는 접근법이 사람들에게서 존중을 얻기가 얼마나 힘들지 우리 앞에 얼마나 엄청난 도전이 버티고 있는지를 알고 있었습니다. 이러한 이유에서 우리는 무수한 구체적 제안들을 제치고 우리의 보고서 〈연대가 먼저〉의 핵심은 이런저런 프로젝트가 아니라고 분명히 했습니다. 우리가 그 보고서에서 분명히 밝혔던 으뜸가는 사항은 다음과 같은 것들이었습니다.

— 이 보고서에서 제시된 사회적경제 모델을 퀘벡 사회경제의 구성 요소로 인정할 것.

— 퀘벡의 주요한 사회경제적 발전 문제들에 관해서는 사회적경제 또한 대화 단위에서 충분한 위치를 차지하는 동시에 협력 과정에서도 필수적 일부가 되도록 보장함으로써 사회적경제 행위자들에게 완전한 동반자 자격을 확인할 것.

— 정부의 모든 부서와 기관들로 하여금 사회적경제 단체들 및 사업체들을 완벽한 참가자로서 인정하고, 특정 형태의 정부 원조에서 사회적경제 사업체들을 배제하도록 하는 규범적, 행정적 장벽들을 제거할 것.

'사회적경제기본법'이 통과하면서 〈연대가 먼저〉 보고서의 핵심 권고 사항들은 어느 정도 매듭을 지었다고 할 수 있습니다. 하지만 그렇다고 해서 우리 경제를 새로운 기초 위에서 구축하고 발전시키기 위해 일상적으로 땀 흘리는 이들의 앞길을 평탄하게 해주는 도깨비방망이 같은 것은 결코 아닙니다. 오히려 반대입니다. 이제부터는 일과 상황이 더 복잡해질 뿐만 아니라 우리 사업에 대해서도 그 어느 때보다 더 큰 기대와 요구가 따를 것이며, 이에 우리도 훨씬 더 야심 차게 사업에 임해야 할 것입니다. 그리고 이러한 야심의 달성을 위해서 최대한의 사람들과 단체들을 통일시키는 데는 '샹티에'와 같은 조직이 그 어느 때보다도 필요합니다. 그 어느 때보다도 지금 우리는 지역에 뿌리를 박아야 하며, 다수의 적극적 참여를 끌어내야 하고, 전략과 행위자들의 다양성을 위한 공간을 마련해야 하며, 민주주의가 단순한 구호를 넘어서 우리 사업체와 단체들을 실제로 이끄는 현실이 되도록 만드는 싸움을 이끌어야 합니다.

저는 이러한 임무가 달성되도록 앞으로도 계속해서 전력을 다해 협력할 것이라고 말씀드립니다. 물론 역할은 바뀌겠지만 저의 신념은 그 어느 때보다도 강합니다. '샹티에'에서 15년 이상을 최고경영자와 이사장으로써 활동한 것은 영광이자 특권이었습니다. 그 세월 동안 저를 신뢰해주신 이사진과 우리 팀의 모든 분들께 감사를 드립니다. 특히 지금 이사장을 맡고 있는 파트리크 뒤귀에Patrick Duguay에게 감사드립니다. 지난 10년간 저에게 조언과 지지를 보내주었으며 지금의 이행기 동안 이사장직을 맡아 사업을 계속할 뿐만 아니라 더욱 강화하고 있기 때문입니다. 또한 지난 세월 동안 우리의 버팀목으로서 우리 여러 프로젝트와 더 폭넓은 열망을 지지하고 펼쳐나갈 수 있도록 도와준 동반자들 모두에게 감사를 드리고자 합니다.

분명히 말씀드리건대, 꽃은 사절입니다. 저 아무 데도 가지 않습니다. 여러분이 동의하신다면 저는 우리 '샹티에' '패거리'의 일원으로 남아 그저 역할만 바꿀 것입니다. 따지고 보면 우리의 역사가 항상 그러지 않았던가요. 모든 이들을 위해 더 나은 미래를 만들기를 꿈꾸는 수많은 이들이 모여서 함께 집단으로 일하는 것 아니었던가요.

이해해주셔서 깊이 감사드리며, 앞으로 또 함께 걸어 나갈 길을 기대하겠습니다.

후기

"어디로 가고 있는지를 알기 위해서는 어디를 지나왔는지를 따져
보아라."

이는 진부한 속담으로 보이겠지만 그래도 여전히 진실을 담고 있
다. 이 책의 가치 또한 퀘벡의 사회적경제가 쇄신하는 과정의 중요한
한 단계가 어떻게 초석을 닦게 되었는지를 추적하는 데에 있다. 사회
적경제운동은 사람들 공동체의 다양한 필요와 열망을 담아내겠다는
결의에 뿌리를 두고 경제민주주의를 지향하는 운동이다.

'샹티에사회적경제'라는 너무나 훌륭한 단체에 창립 멤버로서 그
리고 지금은 경영자이자 이사장으로서 참여하고 있다는 것은 내게 아
주 큰 특권이다. 나는 정신과 마음과 열정을 하나로 모아 '샹티에 운
동'에 뛰어들었다. 나는 이 단체 안에서 많은 동료들과 특히 나의 동

료이자 공모자인 낸시 님탄과 깊은 우정을 맺었다. 그리고 오랜 기간 동안 실로 대단한 사람들을 만날 수 있었고 또 대단한 집단적 사업에 뛰어들어 함께 중요한 성과들을 이루어냈으니, 이 세월 동안 내가 우리 운동에 쏟아부은 땀과 시간은 충분히 보상받고도 남았다고 생각한다.

지난 20년간 나는 퀘벡의 경험을 국제적으로 알릴 수많은 기회를 얻었는데, 그때마다 우리 '샹티에사회적경제' 이야기가 많은 이들의 흥미를 자아내는 근원이 무엇인지를 궁금히 여기곤 했다. 이 책은 그 궁금증을 많이 해소해준다.

낸시 님탄은 그 이야기를 지역발전과의 관계에서 시작한다. 그리하여 사회적경제가 걸어온 길을 지역공동체의 경제개발계획의 탄생과 연관 짓는바, 후자는 도시 발전의 역사에서 중요한 특징이 되었을 뿐만 아니라 훗날 지역발전센터가 되는 마을의 여러 자발적 프로젝트들이 생겨날 수 있는 길을 닦기도 했다.

더욱이 '샹티에사회적경제'의 작업은 사회적경제 행위자들 사이의 협력 관계가 중요한 특징이다. '샹티에'는 사실상 교차점일 뿐이다. 즉 여러 사업체 네트워크, 부문별 연합체, 사회적경제개발 발전 기구, 군 단위, 여러 사회운동 단체(특히 노동조합과 마을 운동)들 그리고 원주민 운동까지 포괄하여 광범위한 성격의 개인과 단체들이 함께하는 만남의 장인 것이다. 이렇게 다양한 행위자들을 동원하는 접근법 덕에 사회적경제는 이제 자유주의적 경제발전 모델을 변혁하는 하나의 동력이 되었다. 이는 결코 작은 일이 아니며, '샹티에'가 특히 기여했던 바는 인간주의, 민주주의, 연대 등의 가치에 기초한 경제를 구축하는 작업이었다.

낸시 님탄이 풀어놓은 이야기는 과거에만 초점을 맞추지 않는다. 사회적경제는 새로운 행위자, 새로운 열망, 새로운 사업 방식들이 끊임없이 출현하면서 항상 스스로를 새롭게 쇄신하고 있다. 이 책은 독자들로 하여금 이 거대한 운동에 참여하라는 초대장이기도 하다. 이 운동이 꿈꾸는 미래는 경제발전을 대자본이 아니라 사람들에게 복무하도록 만드는 것이다. 사회적경제운동은 자신이 지향하는 지점을 똑똑히 자각하고 있다.

—**파트리크 뒤귀에**Patrick Duguay,
'샹티에사회적경제' 이사장(2004~2018)

감사의 말

이 운동에 참여한 지난 수십 년 동안 나와 함께 꿈을 꾸고 실천을 계획한 이들, 동료들, 친구들의 이름은 너무나 많아 일일이 나열할 수가 없다. 그저 이 책의 이야기가 나만의 이야기가 아니라 그들 모두의 이야기이기도 하며, 최소한 부분적으로나마 우리 모두가 함께 겪고 함께 만들어온 것을 반영하고 있다고 말해두는 것으로 갈음하고자 한다. 그들 모두에게 큰 감사를 드린다.

하지만 무엇보다도 나는 내 가족들에게 감사를 표하고자 한다. 남편인 빅토르Victor, 내 아이들인 멜라니Melanie, 장송Janson, 루이Louis, 가브리엘Gabrielle 그리고 우리 님탄라팔름Neamtan-Lapalme 일족에 합류한 그 아이들의 배우자들, 또 에두아르Edouard, 니나Nina, 샤를로트Charlotte, 에밀리오Emilio 등 네 명의 손자, 손녀들이 있었기에 이 책의 이야기는 가능했다. 이들의 변함없는 성원, 무조건적인 사랑, 가식 없이 한편이 되어주면서도 비판적으로 생각해준 점이 없었다면 나는 전혀 다른 길을 걷게 되었을 것이다. 이들은 나를 현실에 발을 딛고 생각하도록 해주었을 뿐만 아니라 우리가 한 가족으로서 공유하는 여러 가치의 중요성을 항상 일깨워주었다. 깊이 감사한다.

마지막으로, 내 이야기를 책으로 묶어준 피데스FIDES 팀, 내가 쓴 영어를 참을성 있게 손보아준 동 맥네어Don McNair, 나와 함께 지금까지 음모를 꾸며온 이들로서, 이 책의 초고를 끈기 있게 읽어주고 내 이야기가 내 머릿속에서 지어낸 것이 아님을 확인해준 마르지 멘델Margie Mendell, 베아트리스 알랭Béatrice Alain, 뱅상 반셴델Vincent van Schendel, 미셸 수티에르Michèle Soutière 등에게도 감사한다.

| 약어 목록 |

가정돌봄도우미 서비스프로그램	PEFSAD
Programme d'exonération financière pour les services d'aide domestique	

가정돌봄사회적경제사업체	EÉSAD
Entreprise d'économie sociale en aide domestique	

경제논리 변화를 위한 네트워크	CLÉ
Réseau pour un changement de logique économique	

경제협력개발기구(OECD)	OCDE
Organisation de coopération et de développement économiques	

국제노동기구(ILO)	OIT
Organisation internationale du travail	

국제연구 및 협력센터	CECI
Centre d'étude et de coopération internationale	

금융거래과세와 시민행동연합	ATTAC
Association pour la taxation des transactions financières et pour l'action citoyenne	

남서부 경제·사회 재생연합	RESO
Regroupement pour la relance économique et sociale du Sud-Ouest	

노동력조정위원회	CAMO
Comité d'adaptation de la main-d'œuvre	

노동시장협력자위원회 / 노동시장협력이사회	CPMT
Commission des partenaires du marché du travail	

농업생산자조합		UPA	
Union des producteurs agricoles			

대표자 회의	경제 및 고용을 위한 대표자회의	Sommet sur l'économie et l'emploi 1996
	퀘벡 농업 대표자회의	Sommet sur l'agriculture québécoise 1992
	청년 문제를 위한 대표자회의	Sommet de la jeunesse 2000
	리우데자네이루 지구정상회의	Sommet de la Terre à Rio 1992
	사회연대경제 대표자회의	Sommet de l'économie sociale et solidaire 2006

마을경제개발훈련기구	IFDEC
Institut de formation en développement économique communautaire	

마을공동체개발공기업 전국회의	TNCDC
Table nationale des Corporation de développement communautaire	

마을공동체단체연합	COCDMO
Coalition des organismes communautaires pour le développement de la main-d'œuvre	

마을공동체발전 퀘벡네트워크	SADC
Société d'aide au développement des collectivités	

마을발전센터	CLD
Centres locaux de développement	

몬트리올 남서부 경제·고용회복위원회	CRÉESOM
Comité de relance de l'économie et de l'emploi du sud-ouest de Montréal	

몬트리올 동부 경제·고용회복위원회   CRÉEEM

Comité pour la relance de l'économie et l'emploi dans l'est de Montréal

몬트리올 사회적경제 허브   CÉSIM

Conseil d'économie sociale de l'Île de Montréal

몬트리올노동위원회   CTM

Conseil du travail de Montréal

몬트리올산업개발공사   SODIM

Société de développement industriel de Montréal

몬트리올시민운동   RCM

Rassemblement des citoyens de Montréal

몬트리올일자리발전기금   FDEM

Fonds de développement Emploi-Montréal

브라질연대경제포럼   FBES

Forum brésilien d'économie solidaire

사회연대경제 진흥을 위한 국제 네트워크   RIPESS

Réseau intercontinental de promotion de l'économie sociale solidaire

사회연대경제국제포럼   FIESS

Forum international de l'économie sociale et solidaire

사회연대경제의 혁신 및   CITIESTIESS
지식 교류를 위한 국제센터

Centre Iinternational de Transfert d'Innovations et de connaissance en
Économie Social et solidaire

사회적경제 및 공동체조직 노동인력위원회   CSMO-ÉSAC

Comité sectoriel de main-d'œuvre en économie sociale et action communautaire

사회연대경제혁신지대   TIESS

Territoires innovants en économie sociale et solidaire

사회적경제 연구를 위한 대학·공동체연합   ARUC-ÉS

Alliance de recherche universités-communautés en économie sociale

사회적경제 연구를 위한 퀘벡 파트너   RQRP-ÉS
네트워크
Réseau québécois de recherche partenariale en économie sociale

사회혁신 및 사회적경제 연구센터   CRISES

Centre de recherche sur les innovations sociales

샹티에사회적경제   Chantier

Chantier de l'économie sociale

유아보육센터   CPE

Centre de la petite enfance

인문사회과학 연구위원회   SSHRC

Social Sciences and Humanities Research Council

작업장의 문맹교육   FBDM

Formation de base en milieu de travail

전국노동조합연맹   CSN

Confédération des syndicats nationaux

지역개발전국연합	ANDLP
Association nationale du développement local et des pays	

지역경제개발공기업 / 지역 및 마을 경제개발 법인	CDEC
Corporation de développement économique communautaire	

지역공동체 서비스센터	CLSC
Centres locaux de services communautaires	

지역발전협동조합	CDR
Coopératives de développement régional	

집단적 사업체 인프라 프로그램	PIEC
Programme d'immobilisation en entrepreneuriat collectif	

책임있는 조달관행을 위한 퀘벡센터	ECPAR
Espace de concertation sur les pratiques d'approvisionnement responsable	

청소년을 위한 프랑스·퀘벡 사무처 / 프랑스·퀘벡 청년청	OFQJ
Office franco-québécois pour la jeunesse	

캐나다공동체경제개발네트워크	CCEDNET
Canadian Community Economic Development Network / Réseau canadien de développement économique communautaire	

퀘벡 경제계획 및 발전국	OPDQ
Office de planification et de développement du Québec	

퀘벡 경제발전·혁신통상부	MEIE
Ministère du Développement économique, de l'Innovation et de l'Exportation	

퀘벡 마을발전센터연합　ACLDQ

Association des CLD du Québec

퀘벡 몬트리올대학　UQAM

Université du Québec à Montréal

퀘벡 시쿠티미대학　UQAC

Université du Québec à Chicoutimi

퀘벡 자치행정부　MAMROT

Ministère des Affaires municipales, des Régions et de l'Occupation du territoire

퀘벡 협동조합 및 상호공제회 위원회　CCQ (CQCM)

Conseil de la coopération du Québec (depuis 2008, le Conseil québécois de la coopération et de la mutualité-CQCM)

퀘벡노동력개발협회　SQDM

Société québécoise de développement de la main-d'œuvre

퀘벡노동력통합사업체연합　CEIQ

Collectif des entreprises d'insertion du Québec

퀘벡노동자협동조합네트워크　RQCCT

Réseau québécois des coopérantes et coopérants du travail

퀘벡노동자총연맹　FTQ

Fédération des travailleurs et travailleuses du Québec

퀘벡농촌연대　SRQ

Solidarité rurale du Québec

퀘벡·라브라도르 원주민회의	APNQL
Assemblée des Premières Nations Québec-Labrador	

퀘벡레크리에이션기관위원회	CQL
Conseil québécois du loisir	

퀘벡사회적투자네트워크	RISQ
Réseau d'investissement social du Québec	

퀘벡상공회의소연맹	FCCQ
Fédération des chambres de commerce du Québec	

퀘벡여성연맹	FFQ
Fédération des femmes du Québec	

퀘벡연대경제그룹	GESQ
Groupe d'économie solidaire du Québec	

퀘벡원주민우애센터네트워크	RCAAQ
Regroupement des centres d'amitié autochtones du Québec	

퀘벡지자체연맹	FQM
Fédération québécoise des municipalités	

퀘벡지자체연합	UMQ
Union des municipalités du Québec	

퀘벡투자청	IQ
Investissement Québec	

페루연대경제그룹	GRESP
Groupe en économie sociale du Pérou	

푸앵트생샤를 경제 프로그램	PEP
Programme économique de Pointe-Saint-Charles	

학생주거공급작업반	UTILE
Unité de travail pour l'implantation de logements étudiants	

홍기빈(정치경제학자)

퀘벡 사회적경제를 보며
우리 사회적경제의 '성장통'을 진단한다

이 책은 단순한 회고록이나 홍보 책자가 아니다. 사회적경제에 관련하여 각종 도식과 통계 숫자로 점철된 문헌들은 계속 쌓이고 있지만, 사회적경제라는 것이 본질적으로 사람과 사람의 이야기이며, 사회와 경제가 어떻게 바뀌어나가는 이야기이며, 그를 통해 어떻게 우리가 희망하는 새로운 세상으로 한 걸음 나아갈 수 있는지에 대해 이론적 역사적으로 밝혀놓은 글을 찾기는 쉽지 않다. 이 책은 몇 사람의 이론가나 몽상가가 아니라 지난 30년 이상 세계적으로 각광 받는 사회적경제의 '퀘벡 모델'을 일구어낸 주역 중 한 사람의 입에서 사회적경제의 본질이 무엇인지, 어떻게 만들어나갈 것인지, 어떤 문제에 봉착하게 되는지, 어떤 이상과 가치로 어떻게 풀어야 하는지를 소상히 들을 수 있는 소중한 기록이다.

'샹티에' 중심의 퀘벡 사회적경제운동은 국제적인 차원에서도 큰 특색과 이채를 띠고 있다. 영미권의 '제3부문', 유럽권의 '사회적경제', 남미와 아시아 등 개발도상국들의 '연대경제' 등은 서로 다른 정치적 사회적 맥락에서 오랜 기간 동안 나름대로 축적된 각자의 경험에 기초하고 있기에 서로 사뭇 다른 의미와 뜻을 가지고 있으며, 이것이 우리나라에서는 '사회적경제'라는 단일한 용어로 통칭되고 있어서 많은 혼란을 빚기도 했다. 그런데 '샹티에' 등이 주도한 혁신적인 퀘벡 사회적경제는 이러한 여러 다른 흐름과 전통 중 어디에 쏠려 있는 것이 아니라 각각의 중요한 장점과 원칙들을 지역 현실에 천착하여 적절히 결합한 모델이라고 볼 수 있다. 이미 우리나라에서도 많은 이들이 이러한 퀘벡 모델의 장점에 주목한 바 있고 또 퀘벡 쪽과의 교류도 활발하게 있었는지라 전혀 낯설지 않은 모델이다. 하지만 그 모델이 정형화된 형식적인 '모델'로서가 아니라 누가 어떻게 어떤 사연으로 만들어냈으며, 거기에서 어떤 실질적인 교훈을 도출할 수 있으며, 어떤 이상과 어떤 원칙을 부여잡고 나가야 하는지의 생생한 육성을 들을 수 있는 소중한 기회가 바로 이 책이라고 생각한다.

특히 지금 중요한 기로에 서 있는 한국의 사회적경제 진영이 귀 기울여 들어야 할 이야기로 가득 차 있기에, 몇 년 전 이 책의 번역을 수락한 것이 참으로 잘한 결정이라고 여겨진다. 중요한 논점들은 모두 책의 본문에 너무나 잘 설명이 되어 있으므로, 이 글에서는 불필요한 중언부언을 피하고 다음의 세 가지 점에 있어서만 퀘벡 모델, 특히 저자가 이끌어온 '샹티에사회적경제운동'에 초점을 맞춰보고자 한다.

1. 사회적경제는 '기능 조직'이 아니다

책의 본문에서 저자도 인용하고 있는 속담이지만, '한 아이를 키우기 위해서는 온 마을이 필요하다'. 사회적경제의 본질과 발전 과정에 대해서 이렇게 적절하고 간명한 표현을 찾기도 힘들 것이다. 우물을 파거나 둑을 쌓는 것은 물을 긷고 물을 막는다는 특정한 '기능'을 위해서 하는 일이지만, 아이를 키운다는 것은 그것과는 전혀 차원이 다른 문제이다. 아이는 마을 전체의 기쁨이고 희망이자 마을 자체가 존재하는 궁극적인 목적이기도 하다. 사회적경제 또한 어떤 특정한 '기능'을 수행하는 영역이나 조직이 아니며, 이 점에서 국가/공공부문 및 시장경제와는 다르다. 퇴니스Ferdinand Tönnies, 1855~1936나 폴라니Karl Polanyi, 1886~1964가 강조하듯이, 국가/공공부문이나 시장은 특수한 목적을 충족하기 위해 만들어진 '기능 조직'들이다. 따라서 이러한 영역을 창출하고 운영하는 일은 합리적인 설계와 그에 기반한 법적 제도적 장치들 그리고 이를 잘 운영해나갈 수 있는 관리와 감독으로 환원할 수 있다. 하지만 사회적경제는 이 책에서 반복되고 있듯이 개인과 사회 전체의 '좋은 삶'에 필요한 것들을 조달하기 위해 사람들 스스로 연대하고 협력하여 사회를 형성해가는 활동 전체가 그 본질이다. 우물과 둑을 만들어내는 과정과 아이를 키워내는 과정이 다르듯이, 국가/공공부문이나 시장 등의 경제 부문을 만들어내는 과정과 사회적경제를 일구어내는 과정은 전혀 다르다. 이를 '기능주의'가 아닌 '전체론적' 접근이라고 말할 수 있을 것이다.

이 책에서 전개되는 이야기는 바로 그러한 '전체론적' 접근으로 사회적경제를 일구어낸 생생한 기록이라고 할 수 있다. 경제개발과 성장이라는 흔한 기능적 목표로는 전혀 달성할 수 없는 집단의 '좋은 삶'이라는 것이 있으며, 거기에서 항상 소외되고 배제되는 이들의 삶이 있다. 단순히 자본 축적이라는 무자비한 시장경제의 논리만이 문제가 아니다. 어쩔 수 없이 행정상의 관료적 과정에 묶일 수밖에 없으므로 공공 자원을 쓰면서도 실제의 '좋은 삶'을 가져오지 못하는, 1970년대 이후에 광범위하게 지적이 된 '공공의 실패'라는 문제도 있다. 어렵게 세상에 태어나는 아기들처럼, 여기에서 스스로의 그리고 이웃들의 '좋은 삶'을 지켜내고 키워내기 위해 온갖 궁리를 다 하고 온갖 시도를 다 하면서 움직이고 연대하고 고민하는 수많은 사람들의 힘으로부터 사회적경제가 태동한다. 그리고 그렇게 해서 태어난 사회적경제는 스스로를 키워내기 위해 모든 수단을 동원하며, 그러면서도 자기의 성장이라는 주체적인 자리를 잃지 않는다. 정부 및 공공 부문과의 협력을 적극 추진하지만 어디까지나 자신의 성장에 필요하고 합당한 부분에서의 협력일 뿐 결코 스스로의 독자적 정체성을 잃으려 하지 않는다. 재계나 영리 부문과도 응당 협력하고 도움을 받지만 그 논리에 휘말리는 일이 없도록 한다. 지금 우리 사회에서 누구도 배제되고 소외되는 일이 없도록 모두의 '좋은 삶'에 필요한 것들을 우리 스스로의 힘으로 우리 스스로의 연대와 이해와 협력으로 조달하며, 그러면서 우리의 사회를 함께 키워낸다는 본령의 정체성을 벗어나지 않는다.

이는 말처럼 쉬운 일이 아니며, 이 책은 복잡한 현실 속에서 그러한 균형을 지키고 본령의 정체성을 지켜내는 긴장이 어떤 것인지를 여실히 보여주고 있다. 여기에서 음미해볼 만한 '샹티에사회적경제' 실천의 특징이 있으니, 바로 사회운동의 적극적 수용과 기존의 사회적경제 부문과의 긴장이다. 사회적경제라는 영역이 정부 지원에 기대어 운영되는 특정한 '업계'가 아니라 개인과 사회의 '좋은 삶'을 달성하는 것을 목적으로 삼는 영역이라면 각종 사회운동과의 연대와 협력을 피할 이유가 없으며 오히려 적극적으로 대화하고 연대하는 것이 필연적이다. 이것이 좁은 의미의 '조합주의'에 갇혀 있는 오래된 전통적 사회적경제 조직들과 일정한 긴장을 일으킬 수밖에 없다. 이 책의 이야기에서 주목해야 할 지점 하나가 바로 이러한 사회 전체의 '좋은 삶'을 위한 사회적경제인가, 아니면 국가와 시장 사이에서 존속하는 또 하나의 '업계'로서의 사회적경제인가라는 질문이다. 이 책의 이야기는 이 힘든 문제를 풀어나가기 위해 얼마나 많은 사람들의 얼마나 많은 고민과 품이 필요한지를 들려주고 있다.

2. 사회적경제의 생명력은 혁신에 있다

이 책의 이야기에서 퀘벡의 사회적경제 실험이 본격적으로 힘을 얻게 되는 가장 중요한 대목이 1996년의 '경제 및 고용을 위한 대표 자회의'이다. 여기에서 가장 강조되는 것은 바로 사회적경제의 생명력이 혁신에 있다는 점이다. 저자는 말을 돌려하지 않는다. 당시의 '대표자회의'가 사회적경제에 기대한 것은 그저 가난하고 소외된 이들을 위한 보조적인 역할 정도이며, 이에 대해 정부가 일방적 지원을 할 용의가 있으니 필요한 요구를 만들어내라는 것이었다. 이에 대해 사회적경제 주체가 내놓았던 대응은 이를 완전히 뛰어넘는 적극적이고 능동적인 혁신이었다.

복잡한 현대 산업사회의 구조로 볼 때, 국가/공공부문이나 시장 영리 부문이라는 두 가지의 경제 영역만으로는 개인과 집단 전체의 '좋은 삶'에 필요한 것을 결코 만족스럽게 다 조달할 수가 없다. 이렇게 해결되지 못한 문제들은 여러 '사회문제'로 나타날 수밖에 없으니, 이에 대해 국가/공공부문과 시장 영리 부문의 고정된 접근법을 뛰어넘는 혁신적인 해결책을 마련해야 하며, 이것이 바로 사회적경제의 존재 이유라는 것이다. 그래서 당시의 '대표자회의'에서 사회적경제 주체들은 정부에 무엇을 해달라는 요구를 내놓기는커녕, 정부도 기업도 풀지 못하는 여러 다양한 사회문제들에 대한 혁신적인 해법을 거꾸로 제안하는 방식으로 대응하여 모두에게 참신한 충격을 안겼다.

이것이 사회적경제가 정부와 사회의 일방적 지원을 요구하는 수동적 존재가 아니라, 우리 모두의 미래를 새로운 방법으로 창조해나가는 적극적인 주체로서 국가 및 사회 전체의 인정을 요구할 수 있는 근거가 되는 것이다. 말이 쉽지 이러한 '혁신'이란 결코 간단한 것이 아니다. 국가 관료들과 각계 전문가들도 뾰족한 방법이 없어서 누적되고 있는 가지가지의 사회문제들을 어떻게 평범한 시민들과 이웃들이 해결할 수 있다는 말인가. 따라서 이러한 혁신은 결코 무슨 신박한 아이디어를 가지고 나오는 개인들에게만 기대할 수 있는 것이 아니다. 지역에서 부문에서 온갖 문제를 몸으로 겪으면서 이를 해결하고 있는 이들의 논의를 조직하고, 여기에 관련된 각종 지적, 물적 자원을 연결하면서 함께 문제를 풀어보는 방법이 필요하다. 즉, 혁신의 열쇠는 몇몇 뛰어난 개인들과 전문가들의 힘이 아니라, 수많은 사람들의 연대를 통해 조직적 집단적으로 만들어나가는 데에 있다는 것을 이 책의 이야기는 강조하고 있다. 혁신은 기업에서만 일어나는 것이 아니며, 국가의 행정 조직에서만 일어나는 것이 아니다. 우리가 살아가는 사회 전체에서도 우리 모두의 협력과 연대를 통해 사회 전체를 혁신하는 방법이 얼마든지 가능하다는 것이다.

이러한 정체성에 입각하여 사회적경제는 당당히 사회의 한 주체로서 자리를 차지하며, 사회적 합의와 대화에 있어서 전통적인 노동 및 자본과 동등한 자격의 파트너로서 참여하게 된다. 국가/공공부문과의 협력과 자원의 공유는 당연한 일이지만 이는 결코 어느 한쪽으로 기우는 것이 되어서는 안 된다. 사회적경제는 다른 어디에서도 보유하지 못한 고유의 '혁신' 방법론을 가질 수 있으며, 또 응당 이를 이론적 실천적으로 충분히 개발해내야 한다. 이를 바탕으로 떳떳이 사회 전체 혁신의 주체로서 마땅한 인정을 얻어내야 한다.

3. 사회적경제의 무게중심은 풀뿌리에 있다

사회적경제는 '위로부터 아래top-down'가 아니라 '아래로부터 위로 bottom-up'가 되어야 한다는 이야기를 흔히 하지만, 이것이 어떤 도덕적 규범이나 가치가 아니라 사회적경제 부문의 존재 이유 자체를 규정하는 생명이라는 것을 이 책의 이야기는 풍부히 보여주고 있다. 위에서 말한 대로, 사회적경제가 다른 경제 영역에서 가능하지 않은 독자적인 '혁신'의 해결책을 공급하는 주체라고 했을 때, 그 고유한 '혁신'의 비결은 바로 살아가는 사람들의 구체적인 삶의 현장에 천착하는 것이기 때문이다. 사회적경제가 내놓을 수 있는 혁신의 해결책은 사람들이 실제적으로 겪고 있는 문제의 속살을 정확히 파악해야 하며, 여기에서 실속 없는 고담준론이나 기계적 해법이 아닌 구체적인 사회적 관계로 작동할 수 있는 것이어야 한다. 그렇기 때문에 사회적 경제는 지역과 부문의 풀뿌리로부터 실제로 살아가는 사람들이 적극적으로 참여하도록 이끌어내야만 하며, 이를 위해서도 사회적경제는 지역과 철저하게 삶의 현장에 뿌리박도록 해야 한다. 샹티에사회적 경제가 스스로를 어떤 위계적 중앙 조직이 아니라, '여러 네트워크들의 네트워크'로 정의하고 있다는 것이 여기에서 중요하게 기억해야 할 바이다. 퀘벡 정부로부터 일정한 인정을 얻어낸 뒤 샹티에가 가장 공을 들인 것이 퀘벡의 모든 지역과 부문에 깊게 뿌리를 내리기 위해 수많은 네트워크들이 만들어지도록 지원하고, 그 네트워크들의 독자적 허브가 만들어지도록 하는 작업이었음을 주목해야 한다.

이러한 '풀뿌리 중심'의 원칙에서 보자면, 처음에 이야기한 '전체론적 접근'과 관련하여 우리에게 새롭게 다가오는 또 하나의 이야기가 이 책에 나온다. 우리에게는 서로 다른 이름으로 알려져 있는 사회 혁신, 마을 만들기, 사회적경제, 도시재생, 복지 서비스 등이 이 책에서는 시종일관 전혀 구별할 수 없도록 불가분의 하나로 다루어지고 있다는 점이다. 이는 우리가 행정의 편의와 추상적인 이론적 개념을 떠나서 풀뿌리의 삶의 현장에 천착한다면 너무나 당연한 일이기도 하다. 사람들이 개인적 집단적 '좋은 삶'에 필요한 것을 조달하기 위해 직접 연대하여 해법을 내고 움직이는 과정을 사회연대경제라고 할 때, 위에 늘어놓은 단어들이 어떻게 구별될 수 있을까. 구체적인 지역과 부문의 현장으로 가보면 사람들도 똑같고 풀고자 하는 문제도 똑같고 접근하는 방법도 똑같은 것이 당연하다. 우리 보통 사람들도 집단적으로 뭉치면 얼마든지 새로운 혁신을 이룰 수 있으며 새로운 문제 해결책을 내놓을 수 있다는 것을 보여주는 일은 이러한 인위적인 구별을 넘어설 때에만 가능할 것이다.

4. 사회적경제는 정치적 파당성을 갖지 않는다

이 책에 전개되는 이야기는 30년이 넘는 긴 시간에 걸쳐 있으며, 그동안 퀘벡 주정부는 물론 캐나다 중앙정부도 몇 번의 정권 교체를 겪은 바 있다. 그중에는 사회적경제에 대해 대단히 우호적이고 적극적인 정권도 있었지만 냉담하고 심지어 '숙청'을 언급하는 적대적인 정권도 있었다. 퀘벡 사회적경제 진영이 앞에서 말한 대로 각종 사회운동과 적극적으로 연대하면서 사회 전체를 조금씩 바꾸어나간다는 비전을 가지고 있다는 점을 볼 때, 이러한 정권 교체의 부침 속에서 그들이 어떻게 대처해나갔는지도 주목할 만한 점이다.

저자가 명확히 하고 있는 바, 샹티에사회적경제는 어떤 특정 정당은 물론 각종 정치적 입장에서 나온 주장 등에 일정한 거리를 유지하기 위해 노력하였다. 이는 단순한 기계적 중립성이라는 것을 떠나, 더 많은 이들이 더 자유롭게 참여하고 의견을 내놓고 논의할 수 있는 열린 장으로서 사회적경제를 유지하기 위한 것이었다. 더 많은 이들이 더 많이 참여하고 연대하는 사회적경제를 키워나가기 위해서는 어떤 정치적 입장이나 의견에도 열려 있는 것이 당연하기 때문이다. 물론 이것이 논쟁이나 비판의 부재를 의미하지 않는다. 오히려 그 반대이다. 이렇게 열려 있는 장에서만 모든 비판이 자유롭게 이루어질 수 있고 어떤 문제든 논쟁이 벌어질 수 있게 되어 있다. 그리고 이 책에 나오는 이야기에서 지난 30년의 퀘벡 사회적경제가 얼마나 많은 얼마나 예민한 논쟁들 속에서 형성되어 왔는지를 십분 느낄 수 있다.

정권 및 정당들에 대한 태도도 마찬가지이다. 사회적경제가 특정한 정치적 이념이 아니라 21세기 산업사회의 현실에서 어느 나라에서나 꼭 필요한 존재라는 입장에 서서, 어떤 정당이든 어떤 정권이든 만나서 그 정당성과 존재 이유를 설명하고 설득하고 협력자를 만들어낸 이야기를 이 책에서 볼 수 있다. 이렇게 하여 몇십 년의 세월 동안 정권 교체의 풍파를 거쳐내는 과정에서 사회적경제가 정치적 파당성을 떠나 사회 성원들 전체의 의식 속에 소중한 존재로서 뿌리내리는 과정도 느낄 수 있다.

　지난 20년 동안 한국의 사회적경제 또한 '폭풍성장'을 이루었다. 하지만 양적인 차원을 떠나 질적인 차원에서 살펴보면 그러한 '성장'에 여러 가지로 따져볼 점이 많다. 사회적경제의 본질은 무엇인가? 이를 이론적으로 정립하고 실천적인 활동 속에서 성찰하여 방향타를 잡으려는 노력은 충분했을까? 만약 이러한 노력이 지난 20년의 그 '폭풍성장'에 비해 상대적으로 부족하다면 우리 사회적경제는 어쩔 수 없는 '성장통'의 아픔과 어려움의 시기가 기다리고 있을 것이다. 많은 이들이 이러한 상황을 몸으로 감으로 느끼면서 우리의 사회적경제가 중요한 기로에 서 있다고 생각하는 시점이 지금이라고 생각한다. 여러 권의 책을 쓰고 번역했지만, 이 책만큼 출간의 시기와 상황이 적시타라고 느껴지는 책은 거의 없었다. 이 책이야말로 우리를 기다리고 있을지 모를 '성장통'에서 고통을 덜고 빨리 치유책을 찾을 수 있는 소중한 계기가 될 것이라고 믿기 때문이다. 독자 여러분들에게도 이러한 나의 마음이 전달되었으면 하는 바람이다.

사회적경제, 풀뿌리로부터의 혁신
: 퀘벡 사회적경제 이야기

초판 1쇄 발행 2022년 6월 21일

지은이   낸시 님탄
옮긴이   홍기빈
펴낸이   한금희

펴낸곳   (재)아이쿱협동조합연구소
출판등록 2010년 12월 20일 제25100-2010-000062호
주소   07317 서울시 영등포구 영등포로62길 1 아이쿱신길센터 3층
전화   02-2060-1373
팩스   02-6499-1372
이메일   icoopinstitute@gmail.com
홈페이지 www.icoop.re.kr

편집/디자인 잇다
제작 아람P&B

ISBN 978-89-98642-02-0 03300
책값은 뒤표지에 있습니다.

* 이 책은 (재)아이쿱협동조합연구소가 펴냈고, 도서출판 알마가 유통을 합니다.